潮品 CHEERS

与最聪明的人共同进化

HERE COMES EVERYBODY

- ## 设定组织方向
  ## 果敢行事

  - 原景 拿出重塑赛道的魄力
  - 战略 启动登月级的大胆计划
  - 资源配置 绝不拘泥于现状

- ## 动员领导团队
  ## 孵化一支全明星领导队伍

  - 团队组建 既要雷厉风行，又要力求公平
  - 合作 促成行动，而非仅仅衡量行动
  - 运营 把控好顺序与节奏

- ## 连接利益相关者
  ## 从企业宗旨出发

  - 社会使命 深入企业运营的核心
  - 外部沟通 推开别人推不开的门
  - 危机管理 将危机后的公司业绩推向新的高度

要素一　要素

要素三

要素五　要素

湛庐CHEERS

思维模型

要素

● **强化组织协调**
  软实力与硬实力并重

  - 文化 — 聚焦最有影响力的要素
  - 组织 — 采用刚柔并济的设计
  - 人才 — 以岗定人，而非以人定岗

要素二

要素四

要素六

● **经营董事会**
  协调董事会成员辅佐企业

  - 董事关系 — 信任为重，赢得行动灵活性
  - 董事会治理 — 构建对企业最有益的能力组合
  - 会议管理 — 引导董事将目光投向未来

● **管理个人成效**
  专注于分内之事

  - 时间管理 — 优先处理只有领导者才能解决的关键问题
  - 行事信条 — 始终如一坚守核心信念
  - 德行配位 — 力保谦逊态度

CEO Excellence

卓越领导者的
思维模型

[加] 卡罗琳·杜瓦 Carolyn Dewar
[美] 斯科特·凯勒 Scott Keller
[美] 维克拉姆·马尔霍特拉 Vikram Malhotra 著

麦肯锡中国区分公司 译

浙江教育出版社·杭州

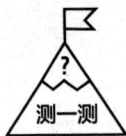

你了解如何成为卓越领导者吗？

- 在通用汽车应对点火开关召回事件时，带领通用汽车度过艰难时期的是（　）

  A. 玛丽·博拉

  B. 沃伦·巴菲特

  C. 萨提亚·纳德拉

  D. 包必达

- 卓越领导者在组建团队时，应该（　）

  A. 以岗定人

  B. 以人定岗

- 在管理个人成效方面，相比普通领导者，卓越领导者更加注重（　）

  A. 通盘兼顾，保持 24 小时在线

  B. 将所有时间都花在公司的发展要务上

  C. 基于公司要求扮演不同角色

  D. 专注于分内之事

扫描左侧二维码查看本书更多测试题

献给托马斯、格雷、伊芙琳·切格尔迪、菲奥娜、拉克伦、杰克逊、
卡姆登·凯勒、玛丽、马鲁、德万和尼克·马尔霍特拉。

献给麦肯锡的合伙人和同事们，
感谢他们长期以来对卓越 CEO 研究项目的倾力支持。

锻造韧性，穿越周期：
通往中国下一代 CEO 的成功之路

倪以理
麦肯锡中国区主席

作为麦肯锡咨询顾问，我所享有的独特乐趣和一项"特权"，便是在 CEO、董事长和创业者们的个人成长和打造卓越企业的旅程中，始终拥有一个"前排座位"，得以近距离伴他们左右。在 20 多年的顾问生涯中，我有幸成为许多卓越 CEO 的外部"首辅"，深度参与了一些极为成功、极具影响力的重大项目。

然而，近段时间我每次与 CEO 会面，能明显感觉到一股扑面而来的迷茫、焦虑和危机感，这在过去是不多见的。我也注意到，近期业界频频传出知名企业 CEO 换帅的消息。

中国 CEO 来到了新时代的起点。这是一个不同以往的时代：不确定性持续增强，商业环境复杂多变，市场竞争极其残酷……而传统的增长逻辑和制胜法则已不再适用于新的时代。如今，领导者们面临着同一个难题：如何促使企业从高速度增长模式转变为高质量增长模式？

相较成熟市场的"百年老店"，中国的企业没有经历过真正的周期性考验，中国的企业家普遍没有形成周期意识。因此，对于新时代的这场压力测试，中国大部分的 CEO 并没有做好准备。比方说，过去做财务预算常常是"拍脑袋"决策，思考的是增加 20%、30% 还是 50%，现在则要思考细分市场、客户分群，甚至适当的缩表了。

麦肯锡对于企业应对周期性变化做过大量且深入的研究。经过对全球 2 000 多家上市公司的追踪和调研，我们发现，每一次经济下行周期后，约有 10% 的企业表现明显优于同行，我们称之为"韧性企业"。2020—2021 年，韧性企业的股东总回报（TSR）比低韧性企业高出 50%。由此可见，锻造韧性，培养抵御风险、自我修复和逆势增长的能力，是企业在充满不确定性的环境中穿越周期、持续成长的应对之道。

带领企业在挑战之下保持韧性，从不确定性中创造价值，是 CEO 的职责。换句话说，韧性是 CEO 的关键领导力。

卡罗琳、斯科特和维克拉姆是我非常尊敬的三位全球资深董事合伙人，他们长期为商界最成功的 CEO 提供咨询服务，是组织和领导力领域真正的专家。更重要的是，他们不仅运用"脑力"洞察世界，而且运用"心力"思考世界。他们花了很多年时间研究和撰写这本《卓越领导者的思维模型》，在这个探索过程中，我有幸与他们同行。

在这里，我很高兴向读者同好推荐这本书，理由有三。

第一是独特性。 市面上关于 CEO 和领导力的所谓宝典汗牛充栋，聚焦某位 CEO 成功感悟的书更是不少，但几乎找不到一本系统性分析何为卓越 CEO 的专业图书。在某种程度上，甚至几乎没有人做过类似的尝试，而这本书正好填补了这块空白。

麦肯锡有能力、有条件、有机会做这件事。作为一家全球性的著名咨询公司，超过 80% 的《财富》500 强企业和全球 1 000 强企业是我们的客户，我们长期合作的 CEO，可能比任何其他机构都多。这三位同事，拥有为客户 CEO 提供辅导和咨询服务的深厚经验，卡罗琳和斯科特也是麦肯锡卓越 CEO 中心的共同领导者。另外，麦肯锡公司每年在知识和能力的扩展方面投入 8.5 亿美元，大部分涉及与 CEO 和领导力相关的主题。

据我所知，项目组为了这个课题，深入挖掘了麦肯锡专有的 CEO 绩效数据库，其中包含来自 70 个国家或地区、24 个行业的 3 500 家上市公司共 7 800 位 CEO 的硬数据，时间跨度长达 25 年。在扎实的研究基础上，卡罗琳、斯科特和维克拉姆还对 66 位高绩效 CEO 进行了一对一的、长达两三小时的访谈。所有这一切，使得这本书具有非常独特的价值。

第二是实用性。全书给我的另一个感受是实用，具有很强的指导性。许多客户 CEO 读了之后都给我这样的反馈。他们觉得这本书提供了一份教科书式的行动指南，就像商业界最优秀的一群 CEO 合开的大师班，传授第一手的心得体验和行事为人之道。

本书以广泛适用为目标，提炼出一个卓越领导者的思维模型，由六大要素和 18 项子要素组成的框架，如引言中的图 0-2 所示。

这六大要素是一套组合拳，CEO 需要综合权衡考量。从我的经验看，过去国内 CEO 大多在设定组织方向和连接利益相关者两方面表现出色，而在强化组织协调和动员领导团队方面可能不太成功。许多 CEO 专注于速度与增长，且公司的发展过程往往往成为领导者的"个人秀"。这在市场快速增长的阶段，或许是正确有效的做法，但随着市场进入温和增长阶段，这种模式承受着越来越大的压力。下一阶段的增长将需要更加复杂和更为精细化的管理，对文化、组织、人才管理都会有更高的要求。三位作者所提出的思维模型对此提供了前瞻性的实用指导。

第三则是相关性。结合当前国内的情境，我觉得这本书与中国的企业家和领导者高度相关。卓越领导者思维模型为前行中的中国企业顺利完成"从高速度增长到高质量增长"的转型，提供了问题诊断、解决方法和价值引领，既有助于 CEO 打造个人韧性，更有助于 CEO 打造面向未来的韧性企业。

我常常说，在中国做 CEO 越来越难，在过去，靠砸钱、靠勇气、靠横冲直撞、跑马圈地就能取得高速增长，但随着市场走向成熟，企业发展速度放缓，未来十年，经营环境也许会更加艰难。领导者现在就必须转换思维，放弃粗放型增长，探索更精细、更有韧性、更有质量的增长方式。我相信，中国下一代 CEO，将是那些锻造韧性、穿越周期的长期主义者。

以此为中文版序言，愿与中国企业领导者分享、共勉。我也希望，这本书可以为更广泛的读者带来启发，收获新知，帮助大家以更大的信心一步步走向人生的成功。

第三部分
要素三，动员领导团队，孵化一支全明星领导队伍

第六部分
要素六，管理个人成效，专注于分内之事

卓越领导者思维模型的
六大关键要素

THE SIX MINDSETS
THAT DISTINGUISH THE BEST
LEADERS FROM THE REST

CEO
EXCELLENCE

卓越绝非偶然。

——亚里士多德

几年前，麦肯锡在马里兰州风景如画的海滨小镇圣迈克尔斯举办了一场年度领导力论坛，30 名候任 CEO 齐聚一堂。论坛首日，一个细雨绵绵的秋夜，主持人维克拉姆（本书合著者之一）提出了一个耐人寻味的问题："领导者到底要做些什么？"

第一位发言嘉宾是一家全球科技巨头的 CEO，他毫不犹豫地答道："我可以自信地说，领导者的工作可以归结为以下几点。"接着他讲了三点，非常干脆利落。当天活动结束时，所有人都感觉茅塞顿开。

第二天一早，一家跨国金融服务公司的领导者再次回答了这个问题。这位嘉宾阐述了她心目中的领导者必须具备的三大职责，并为每个职责搭配了生动有力的例子。她给出的职责与前晚发言嘉宾所说的完全不同。第三位（也是最后一位）发言的是一家全球顶级学术医疗中心的领导者，当晚，他提交了关于领导者必须具备的三大职责的又一份截然不同的清单。

第三天早上，斯科特和卡罗琳（本书另两位合著者）宣布论坛落幕，两个人尽最大努力清晰地总结了此次论坛的要点。接下来的一个半小时，在驱车前往机场的路上，我们仨谈到了每位发言嘉宾迥异的观点。我们猜测，如果有第四位发言者，大家恐怕还会听到其他观点。我们认为发言者提出的每一条建议都很重要，也很有帮助，但总体而言，这些信息多少显得有些零散。

这让人难以释怀。作为 CEO 的资深顾问，我们知道 CEO 的绩效非常重要。财务绩效排名前 20% 的 CEO，在任期内平均年度股东总回报比绩效一般的 CEO 高 2.8 倍。更具体地说，如果将 1 000 美元投入标普 500 指数基金，假设资金在 10 年内以历史平均水平增长，这笔投资最终产生的收益将略低于 1 600 美元。如果投给绩效排名前 20% 的 CEO，你最终将从他领导的公司获得超过 1 万美元的收益。结果相差很大。[1]

不仅如此，20 世纪中叶以来，CEO 对公司业绩的影响程度提升了一倍以上。[2] 如今，利益相关者资本主义① 日渐盛行，在这样一个动荡、不确定和复杂的社会中，"CEO 效应"无疑将愈发重要。这也意味着，领导者所做的必须超越米尔顿·弗里德曼（Milton Friedman）的观点，即公司存在的唯一目的是为股东创造利润。事实上，在今天，相比政府和慈善组织，公司采取的行动有望对环境、医疗、财富分配和人权等社会问题产生更大的影响。

到达机场时，我们仨决定合力解答这个问题："领导者到底要做些什么？"这个问题蕴藏着无穷的真知灼见，而我们希望超越已有的知识，进一步找到卓越领导者的与众不同之处，探究他们何以成就卓越。为此，我们需要深入研究卓越领导者的思维模型。

我们认为这项研究将大受领导者及众多利益相关者（董事会、投资者、员工、监管机构、客户、供应商和社区）的欢迎。毕竟在过去的 20 余年里，《财富》500 强公司中有 30% 的 CEO 任期不足 3 年，40% 的 CEO 任期不超过 18 个月。[3] 如果有一本 CEO 入门指南，介绍 CEO 应具备的条件，分享卓越 CEO 的成功经验，

---

① 根据世界经济论坛的定义，利益相关者资本主义是指公司通过考虑其所有利益相关者甚至全社会的要求来寻求长期价值创造的一种资本主义形式。麦肯锡在报告中指出，利益相关者资本主义的原则要求商业领袖将使命定义为创造长期价值。——编者注

想必领导者们都将大受裨益。

从各个方面看，CEO 一职越来越难以驾驭。如今，CEO 必须处理的事务范围之广远超传统的企业运营范畴。CEO 必须跟上不断提速的数字化转型步伐，以及面对随之而来的员工再培训问题和网络安全威胁，还要更加关心员工的健康与福祉、种族多样性和包容性。公众对可持续性问题的关注，对企业使命的期望，以及要求 CEO 对普遍的社会问题发声的呼吁都在加码。领导者必须认真聆听，做好准备，明白公众的怒火可能在几个小时内就会被点燃，并接受由社交媒体推动的公众监督和激进主义，无论公众是对还是错。

因此，如今 CEO 遭遇失败的概率比以往任何时候都要高。2000—2019 年，美国 CEO 的平均任期从 10 年缩短至不到 7 年。同期，全球范围内 CEO 离职率从近 13% 升至近 18%。这表明，即使有稳定的盈利支撑，CEO 面临的挑战仍然很大。此外，正如通用汽车（General Motors）的 CEO 玛丽·博拉（Mary Barra）告诉我们的："CEO 的孤独是旁人无法理解的。一直以来，我会与我的上司定期对话。成为 CEO 之后，我突然发现，遇到事情时没有上司跟我讨论了。"

大型上市公司的 CEO 面临的大多数问题与其他领导者（无论经营的是小企业还是非营利组织）面临的并无本质不同。我们认为，大型公司卓越 CEO 的洞察力具有普遍意义。2019 年秋季，斯科特和卡罗琳在麦肯锡官网上发表了一篇题为《卓越 CEO 的思与行》（*The Mindsets and Practices of Excellent CEOs*）的文章，这篇文章迅速成为麦肯锡当年阅读量最高的文章之一，此后也稳居前十，可见这个话题的关注度有多高。

谁称得上 21 世纪的卓越领导者

成为卓越领导者到底意味着什么？毕竟很多严重影响公司业绩的因素是 CEO 也无法掌控的。在很大程度上，决定公司财务命运 50% 以上的因素都不是现任 CEO 能控制的，比如之前的研发投资、历史债务状况、地区 GDP 增速及行业发展趋势等。但从另一个角度看，仍有大约 45% 的因素还是掌握在 CEO 手中。[4] 我们希望找出将这 45% 的因素发挥到极致的那些 CEO。

首先，如图 0-1 所示，我们列出了过去 15 年 1 000 家大型上市公司的全部 CEO，一共 2 400 多人，然后根据任期筛掉了在位不满 6 年的 CEO。这样确保了我们的研究样本是持续的。至此，名单剩下 998 人。接下来，我们以 CEO 对绩效可发挥影响的因素为筛选条件，尽可能地根据更多外部因素进行调整。除了绝对回报，我们还着眼于其他指标，选择任期内实现了排名前 40% 的"超额 TRS"[①] 的 CEO。至此，名单进一步缩至 523 人。

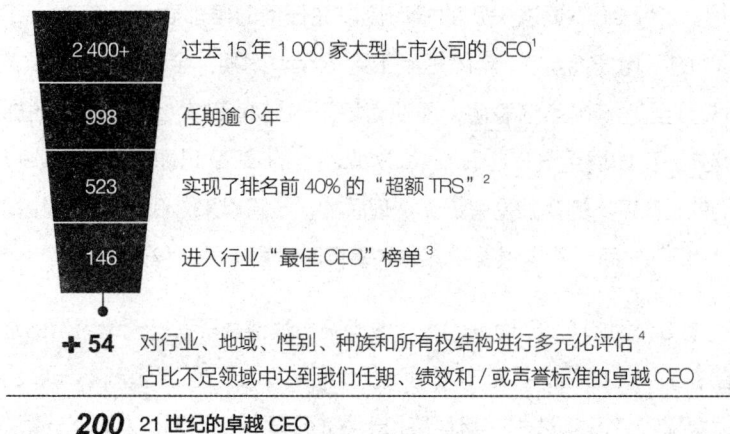

2 400+	过去 15 年 1 000 家大型上市公司的 CEO[1]
998	任期逾 6 年
523	实现了排名前 40% 的"超额 TRS"[2]
146	进入行业"最佳 CEO"榜单[3]
+ 54	对行业、地域、性别、种族和所有权结构进行多元化评估[4] 占比不足领域中达到我们任期、绩效和 / 或声誉标准的卓越 CEO
200	21 世纪的卓越 CEO

注：
1. 该名单基于收入、利润、资产和市值几个方面的综合因素，对截至 2020 年 3 月《福布斯》"全球企业 2 000 强"中的前 1 000 名进行了排序。
2. 任期内的股东总回报超越行业平均水平，按照所在地区的增长差异进行调整。
3. 该名单参考了《财富》"最有影响力商界女性"榜单、《巴伦周刊》"30 强 CEO"榜单、《哈佛商业评论》"百佳 CEO"榜单、《CEO 世界》"最具影响力 CEO"榜单、《福布斯》"美国百位最具创新精神领导者"榜单。
4. 所有权结构案例包括：上市、非上市、家族所有企业和非营利组织。

图 0-1　锁定卓越 CEO 的方法概述

---

① 超额 TRS 指经按照所在的地区增长差异调整后，CEO 在任期内的股东预期回报超过行业平均水平。——编者注

在此基础上，纳入考量的因素还包括个人道德行为、员工士气、公司对环境和社会的影响、个人对继任计划的重视程度等。另外，对于已退休的 CEO，我们还考察了其卸任后几年内公司的财务绩效是否持续优于其他公司。这些因素也曾被纳入多份"最佳 CEO"榜单，如《哈佛商业评论》"百佳 CEO"榜单、《巴伦周刊》"30 强 CEO"榜单、《CEO 世界》"最具影响力 CEO"榜单、《福布斯》"美国百位最具创新精神的领导者"榜单以及《财富》"最有影响力商界女性"榜单。然后，我们筛掉了未出现在上述榜单的 CEO，最后剩下 146 人。

但这个群体有个问题：在商界，长期占据主导地位的白人男性占比过大，女性仅占 8%，有色人种占 18%。此外，榜单上的 CEO 主要来自美国，且医疗和能源等行业的 CEO 数量不足，无法反映当今全球商业格局。在扩大搜索范围后，我们在入选 CEO 比例偏低的类别中搜寻了更多的卓越 CEO，同时保留了较高的绩效和声誉门槛。例如，我们将 1 000 强以外公司（当然，这些公司规模也很大，营收达数十亿美元，员工数千名）的 CEO 囊括进来，他们领导了非凡的变革，实现了排名前 40% 的"超额 TRS"。

其次，我们还增加了近 40% 的女性 CEO。比如威科集团（Wolters Kluwer）的南希·麦肯思基（Nancy McKinstry）。在她的领导下，这家荷兰出版社从数字化的落后者转变为领先的专业解决方案和软件提供商，营收超过 50 亿美元，在全球有近两万名员工。在《哈佛商业评论》发布的"2019 年百佳 CEO"榜单上，她是排名最靠前的女性 CEO。同样，有色人种 CEO 也增加了约 30%。出生于马来西亚的陈立武是其中之一，他领导的楷登电子（Cadence Design Systems）是半导体和电子系统公司的供应商。他临危受命，通过以客户为中心及卓有成效的市场扩张战略，让该公司的营收在 2020 年底增至近 27 亿美元，股票市值增长逾 38 倍，达到近 400 亿美元。

此外，为了进一步平衡行业和地区，我们还希望在样本中纳入那些业绩和声誉达到标准的非上市公司和非营利组织。这让来自马希德·弗泰伊姆集团（Majid Al Futtaim）的 CEO 阿兰·贝贾尼（Alain Bejjani）得以入选。贝贾尼正在将这家有影响力的中东私有零售集团塑造为客户体验领域的全球领先者。在他任职期间，马希德·弗泰伊姆集团的营收从 68 亿美元增至近 100 亿美元，该集团在 16 个国家拥有超过 4 万名员工。非营利性组织克利夫兰医学中心（Cleveland Clinic）的前 CEO 托比·科斯格罗夫（Toby Cosgrove）也入选了。2017 年卸任前，他已将这家 2004 年营收 37 亿美元的区域性医学中心转变为营收达 85 亿美元的跨国医疗机构。

最终，我们增加了 54 位 CEO，CEO 总数达到 200 人，这份名单代表了不同的行业、地域、性别、种族和所有权结构。至此，我们总结出了一份我们认为 21 世纪迄今最可靠的全球最佳 CEO 名单。据我们估算，这 200 名卓越 CEO 创造的经济价值约为 5 万亿美元，相当于世界第三大经济体日本一年的国内生产总值。

最后，统计数据显示，CEO 的样本规模只要超过 65 名，结论的可靠性就能达到 95%，因此我们花了一年时间深入采访了 66 名 CEO。

那么，谁是我们选出的卓越 CEO 呢？你可能会立刻想到杰夫·贝佐斯（Jeff Bezos）、沃伦·巴菲特（Warren Buffett）、马克·扎克伯格（Mark Zuckerberg）和埃隆·马斯克（Elon Musk）等明星创始人兼 CEO。他们确实入选了这份 200 人名单。但我们有意减少了兼任 CEO 的创始人的数量，因为他们持有的大量股权往往能让他们更自如地采取行动。

微软的萨提亚·纳德拉（Satya Nadella）是我们榜单上的非创始人 CEO 之一，他是这家软件巨头文化转型的总设计师。纳德拉不仅采取了大胆举措推动公司发展，而且以同理心领导公司，这源自他抚养脑瘫儿子所得到的人生经验。资生堂的鱼谷雅彦也是进入名单的非创始人 CEO 之一。作为日本美妆巨头 149 年历史中第一位外部"空降"的 CEO，鱼谷雅彦为员工赋能，释放创新潜力，带领公司成功实现转型。他曾在日本可口可乐担任领导职务近 20 年，在 5 位不同的 CEO 手下工作过，这些经历塑造了他的领导方式。在他任期内，日本成为可口可乐利润最高的市场。

作为澳大利亚历史最悠久的西太平洋银行（Westpac）的 CEO，盖尔·凯利（Gail Kelly）在任职期间使该银行的现金营收翻了一番，并凭借简单直接的领导风格当选 2014 年晨星（Morningstar）"年度最佳 CEO"。凯利的领导风格是在职业生涯早期形成的，她曾在津巴布韦的学校当过教师，还在南非的银行做过出纳。

每一位 CEO 都有其独特的背景和经历，正是这些造就了他们独特的领导风格和为人处事之道。尽管如此，他们都有一个共同之处，那就是在 CEO 岗位上表现得非常出色。通过对话和研究，我们试图了解他们为什么能表现出色并取得非凡成就。

是什么让卓越领导者卓尔不群

我们对每位 CEO 的采访每次长达数小时，其间还安排了多次回访，不只是为了收集素材，更是希望帮助人们找出这些领导者的非凡之处。为深入探究，我们使用了一种源于临床心理学的采访技巧，即攀梯术（laddering）。它涉及各种问询方法，如讲故事、抛出尖锐的问题、提出假设、角色扮演以及循环追问，从多个层面揭示受访者持有特定观点、采取特定行动的原因。

首先，这个过程非常清晰地表明，虽然我们的发言嘉宾在圣迈克尔斯的领导力论坛上各自指出了领导者必须具备的三大职责，但每一位领导者所做的事情远不止三件。在我们的采访中，领导者工作的六大维度渐渐浮出水面，即设定组织方向、强化组织协调、动员领导团队、经营董事会、连接利益相关者及管理个人成效。其中，每一维度都包含三项子要素（如图 0-2 所示）。例如，设定组织方向的子要素包括选择愿景、战略和资源配置。强化组织协调则包含文化、组织和人才等子要素。在采访过程中，CEO 一次次地印证了我们的结论，即六大维度及包含的子要素是领导者表现出色的关键所在。

围绕这六大维度及其对应的思维方式，我们构建了卓越领导者的思维模型，这六大维度分别代表了模型的六大要素，这六大要素并非专属于那些卓越的 CEO，它们只是完整地浓缩了这个职位的要义。首次与受访 CEO 分享这一分类时，我们收到了两种反馈意见。第一种是充分肯定。正如万事达卡（MasterCard）前 CEO 彭安杰（Ajay Banga）所说："这是一种非常好的总结方式。它阐述了 CEO 应如何看待自己的角色。"第二种也是正面的，但受者感到太复杂了："这么多要素，还能简化吗？"不过，在我们与这些领导者讨论哪些可以删除后，最终大家还是觉得六大要素及其子要素缺一不可。

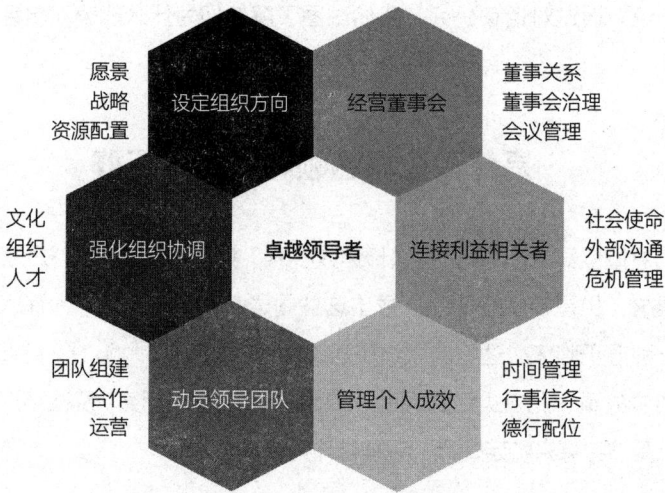

图 0-2 卓越领导者思维模型的六大要素

对每一位卓越领导者来说，他们的独特之处是自己看待要素的思维方式，以及在每个子要素上所采取的行动。用伊顿公司（Eaton）前 CEO 桑迪·卡特勒（Sandy Cutler）的话来说，正是这些要素让伟大的领导者得以"大干一场，而不是小打小闹"。他说："我的意思是，把时间花在其他人做不到的事情上，既提高了效率，又不会陷入琐事的泥潭。"

其次，我们也观察了卓越 CEO 在任期内花在六大要素上的时间是否有所变化，或是存在某种规律或生命周期。比如，相比后期，他们在上任初期花在设定组织方向上的时间是否更多？我们甚至让 CEO 分别对其任期前 18 个月、后 18

个月以及两者之间的时间段中六大要素的重要性打分，总分为 100。

经过对数据的仔细分析，我们并未发现明确的规律性。CEO 如何确定六大要素的优先顺序，取决于他们对公司具体状况、个人专长及偏好的综合考量。我们认识到，尽管采取的方法各不相同，但每一位 CEO 在任期的每个阶段都会用心履行这六大要素。卓越 CEO 始终让六个"盘子"同时旋转，只不过有时候在内外部环境的影响下，有些盘子需要转得快一点，有些需要转得慢一点。

最后，我们考察了卓越 CEO 在任期内公司的财务绩效，以确定是否存在可预测的变化。在开展这项工作时，我们从高管猎头公司所做的研究中发现了一个规律：CEO 上任之初往往表现强劲，第二年会陷入低迷，接着重整旗鼓，在第三年到第五年表现良好，第六年到第十年则开始自满（如果任职这么久的话），然后在第十一到第十五年的黄金时期重塑辉煌。[5] 从所有 CEO 的样本看确实存在这一规律，但卓越 CEO 群体中则不存在这一规律。他们能在任期内年复一年地持续创造显著的价值。而实现价值的方式，则是不断重新定义何为胜利，同时采取新的、大胆的行动来更新战略。

基于上述考量，我们将本书分为六个部分，每个部分对应一个要素，阐述支撑卓越领导者取得成就的思维模型。每个部分包括三章，详细探讨领导者如何将思维转化为最佳行动。在每一章中，读者不仅能了解何为最佳行动，也能了解每一位卓越领导者是如何让这一切成为现实的。本书最后，我们将后退一步，讨论领导者如何确定六大职责的优先顺序，以及如何成功进入和退出这一岗位。我们还将探索未来领导者的工作可能发生的变化。

为什么领导者的卓越难以把握

当研究告一段落，结果浮出水面，CEO 面临的三项挑战超出了我们的想象：一是 CEO 一职之独特；二是 CEO 面临的矛盾之多；三是 CEO 的工作量之大。

关于第一点，大多数 CEO 都告诉我们，自己具备领导大型业务部门或职能部门的经验，本以为为这份工作做好了准备，结果发现并非如此。并不是说管理损益表、制定战略或领导团队，与他们过去的工作有什么本质区别，而是他们惊讶地发现，CEO 是组织内唯一没有同事的岗位，CEO 要对一切负责。

用阿霍德德尔海兹集团（Ahold Delhaize）前 CEO 迪克·布尔（Dick Boer）的话来说："当你执掌某个业务部门或某个地区的分部时，说到底你也是团队的一员，是要和同事们一起工作的。而 CEO 是一个孤独的岗位。你不能说，'哦，我没法做这个，因为……'你必须亲力亲为，不能再为任何事怪罪任何人了。你得独自承担责任。"

除孤独感以外，总部位于巴黎的全球汽车供应商法雷奥（Valeo）的 CEO 雅克·阿申布瓦（Jacques Aschenbroich）完美地阐述了第二项重要挑战，他说："CEO 是所有矛盾的交汇点。"通过一次次的采访，我们发现了阿申布瓦所指的各种矛盾，比如交付短期成果与创造长期价值之间的矛盾，花时间收集、分析信息与快速行动、抓住机会之间的矛盾，尊重过往以创造连续性与颠覆未来之间的矛盾，为股东创造最大化价值与实现利益相关者期望之间的矛盾，以及笃定做出艰难决定与谦虚地寻求、接受反馈之间的矛盾。弗朗西斯·斯科特·菲茨杰拉德（Francis Scott Fitzgerald）的话似乎完全适用于 CEO："对一流智商的考验是，具备持有两个相反想法的能力，同时保持行动力。"正如后续章节所展示的，卓越 CEO 能够巧妙调和这些明显的矛盾，创造出相辅相成的积极结果。

做到这一点并不容易，由此也引出了 CEO 面临的第三项挑战：CEO 的工作量之大，这也体现在卓越领导者的思维模型中。以局外人的眼光看，CEO 的职责似乎不过是设定总体方向和发表讲话，但我们发现完全不是这样。正如全球运动服装公司阿迪达斯的领导者卡斯珀·罗思德（Kasper Rørsted）所解释的："CEO 的很大一部分工作是处理各种悬而未决的问题。"难怪在职业生涯中花费大量时间研究 CEO 效能的斯坦福大学经济学教授尼古拉斯·布鲁姆（Nicholas Bloom）会说："坦率地讲，这是一份令人心生恐惧的工作。我可不想当 CEO。一家大公司的 CEO 每周要工作上百小时。这份工作会吞噬你的生命，吞噬你的周末，让你感到

头顶如山的压力。当然，回报也是巨大的，但你搭上了整个人生。"⁶

随着对这三大挑战的理解加深，我们也更有信心对上述问题给出明确的答案，即**世界上最成功、最有影响力的公司和组织，它们的领导者到底做了些什么，以及更重要的是，他们为什么要这么做？**

本书的独特之处

着手进行这项研究时，我们首先会问 CEO 是否读过我们打算撰写的这类书。他们的回答证明了这本书非常有必要。正如全球专业服务公司怡安集团（Aon）的 CEO 格雷格·凯斯（Greg Case）所说："**（这本书）以各种分析为依据，对各地区、各行业卓越领导者的所作所为进行系统性的方法论总结，在某种程度上，我很难相信之前没有人做过类似的工作，但我确实还没读到过。这将是很有力量的一本书。**"

我们意识到学术界可能做过类似研究，所以我们查阅了所有可得的研究，这些研究运用科学的方法探讨了 CEO 的职责。最早的研究始于 20 世纪 60 年代末，加拿大学者亨利·明茨伯格（Henry Mintzberg）① 对许多 CEO 进行了为期一周的贴身采访。他在报告中指出，CEO 分饰 10 个角色：精神领袖、领导者、联络人、监督者、传播者、代言人、企业家、问题解决者、资源分配者和谈判者。⁷ 虽然具有开创性，但明茨伯格的发现是描述性的，而非规范分析，他也并未尝试找出卓越 CEO 之所以取得伟大成就的原因。其他研究也是如此，包括哈佛大学教授尼廷·诺里亚（Nitin Nohria）和迈克尔·波特（Michael Porter）的一些最新研究，他们的研究虽然很出色，但并未深入涉及 CEO 的工作效能以及卓越 CEO 的独特做法。

除此之外，绝大多数研究着眼于成功的 CEO 的特质。尽管每一项研究都不

---

① 全球管理思想家亨利·明茨伯格在管理领域一直以大胆、创新和别具开拓精神而备受瞩目，他的代表作《战略规划的兴衰》《战略反击》《卓有成效的组织》已由湛庐引进。——编者注

乏独特之处，但不管是哈佛大学、沃顿商学院、世界经济论坛、福布斯教练委员会的研究，还是罗素·雷诺兹（Russell Reynolds）、斯宾塞·斯图尔特（Spencer Stuart）或 ghSMART 等高管猎头公司所做的研究都指出，CEO 取得成功是由人际沟通能力、韧性、冒险精神、果敢和战略思维等多种因素驱动的。对于渴望成为 CEO 的人，这些发现或许可以帮助他们获得一份高管的工作，但并不能帮助他们当上 CEO 后，知道该做些什么才能确保在这个岗位上取得成功。

值得注意的是，这些研究揭穿了一个迷思，即认为卓越领导者具备鼓舞人心的魅力。我们的经验也呼应了这一发现。尽管更有魅力的领导者会成为公众关注的焦点，但我们采访的这群卓越 CEO 更倾向于提出好的问题，而非对下属下达指令，相比振奋人心的讲话，他们更追求切实的行动。

《CEO 的秘密》(The Secrets of CEOs) 一书的作者史蒂夫·塔平（Steve Tappin）有一个观察增强了我们推进本研究的决心。在分析了数百位 CEO 的人生后，他在美国有线电视新闻网上说："可能有三分之二的 CEO 都面临重重挑战，我觉得没有什么书能让他们学习如何做 CEO，所以大多数人实属凭空编造。" [8]

由于市面上找不到这样的领导者"宝典"，我们也一度怀疑撰写这本书会不会白费力气。每位领导者的个性和处境迥异，因此除了他们进行的活动和展现的特质，其他一切也许难以概括。斯坦福大学的尼古拉斯·布鲁姆似乎支持这一观点。他认为："看看这些数据，你会发现成功有 10 种不同的秘诀。也许针对每一个人都可以开展一份独特的案例研究，我觉得很难找到任何秘方，只能说有些人表现得更加出色，但要判断他们为什么表现得更出色，实在是太难了。" [9]

直觉和经验告诉我们，事实并非如此，作为麦肯锡全球资深董事合伙人，我们有能力、有条件找到答案。毕竟，我们职业生涯的绝大部分时间是为 CEO 提供咨询和辅导，我们公司接触到的 CEO 可能比其他任何机构都要多。我们的同事来自全球 60 多个国家和地区，超过 80% 的《财富》500 强企业和全球 1 000 强企业是我们的客户。而且，我们公司每年投入逾 7 亿美元的研究和分析预算经费，绝大多数经费涉及与 CEO 相关的主题。

最后，我们认为本研究发掘的思维模型正是让 21 世纪的领导者取得卓越成就的原因。在他人深陷平庸泥淖时，这些思维使卓越领导者成功驾驭时代的惊涛骇浪，诸如新的竞争对手、颠覆性的变化、日新月异的数字化以及紧迫的社会和环境问题，甚至包括经济危机。总之，卓越领导者基于不同一般的思维方式，在日常工作中采取了非同寻常的行动。

请记住，我们并不是说卓越领导者在各个方面都表现出众，事实上，我们还没遇到这样的人。相反，卓越领导者往往只在少数领域表现出色，其他方面算得上是稳扎稳打，但未必称得上高管典范。在最后一部分，我们将讨论领导者如何发挥自身优势。请注意，正是这种知道自己只能做好几件事的清醒认识，使得领导者选择专注于几个优先领域，而这些正是他们在所处的环境中能够出类拔萃的原因。尽管如此，我们的研究表明，领导者擅长的领域越多，取得优秀绩效的可能性就越大。正因如此，本书有望为任何组织（无论是上市公司、非上市公司，还是非营利组织）的领导者提供一份可靠的行动指南。

我们也相信，未来追求卓越的领导者都能受益于本书提及的思维模型和行动。我们最大的愿望是这本书可以让所有读者都得到启发，收获新知，构建引以为豪的领导力，进而在更大范围内让更多的人受益。

CEO
EXCELLENCE

第一部分

要素一，
设定组织方向，
果敢行事

果敢是天赋、力量和魔力的结合。

——歌德

在当今的复杂世界，许多领导者试图将不确定性降至最低，并防止出错。这听起来合情合理。毕竟，对于领导者，谨慎显然比英勇无畏更加重要。然而，事实证明，这种谨慎常常会带来令人恐惧的"曲棍球杆"效应，导致来年预算下滑，随之而来的，是永远不会兑现的宏伟目标。

卓越领导者明白这一点，因此，他们会以不同的思维方式来设定组织的方向。他们乐于拥抱不确定性，相信好运偏爱勇敢者。与其说他们是命运的"接受者"，不如说是"塑造者"，他们不断寻找机会，并利用机会改变历史。具有这一思维方式的领导者很清楚：10% 的公司创造了 90% 的经济利润（扣除资本成本后），业绩排名前 20% 的公司创造的经济利润是后面所有公司创造的经济利润总和的 30 倍。然而，以 10 年视角来看，从平庸公司变成前 20% 公司的概率只有约 8.33%。[1]

正如我们将在后文讨论的，卓越领导者知道成功的概率有多低，因此他们会在方向设定中的 3 个维度——愿景、战略和资源配置上大胆尝试。

第1章

愿景，拿出重塑赛道的魄力

THE SIX MINDSETS
THAT DISTINGUISH THE BEST
LEADERS FROM THE REST

CEO
EXCELLENCE

不仅要赢得比赛，还要重塑赛道。

你的小心翼翼帮不了这个世界。

——玛丽安·威廉姆森（Marianne Williamson）

传记影片《成事在人》（Invictus）中有一场重头戏，纳尔逊·曼德拉（Nelson Mandela）询问南非橄榄球国家队队长弗朗索瓦·皮纳尔（Francois Pienaar）："你如何激励队员全力以赴？"皮纳尔毫不犹豫地回答："以身作则。我始终相信要以身作则。"曼德拉继续说："完全正确。但如何最大程度地挖掘潜能呢？我发现这很难。我们应该如何激励自己，使自己成就卓越呢？"

随着情节的推进，这个问题的答案浮出了水面。在不被看好的情况下，南非队拿下了 1995 年橄榄球世界杯冠军。激发他们获胜的动力，不只是摘取世界冠军的梦想，更是将种族隔离下被分裂的国家团结起来的愿望。曼德拉和皮纳尔重新定义了胜利，并借此极大地提振了球队的职业精神和士气。

在与一些卓越领导者交谈时，我们发现他们也在以类似的方式重新定义胜利带给公司的意义，这让人印象深刻。他们不仅提高了期望值，还改写了成功的定义。例如，万事达卡前 CEO 彭安杰分享了改变行业面貌的愿景是如何产生的："有一次，我从办公室走过，看到楼梯上写着一句标语——'万事达卡，商业的核心'。

我心想，'可在商业活动中主要是使用现金，对吧？'我发现公司没人谈论现金，大家更多讨论的是 Visa、美国运通（American Express）、中国银联和地方性的银行卡。"

"因此，"他继续说，"我想弄清楚全球使用现金的交易比例有多大。后来经查证发现，仅就消费者交易而言，这一比例超过 85%。从那时起，我就把万事达卡的愿景改为'超越现金'。我们没有加入对那 15% 的电子交易份额的竞争，而是决定进军 85% 未电子化的交易市场。随后，我们将'超越现金'的愿景转化为发展核心业务、建立多元化客户基础和新业务的战略。"

再举一例，假设奈飞（Netflix）的联合创始人兼前 CEO 里德·哈斯廷斯（Reed Hastings）向员工宣贯"成为美国最大的 DVD 公司"的愿景，我敢说在世纪之交时，没人会皱起眉头，而且 DVD 似乎也是奈飞当时的核心业务。但如果哈斯廷斯真的设定了这一目标，我们写这本书时很可能不会拜会他，因为奈飞会像当时的头部录像租赁公司百视达（Blockbuster）一样不复存在。事实上，哈斯廷斯从一开始就把目光投向了比 DVD 市场更庞大、更有想象空间的战场。2002 年他接受《连线》杂志采访，当被问及公司愿景时，他说："我梦想着 20 年后拥有一家全球性的娱乐发行公司，为影视业提供独特渠道。"[1] 他在接受我们采访时补充道："正因如此，我们给这家公司取名为奈飞，而非 DVD by Mail。"

现在的奈飞似乎也证实了哈斯廷斯的回应合乎情理。正是源于这一宏大愿景，后来他推出了一整套战略举措，比如进军视频流媒体业务、押注云计算、创建奈飞 Originals、拓展全球化版图等。

基于研究，在表 1-1 中，我们列出了这些卓越领导者是如何大胆重塑赛道的。

表 1-1　对我们的公司而言，何为胜利？

领导者	公司	"制胜赛道"愿景	"重塑赛道"愿景
道格·贝克（Doug Baker）	艺康（Ecolab）	在清洁消毒和食品安全领域处于全球领先地位	在确保客户和资源安全方面处于全球领先地位

续表

领导者	公司	"制胜赛道"愿景	"重塑赛道"愿景
彭安杰	万事达卡	赢取支付	超越现金
玛丽·博拉	通用汽车	引领全球汽车行业	赢取未来交通变革
桑迪·卡特勒	伊顿	成为业绩排名前25%的汽车零部件制造商	成为领先的能源管理公司，开发更安全更可靠更高效的动力
高博德（Piyush Gupta）	星展银行（DBS）	以科技赋能金融服务	提供快乐金融服务的科技公司
赫伯特·海纳（Herbert Hainer）	阿迪达斯	超越竞争对手	助力运动员超越竞争对手
迈克·马奥尼（Mike Mahoney）	波士顿科学公司（Boston Scientific）	成为心脏病医疗器械的全球领军者	成为具有创新活力的全球创新医疗科技公司
孟轶凡（Ivan Menezes）	帝亚吉欧（Diageo）	成为世界领先的饮料公司	成为全球业绩最好、最受信任和尊重的消费品公司
山塔努·纳拉延（Shantanu Narayen）	奥多比（Adobe）	为 Web 端提供最佳创意桌面工具	为全球最佳的数字创意、文档和客户体验赋能
鱼谷雅彦	资生堂	打造日本美妆标杆品牌	打造传承日本文化的全球美妆标杆品牌

"重塑赛道"愿景在事后看来无疑都是正确的，但在当时设定愿景其实很难。哈斯廷斯自诩为公司兴衰史的研究者，他说："你一定要搞清楚自己感兴趣的是什么，你想追寻和坚守的又是什么。公司给出的定义可能自始至终都是错的。"我们将在下文探讨卓越领导者如何做出正确选择，如何为组织重塑改变格局的愿景。他们会采取以下 4 个方面的行动。

➤ 锁定自身优势和市场的交集

➤ 超越财务目标，设定更高使命

➤ 立足过往，开辟新机遇

➤ 激发全员参与感

锁定自身优势与市场的交集

卓越领导者通过锁定自身优势和市场的交集来创立愿景。电子产品零售商百思买（Best Buy）前 CEO 休伯特·乔利（Hubert Joly）说："正确的方向在 4 个圆圈的交集上，4 个圆圈包括世界需要什么、你擅长什么、你对什么充满热情，以及你怎样赚钱。"

乔利于 2012 年夏天临危受命，百思买当时命悬一线，亏损高达 17 亿美元。与此同时，亚马逊等科技公司都在推进垂直整合，百思买门店服务质量直线下降，外界对管理层失去了信心，股价迅速下跌。乔利知道公司需要立即扭转颓势，但在上任数天后，他意识到需要一个新的愿景来重新定义胜利，从而激励员工。

乔利相信这个行业将持续增长，因为电子产品满足消费者娱乐和其他方面需要的属性不会改变。他认识到，百思买可以通过帮助客户选择对的产品来证明自身价值。因为电子产品的购买并不容易，比如在网上看不出电视的画质差异，听不出音箱或耳机的音质差异。产品到家后，安装调试也常常让人头痛。因此有丰富经验的销售顾问非常有用，特别是在大量采购时。还有比百思买更好的帮手吗？

通过观察市场需求、公司能力和事业激情这 3 个圆圈的交集，乔利看到了一个可以重塑赛道的潜在愿景。"我们是一家通过科技来丰富人们生活的公司，"他说，"我们不是做电视或电脑生意的。从根本上说，我们甚至不是零售商。我们通过满足人们的关键需求来丰富人们的生活，无论这些需求来自娱乐、健康、生产力还是社交领域。"

　　还有一个问题：这样做能赚到钱吗？乔利明白，许多顾客会先来百思买门店了解产品，然后在网上以更便宜的价格购买，这会让员工士气低落。投资者不接受线上线下价格一致的设想，认为百思买的成本结构永远无法与电商竞争。但乔利认为只要顾客觉得体验很好，他们自然会购买更多产品。

　　他还看到，寻求垂直整合的消费电子公司同样需要实体店。因此百思买采用了店中店的方式，即划出部分店面给某个品牌商，还配置了销售专员。他说："我们为苹果、LG、微软、三星、索尼以及后来的亚马逊、Facebook 和谷歌提供这样的服务。这些公司需要实体店面展示产品，我们可以提供，这样它们就不用承担巨大成本和冒着未知风险自建数千家门店。百思买就成了为角斗士提供场所的竞技场，我们向所有人收取入场费，包括顾客和供应商。这是一种三赢的局面。"

　　在类似百思买的困境下，很少有领导者采用扩张的视角看待竞争环境。乔利大胆重塑愿景，这意味着百思买将为扭转局面采取一些非常规做法，比如与供应商合作，而非挤压供应商；降低售价，而不是提高售价。这些确实是难能可贵的远见：2019 年 6 月乔利卸任时，百思买的股价从 20 美元涨到约 68 美元，飙升了 240%，而同期标普 500 指数仅上涨了 111%。找到正确的交集无疑将带来丰厚的回报。

　　与乔利一样，我们采访的其他 CEO 也找到了交集。丹麦制药公司诺和诺德（Novo Nordisk）前 CEO 拉尔斯·雷宾·索文森（Lars Rebien Sørensen）发现糖尿病患者的相关医疗需求没有得到满足，这让他在公司愿景制定上有了目标，他知道诺和诺德的独特优势是制造生物制剂。"这是我们唯一的专长，因为生物制剂很难被复制。"索文森分享道。为了进一步明确愿景，索文森倡导以患者为中心，而不是行业常见的那样以迎合医生需求为主。"我们必须为病人做正确的事，还要说服医生与我们合作。"他说。为了培养员工的热情，所有人都被要求与患者见面，了解患者的生活，了解诺和诺德的产品给患者带来的改变。"员工们意识到，他们的贡献远远不只是一份工作。"寻找和扩大交集成效显著：索文森任职期间，诺和诺德的营收增长了 5 倍，净利润增长了 11 倍，如今该公司占据全球近一半的胰岛素市场。

楷登电子的陈立武（Lip-Bu Tan）曾向一位成功的投资人请教：如何才能使公司股票成为其投资组合中的最佳股票。他得到的回答很有启发性。"首先，你的股票对客户是不可或缺的，而不只是'可以持有'的。"陈立武继续分享道，"其次，你必须成为品类领军者，在同类产品中是数一数二的。最后，如果你的总可用市场（TAM）为 100 亿美元，如何才能使公司成长为价值 1 500 亿美元的公司呢？所以，问题在于，你要怎样进军新市场？"通过寻找这三条建议的交集，陈立武重塑了楷登电子的赛道，那就是从开发计算机芯片设计软件，延伸到为超大规模计算、航空航天、汽车和移动通信等行业提供系统设计和分析软件。

超越财务目标，设定更高使命

当利昂内尔·梅西在球场上疯狂进球时，全球第二大运动服装制造商阿迪达斯的高科技无鞋带足球鞋为他提供了助力。诚然，梅西与该公司签订了赞助协议，但这位足球史上获得最多金球奖的巨星无疑只会使用最先进的装备。

不过，这双球鞋不只是帮助梅西进球，还体现了阿迪达斯前 CEO 赫伯特·海纳于 2001 年为这家德国公司设立的愿景。海纳接手时，阿迪达斯的市场份额正在流失，新鞋设计举步维艰。[2] 如果换成一位不那么果敢勇毅的 CEO，或许会向组织施压，要求员工更快更多地销售鞋子、服装和配饰，以此来扭转颓势。

虽然海纳明白财务数据至关重要，但他拒绝财务至上。相反，他重塑了公司愿景，以助力运动员释放潜力为最高宗旨。如他所述："我们的目标不是成为规模最大、盈利最高的公司，而是创造产品，帮助运动员取得佳绩，使跑步运动员跑得更快，网球运动员打得更好，足球运动员踢得更棒。只要我们做到这一点，为消费者提供优质服务，财务数据自然会好起来。我们要做的是帮助人们取得最佳成绩，这样，我们也会让世界变得更美好。我希望为阿迪达斯注入这样的信念，即我们参与的不是一场营收游戏，我们也不是一家只顾营收的公司。"

海纳以行动践行愿景。当投资者因为阿迪达斯的利润率低于耐克而抛售股票时，他淡定地回应到，因为阿迪达斯的产品开发成本更高，产品的性能最好。"我们的产品永远不会让穿着它的运动员失望，"他说，"如果能帮助他们实现梦想，赢得奥运会金牌或法国网球公开赛等，我们收获的将不只是营收数字。"尽管如此，在营收方面，一如海纳所计划的那样，阿迪达斯同样取得了巨大的成功。15 年后海纳退休时，阿迪达斯品牌有如重生，公司市值也从 34 亿美元升至逾 300 亿美元。

回顾表 1-1 中领导者大胆重塑的愿景，令人惊讶的是，这些大获成功的公司没有一家专注于财务绩效，相反，利润都是愿景达成后带来的结果。全球最大保险公司安联集团（Allianz）的 CEO 奥利弗·贝特（Oliver Bäte）解释了原因："'我要让净利润翻倍'这种话激励不了任何人，连我的核心领导团队也动员不了。所以问题是，你怎么让队伍拧成一股绳？'我们希望成为对工作赤胆忠心的领导者'与'我们希望给股东带来双倍回报'听起来是非常不一样的。"

1981 年，尼日利亚丹格特集团（Dangote Group）创始人兼 CEO 阿里科·丹格特（Aliko Dangote）创业时，丹格特还只是一家小型大宗商品贸易公司。几十年来，公司的愿景始终如一：扩大规模，发展工业化，成为非洲关键行业的旗舰公司。今天，丹格特已成为西非最大的企业集团，拥有 3 万名员工，年营收超 40 亿美元。丹格特描述了清晰和强大的愿景是如何为变革持续提供助推力的："非洲是一个资源非常丰富的大陆，这对于可持续发展来说极为重要。在全球增长最快的 10 个经济体中，非洲独占 6 个，非洲占全球未开垦耕地的 60%。到 2050 年，全球五分之一的人口将来自非洲。我们的员工明白，丹格特坚守着发展非洲大陆、满足核心需求、改善民众生活的清晰愿景。"

医疗器械公司美敦力（Medtronic）前 CEO 比尔·乔治（Bill George）同样认为："我们最重要的衡量标准不是营收和利润，而是人们获得美敦力产品的帮助需要几秒钟。我加入公司时需要 100 秒，我离开时仅需 7 秒。"专注于帮助患者重返健康生活，使得为股东创造价值水到渠成，这成为超越赚钱的强大动因。正如乔治所述："员工们希望每天早晨都是新的开始，可以去发明一些新东西，生产一些高质量的产品，或者为手术室的医生提供一些帮助。无论在中国、韩国、波兰还是阿根廷，都是如此。这一愿景激励着高管团队，激励着生产线上的工人，激励着实验室的工程师，激励着半夜驱车穿越密歇根州，只为将除颤器送给清晨 7 点做手术的医生的那个人。这都是真实的故事。"

立足过往，开辟新机遇

重塑愿景未必需要改写公司的传统和历史。我们的研究发现，卓越领导者往往从公司的历史入手，找出造就往日辉煌的根源，立足于此，再开辟新机遇。

推出财务软件 QuickBooks 和 TurboTax 的财捷集团（Intuit）是一家入选《财富》500 强榜单的公司，在全球约有 1.1 万名员工。斯科特·库克（Scott Cook）于 1983 年与朋友一起成立了这家公司，他始终坚持以客户为中心，始终密切关注客户痛点，从不以兜售解决方案为导向。该公司创立之初的使命是"终结财务烦恼"，通过解决方案的持续升级服务客户。

布拉德·史密斯（Brad Smith）是西弗吉尼亚人，加入财捷前曾在百事可乐和薪资管理公司 ADP 工作，2008 年掌舵财捷时，摆在他面前的挑战足以令他生畏。拥有 25 年辉煌历史的财捷，是一家伟大的桌面软件公司，但世界在变化，而财捷的产品未能跟上时代的步伐。史密斯认为库克时代愿景的精髓并未过时，只是表达和追求愿景的方式需要调整。"我们保留了精神内核，使用了更具时代特点的表述来诠释初心，"他说，"财捷携手共创繁荣、有效支持弱者的初心从未改变。我只需要着重强调一点，即实现这一愿景最现代的方式是什么？于是我们更新了企业使命，进化了解决方案，即向云计算倾斜。同时我们紧跟三个宏观趋势，即社交、移动和全球化。"

将创立之初的使命重塑为打动人心的当代公司愿景，将员工动员起来，朝着这一愿景共同奋斗，这一做法成效显著。在史密斯 11 年的任期内，财捷在"携手共创繁荣，满足互联世界需求"的愿景激励下，客户数量翻了一番，达到 5 000

万人，营收也翻了一番，盈利增加了两倍，股票市值则从 2008 年的 100 亿美元增至 2019 年的 600 亿美元。史密斯给新 CEO 的建议是，"要有一个极其清晰的愿景，领导者只要不添乱，其他什么都不必做。这是最鼓舞人心的愿景"。

我们采访的许多 CEO 也印证了史密斯的经验。如前文所述，万事达卡的彭安杰从公司一条老标语中深受启发。西太平洋银行的盖尔·凯利回溯了这家澳大利亚历史最悠久的银行的服务传统。微软 CEO 萨提亚·纳德拉重温了创立初期的愿景，即创造技术，以帮助他人创造更多技术。他认为在自己的任期内，"关于微软，人们需要了解的一切都在那里"。

到目前为止，我们已经讨论了卓越领导者是如何果敢重塑愿景的。事实上，我们采访的每一位 CEO 都以自己的方式践行了这一点，哪怕他们接任的是业绩优秀的公司。麦肯锡前全球总裁鲍达民（Dominic Barton）总结了领导者的普遍心态："作为领导者，你有权力和责任激发组织的雄心壮志。"这一点不仅关乎愿景，还包括广泛参与。

激发全员参与感

卓越领导者为公司创立了改变格局的愿景，但在向组织传递愿景时，他们却很少强行宣贯，这是为什么？

诺贝尔奖获得者、以色列心理学家丹尼尔·卡尼曼（Daniel Kahneman）① 的一项实验可以揭示其中的奥秘。卡尼曼策划了一场抽奖活动。[3] 一半参与者被随机分配有编号的彩票，另一半则拿到空白彩票和一支笔，可以自己写下彩票号码。抽奖前，研究人员提出回购全部彩票。他们想知道，拿到随机编号彩票的人和自己写下号码的人会开什么价。

---

① 诺贝尔经济学奖得主，被誉为"行为经济学之父"。其最新著作《噪声》助你重塑自己的决策框架，远离噪声，做聪明的决策者。该书中文简体字版已由湛庐引进，浙江教育出版社于 2021 年出版。——编者注

基于理性预期，研究人员向两组人员支付的金额应该没有差别，毕竟彩票是完全随机的。每个号码，无论是自选还是分配的，价值不应有区别，因为获奖概率都一样。然而可以想见，答案是非理性的。无论国籍、年龄结构或所得奖金大小，亲手写下彩票号码的人要价至少高了 5 倍。这个实验揭示了关于人性的重要真相。正如美敦力的比尔·乔治所言："人们会对自己参与创造的东西给予更大支持。"具体来说，亲手写下彩票号码的人的信心指数比随机分配的人的信心指数高出 5 倍左右。这一潜意识与我们想要掌控事物的渴望有关，这是一种根深蒂固的生存本能。

几乎每一位卓越领导者都运用了"彩票效应"。这是跨国广告和公关巨头阳狮集团（Publicis）前 CEO 莫里斯·雷维（Maurice Lévy）在其职业生涯中一贯坚持的。1987 年，这位摩洛哥出生的高管接过这家"落伍"的法国广告公司，后来成功将之打造为全球三大广告公司之一。雷维通过并购将集团业务扩展到 100 多个国家。该公司秉持"差异制胜"的理念，致力于为世界各地的客户提供因地制宜的服务。

到 2015 年，对阳狮而言，以并购为导向的增长战略基本宣告结束，是时候重塑愿景了。在雷维眼中，阳狮是一个独立实体的集合体，各分支机构有自己的解决方案和市场。与此同时，他看到埃森哲（Accenture）等咨询公司运用数据和技术打造品牌，正在颠覆传统的广告行业。他清晰地知道公司必须采取些举措，但在 73 岁的高龄，他明白阳狮比以往任何时候更需要下一代领导者。

为了让"彩票效应"发挥效能，雷维要求高管团队和下一级管理团队（大约300 名高管和 50 名 30 岁以下的新晋经理）参加持续数月的培训。他请来多位重量级嘉宾，帮助公司高管了解全球趋势和颠覆式的科技发展。嘉宾包括谷歌的埃里克·施密特（Eric Schmidt）、Facebook 的马克·扎克伯格、Salesforce 创始人马克·贝尼奥夫（Marc Benioff）[1] 和哈佛大学领导力教授罗莎贝斯·莫斯·坎特

---

[1] 想要了解马克·贝尼奥夫如何领导千亿美元帝国 Salesforce，学习他的经营智慧，不妨阅读他所著的《Salesforce 传奇》一书。该书中文简体字版已由湛庐引进，中国纺织出版社于 2021 年出版。——编者注

(Rosabeth Moss Kanter)。培训结束后，公司高管分组对阳狮的未来进行辩论、整合并确定发展的优先级。最终，新愿景"一个阳狮"获得了共同认可。该愿景致力于打破公司内部各自为政的局面，架设跨职能团队为客户服务。

从根本上说，"一个阳狮"塑造了强烈的主人翁意识，从而形成了广泛的领导层联盟。雷维称这一历程"给我们带来了难以置信的能量和伟大的解决方案"。两年后卸任时，他于 30 多年前接手的这家"落伍"的法国公司已成长为市值 180 亿美元的全球巨头。

绝大多数卓越领导者在制定愿景时设法让员工参与进来，效果都很不错。马希德·弗泰伊姆集团的阿兰·贝贾尼说："我们努力让全员置身其中，这样做能让员工形成广泛认同的主人翁意识。我们还发现，一些最具洞察力的答案通常来自那些不会被寻求建议的人，如果没有让员工都参与进来，损失可能是巨大的。"

正如阿迪达斯的赫伯特·海纳所说："我们花了 5 个月时间，最终让大家畅所欲言，说出对公司有利的想法，公司上下因此释放出了磅礴的精神力量、崭新的想法和惊人的创造力。一年内，我们的股价翻了一番，公司发展势头突飞猛进。在我看来，那段时光太美好了。"百思买的休伯特·乔利对此深表认同："公司当然要制订一个计划，但重要的是要携起手来齐头并进。计划不一定要完美无缺，关键是创造能量、善用能量。"

鼓舞管理层的士气不是一朝一夕的事。有时候，领导者要一步步地推进。高博德回顾了他于 2009 年底接任星展银行 CEO 时的情形。"当时，在客户服务质量方面，星展是新加坡最差的银行，没人相信它有朝一日会变成亚洲最佳银行，"他解释说，"我们没有信心，也没有能力。但我们就像一支小型联赛球队还在大谈什么征战顶级联赛，说什么要捧走冠军奖杯。"高博德最终确定了打造亚洲首选银行的初步愿景，这是管理层愿意接受的一个折中方案。

到了 2013 年，星展银行被多个地区榜单评为"亚洲最佳银行"，舞台大了，梦想也跟着变大。在一次非现场业务会议上，高博德笑着说："我的 250 位高管告诉我，希望公司成为全球最佳银行，那真是一个美妙的时刻，高管团队开始坚信我们可以一争高下。"2018 年，星展银行被纽约《环球金融》(Global Finance)杂志评为"全球最佳银行"，成为获得该杂志这一殊荣的首家亚洲银行，另外也获得了《欧洲货币》(Euromoney)和《银行家》(The Banker)杂志同样的荣誉。但高博德没有止步于此。他带领团队开始奔向更广阔的愿景，通过引入科技公司的思维方式重新定义金融服务，以提供"快乐金融服务"为终极目标。

令人有些不安的是，在卓越领导者心中，"愿景"、"使命"和"宗旨"基本可以通用。或许传播学和人力资源专业人士、学者和咨询师对于每个用词的细微差别争论不休，但事实是，卓越领导者不太在意有何区别。对他们来说，重要的是企业要设定一个清晰简洁的顶层方向来重新定义成功、影响组织决策，以及激励人们以想要的方式行事。

为此，卓越领导者诉诸大胆的思维方式创造了这样一种愿景，不仅要赢得比赛，还要重塑赛道，正如纳尔逊·曼德拉和弗朗索瓦·皮纳尔对南非那支橄榄球队所做的那样。球员们不只为夺冠而战，也为团结国家而战。**为了重塑改变格局的愿景，卓越领导者会寻找并放大交集，超越财务目标，立足过去展望未来，并借用"彩票效应"有效激发员工的主人翁意识。**

设立愿景后，无论处在哪个发展阶段，领导者都将面临一大挑战，那就是将美好愿景变成现实。日本有句谚语很直白：缺少行动的愿景只是一场梦。下面，我们就来看看卓越领导者为实现愿景做了些什么。

第2章

战略，启动登月级的大胆计划

THE SIX MINDSETS
THAT DISTINGUISH THE BEST
LEADERS FROM THE REST

CEO
EXCELLENCE

面对不确定性时，胆怯才是真正
的风险。

轻跳两步跨不过峡谷。

——大卫·劳合·乔治（David Lloyd George）

约翰·肯尼迪当总统时给美国设定了怎样的愿景？他的战略是什么？那就是采取一系列重大举措！其中的一项如今已经成为"大步飞跃"的代名词：登月。在某次演讲中，他不仅提出要资助"载人登月"计划，还提出了另外三项与之相关的重大举措：增加无人太空探索、开发核动力火箭、推动卫星技术进步。除此之外，他领导下的美国政府还采取了其他一些重要举措，比如组建和平队、制定新的民权法律以及重塑与拉美的经济合作态势。

肯尼迪的故事表明，**领导者不仅应该大胆设定愿景，还应该大胆制定战略去实现愿景。**如果一心只想降低不确定性，尽量少犯错，他绝不可能选择登月这种大胆的战略举措；相反，可能只是加大对科学技术的投入。与肯尼迪一样，卓越CEO上任后不久就会制定大胆的战略举措，而且会在任期内多次部署重大举措。

萨提亚·纳德拉就是一个典型的例子。当他在 2014 年 2 月开始掌舵微软时，这家科技公司似乎正被市场飞速边缘化。曾几何时，微软怀抱着"让每张桌子上都有一台电脑"的梦想进而崛起为行业巨头，但昔日意气风发彼时却与时代格格不入。我们在第 1 章提到，纳德拉借鉴了微软创业初期的经验，大胆重塑了公司未来的愿景。他重新定义了微软的使命："予力全球每一人、每一组织，成就不凡。"

随后，纳德拉启动了一系列重大的"登月级"战略计划，向着新愿景全速前进。接下来的几年，这位新 CEO 斥资 500 多亿美元大举收购，提高了微软的生产率。他发力服务业务，收购了职场社交网络领英（LinkedIn）和软件开发者服务 GitHub 等平台，对云计算服务和人工智能业务加倍投入，还将软件业务的重心从"盒装"模式转向会员服务。他甚至做出了出售微软手机业务的艰难决定——要知道，为了追赶苹果和谷歌，微软当时已经向手机业务投入了数十亿美元。

纳德拉不仅行事果敢，还对微软的文化做出了重要调整（我们将在后续章节讨论这一点）。这一切都获得了丰厚的回报。从纳德拉担任 CEO 起一直到 2020年，微软的营收增长了 60% 以上。同期的微软股价涨幅接近 6 倍，而标普 500 指数仅上涨了 2 倍。截至 2022 年，微软是全球市值排名第二的上市公司。

许多卓越领导者都采取过类似的重大战略举措，逐一赘述意义不大。我们对 3 925 家规模最大的全球化公司在过去 15 年采取的种种举措进行分析，得出了更有指导意义的结果。麦肯锡通过数据分析来确定哪些重大举措最有可能把一家表现平庸的企业变成出类拔萃的"印钞机"。结果显示，只要能像载人登月那样大胆落实，以下 5 项战略举措往往是最重要的：[1]

1. **系统化并购与剥离。** 卓越领导者平均每年至少进行一笔交易，而 10 年的累计交易金额会超过公司市值的 30%（尽管通常没有任何一笔单独的交易会超过公司市值的 30%）。由此可见，对卓越领导者而言，识别、谈判和整合收购的能力尤为重要。他们不仅敢买，还敢卖——这可能会以剥离业务的形式体现出来。怡安集团就是交易方面的典型代表。用该公司 CEO 格雷格·凯斯的话来说："我们始终在调整和改善业务组合。过去 15 年，我们进行了 220 多笔收购和 150 多笔资产剥离交易，规模有大有小。"

2. **大举投资**。如果你希望自己的公司能够通过大举投资来产生实际收益，你的资本支出与销售额的比例需要在 10 年跨度内超过行业中位数的 1.7 倍。这可不是一笔小钱，但只要投资得当，就能帮助企业以高于所在行业的速度扩张。通用汽车的玛丽·博拉就是这方面的典范——她承诺从该公司的产品开发资本（到 2025 年底达到 270 亿美元）中拿出一半以上来追求全球电动汽车市场的领导地位。

3. **提高生产率**。最成功的公司往往更注重压缩行政、销售和劳动力成本。如果采取这样的举措，一家公司在 10 年间提高的生产率较行业中位数高出 25%。安联集团的奥利弗·贝特就是通过这种方式来实现"以简制胜"的新目标的。在一个固定费用比率几十年来始终保持在 30% 的行业里，贝特上任后不久就将这项指标压缩到 28% 以下，同时将客户忠诚度从 2015 年的 50% 提高到 2019 年的 70%，还将内部增长率从 2015 年的负数提高到 2019 年的 6%。

4. **差异化改进**。卓越领导者会通过足以改变公司发展轨迹的重大举措来改善商业模式，创造价格优势。这就使得他们的公司在过去 10 年的平均毛利率较同行业高出至少 30%。乐高前 CEO 袁威（Jørgen Vig Knudstorp）曾充分运用这一举措来追求"细分差异化和卓越战略"。他的目标是每年至少更新公司一半的核心产品。比如，他打造了数字化平台来促进乐高迷之间的沟通交流，开发了女孩专属产品，购买了许多版权（如《星球大战》），还成功发行了乐高系列电影。

5. **资源再分配**。如果一家公司能在 10 年间将超过 60% 的资本支出转移到不同的业务部门，那就算是重大调整。相较于再分配速度缓慢的企业，这样可以多创造 50% 的价值。然而，需要重新分配的不只是资本，还应该将运营支出、人才资源和管理重点也转向最有利的领域。因此，资源再分配成为另外 4 项重要战略举措的关键促成因素。鉴于它的重要性，我们将在第 3 章专门探讨。另外，我们也会在探讨人才问题，以及如何领导核心管理团队和创建合适的运营节奏时，再次讨论这项战略举措。

如果领导者采取的"登月级"举措太少，或者行动过于迟缓，企业就会在竞争中掉队。有数据分析显示，经济利润创造能力处于行业中等水平的企业，约有40% 在 10 年间根本没有采取过任何重大举措。另外 40% 仅采取了一项重大举措。与此同时，麦肯锡的研究还显示，如果采取两项重大举措，企业的经济利润排名从中等上升到前列的概率就会翻倍；如果采取三项或三项以上，概率就会达到原先的 6 倍。此外，在上任初期雷厉风行的 CEO，其表现也好于行动迟缓的同行；如果在任期内多次大胆行事，便可避免原本常见的绩效下滑。

虽然这项研究明确指出了一流企业与普通企业的区别，但具体哪些重大战略举措对企业更有实际意义，还要由每一位领导者来判断。追求并购只是总体方针，但怎么知道应该收购或出售哪些公司呢？资本支出确实值得重视，但怎样才能分辨出最佳投资方向？这 5 项举措中每一项都有类似的问题，而且每一项都事关重大，答案就显得举足轻重。正如史蒂夫·鲍尔默（Steve Ballmer）将微软的帅印交给纳德拉时所说："一定要胆大心细。胆不大，就会一事无成。心不细，就会铸成大错。"

"胆大心细"说起来容易做起来难，在实践中，就连卓越领导者也不可能事事正确。奈飞的前 CEO 里德·哈斯廷斯分享了他在这方面的经验。2011 年，奈飞顺风顺水，公司的 DVD 邮寄业务增长迅猛。有了这项服务，用户足不出户就能租到自己最喜欢的 DVD 影片。但哈斯廷斯注意到市场正在酝酿着一场变革，通过互联网提供观影服务的流媒体视频才是未来。这是经典的"创新者困境"——对奈飞而言，做大流媒体服务就会蚕食自己的 DVD 邮寄业务。为了解决这个问题，哈斯廷斯将 DVD 邮寄业务与不限量流媒体套餐拆成两项独立服务——对同时订购这两项服务的用户涨价 60%。涨价遭到用户抵制，对于单独订购新的 DVD 邮寄服务（更名为 Qwikster），用户同样颇有微词。

受此影响，奈飞流失了数百万用户，公司股价也暴跌 75%。哈斯廷斯在邮件中对用户说："是我搞砸了。我欠大家一个解释。我的根本错误在于，没有充分解释几个月前调整的定价和会员方案。"然而，这样的解释还不足以平息这场风波。用户真正反感的是分别以高价购买两项服务。那年秋天，哈斯廷斯决定关闭尚未正式启动的 Qwikster，恢复奈飞的单一会员模式。

"事后看来，"哈斯廷斯解释道，"我们一心只想着不要给 DVD'陪葬'。我们研究了所有商业模式崩溃的公司，比如柯达和百视达。这个问题确实很棘手，不过我们吸取了重要的教训，那就是你的公司或许没有从战略上为今后 10 年做好准备，但客户并不关心。"

尽管执行过程不算完美，但哈斯廷斯的反应还是堪称迅速，在从 DVD 邮寄业务转向流媒体服务这个更重大的决策上，他也的确做出了正确的选择。别人眼中的挑战，却成为他眼中的机会。面对持续不断的质疑和竞争，他通过快速的技术扩张成功地促进了奈飞的规模增长，并满足了日益壮大的客户群不断变化的需求。当 DVD 邮寄沦落为小众服务时，奈飞已经成长为一家拥有 2 亿用户、200 亿美元营收和近 9 000 名员工的大型流媒体公司。这家创立于 1997 年的公司，如今的市值已达上千亿美元。

哈斯廷斯的经验表明，如果身处变化多端、前景难料的环境，此时制定重大举措是一件颇具风险的事情。比较简单的方法是退守求稳，但卓越领导者却会在面临不确定性时展现出勇往直前的勇气。对此，荷兰生命科学和材料科学巨头皇家帝斯曼（Royal DSM）前 CEO 谢白曼（Feike Sijbesma）谈道："当我们放开胆子做事的时候，董事会会问我，'你确定吗？'我的回答是，'当然不确定，不可能确定。'我认为我们创造了一种文化，让大家可以开放地面对各种不安全感，但同时有勇气和决心去追求机会。"

卓越领导者不仅愿意冒险探索未知水域，也愿意在波涛汹涌的海面上勇敢地坚持到底。为了让帝亚吉欧加强以客户为中心的理念，这家英国烈酒公司的 CEO 孟轶凡将广告和营销的重心从分销商转移到消费者身上。当销售额出现短暂下滑时，孟轶凡遭到了投资者的非议，就连公司内部也出现了质疑的声音。"全公司都在盯着我们，看我们会不会退缩，"孟轶凡说，"但我们坚持下来了，我解释了原因，赢得了信任，从而为增长奠定了基础。"自那以后，帝亚吉欧越来越强大，股东回报率在同行中位居前 25%。

我们从一位又一位领导者那里听到了许许多多类似的故事，这不禁令人想起"赞斯（Xanth）系列"奇幻小说的作者皮尔斯·安东尼（Piers Anthony）对勇气的定义："纵使心怀恐惧，依然勇往直前、恪尽职守，这就是勇气。不知道恐惧是傻瓜，被恐惧支配是懦夫。"[2] 美敦力的乔治充分阐述了这项特质对领导者的重要性。"我见过一些领导者，他们在其他方面都很合格，却唯独缺乏勇气，"他说，"他们领导的公司在一段时间内表现还不错，但随着时间的推移，会逐渐走向衰落。"

当我们探索这种勇气从何而来时，发现卓越领导者都具备以下 4 个方面的品质。

> ➤ 对世界走向有出类拔萃的把握
> ➤ 看清下行风险，击倒你的多数是意外
> ➤ 如一家之主般看得长远
> ➤ 把握节奏，持续"划动'心浆'"

对世界走向有出类拔萃的把握

几乎每一位跟我们对话的 CEO 都会强调，对世界的走向有清晰的认知是非常重要的。他们都会密切关注技术的变化、客户偏好的转变、新出现的竞争对手和潜在的威胁。正因如此，他们才能在未来趋势广为人知前提早下注，才能在别人批评他们投资的是虚无缥缈的市场或前景渺茫的技术时坚定信念。

溥瑞廷（Ed Breen）担任过好几家公司的 CEO，因为善于把握未来趋势，他建立了自己的事业。他用 23 年的 CEO 生涯为自己赢得了"战略大师"的美誉，

在经营复杂的集团公司和应付激进的投资者时显得游刃有余。在担任泰科（Tyco）及后来的杜邦（DuPont）CEO 之前，40 出头的薄瑞廷曾是美国通用仪器公司（General Instruments，GI）的 CEO，这是一家位于宾夕法尼亚州的有线电视机顶盒制造商。20 世纪 90 年代末，模拟电视信号依然在全球占据主导地位，彼时的薄瑞廷就已经敏感地预见到了数字化趋势。尽管当时数字机顶盒尚未出现，开发成本又极高，但薄瑞廷却对此坚信不疑，投入公司 80% 的研发资源来攻克这项技术。最终这笔投资获得了回报：GI 率先推出了数字机顶盒。但很可惜，生产成本太高了。

薄瑞廷回忆道："当时我才刚刚出任 CEO 一年，就已经很有成就感，'还没有人知道怎么生产数字机顶盒，我们却做出来了。'可接下来呢？与许多电子产品一样，只有销量上去，零件成本才能降下来。我找到有线电视巨头 TCI 的 CEO 约翰·马龙（John Malone），对他说，'瞧，技术搞定了。TCI 可以用它引领行业发展。咱们做笔交易吧，用一种对双方都经济可行的方式把它安装到你们的系统中。但你得承诺 100% 从 GI 采购机顶盒。'然后，第二天，我找到了有线电视供应商康卡斯特（Comcast），提出了同样的交易方案。接下来的一周，我四处约见客户，跟十大有线电视运营商都签订了合同。"通过重大投资实现 GI 市场的差异化之后，薄瑞廷紧接着采取了一项重大举措来提升效率。"接下来的一年，我工作的重点是'拼命降低机顶盒的成本'。之后，我们成功把成本降到最初的一半。"GI 再接再厉，在价值数十亿美元的有线电视机顶盒市场赢得了巨大胜利。再后来，薄瑞廷目睹了公司估值的飞速上涨。

掌舵杜邦后，已经进入职业生涯后期的薄瑞廷再次预见到了未来的趋势。2017 年，他认定农业产业将经历整合，最终只会剩下几家企业。在研究了这个行业的趋势和经济模式后，薄瑞廷意识到，业内排名第四或第五的企业都会陷入挣扎状态。杜邦当时有 7 个部门，虽然其中只有两个农业部门，但却占到公司实际股权价值的 50% 以上。薄瑞廷担心，重组农业业务短期内会对杜邦股价造成冲击。然而，他越来越清醒地认识到，杜邦必须与陶氏化学（Dow Chemical）合并，并将当时的科迪华农业科技（Corteva Agriscience）分拆出去。质疑者不在少数，他们告诉溥瑞廷："你不可能跟陶氏合并，不可能达到目标。"投资者同样满腹狐疑，他们恳求溥瑞廷："陶氏和杜邦不可能合并。你们是死敌，这根本行不通。"溥瑞廷反思道："可能 99% 的人都不看好这笔交易，但这是我整个职业生涯中最重大的决策之一。"

面对反对声浪，溥瑞廷依然相信，从行业趋势的角度来看，此举对双方都有好处。"陶氏化学更擅长农作物保护，我们更擅长种子业务。合并之后的公司可以取长补短。我们会成为仅次于行业领头羊的公司。"他最终还是启动了这笔在分析师看来空前复杂的并购交易，将陶氏和杜邦合二为一，重组后又剥离成 3 家独立的公司：生产大宗化学品的陶氏，生产特种化学品的杜邦和生产农业种子化学品的科迪华。每一家公司都在各自的领域内获得了更强的竞争力。回顾自己的职业生涯，溥瑞廷反思道："CEO 每天都要制定重要决策，有些决策的重要性确实无可比拟。我在职业生涯中大约制定了 15 项真正重大的决策，而我已经做了 23 年的 CEO。这 15 项重大决策都发挥了很好的作用。"溥瑞廷之所以能做到这一点，很大程度上是因为他能眼观六路，洞察未来趋势。

与我们对话的卓越领导者都对未来趋势有着同样清晰的看法。意大利国家电力公司（Enel）的 CEO 弗朗西斯科·斯塔莱斯（Francesco Starace）坚信可再生能源行业将成为一个规模庞大、竞争激烈的全球化行业。他还说："未来的时间周期会压缩，而不是延长。"基于这些想法，他放弃了对火电厂和核电站的大规模资本投入，转而着眼细处，通过多管齐下的方式投资那些开发和建设周期在 3 年以内的可再生能源项目。通过这种方式，意大利国家电力公司已经成为全球最大的私有可再生能源供应商和欧洲市值最大的公用事业公司。

通用汽车的玛丽·博拉在洞察到出行领域发生转变的 4 大趋势——电动化、自动化、网联化和共享化后，大胆部署了重大举措。皇家帝斯曼的谢白曼预见到，散装化学品和石化产品的集中度及商品化程度将会进一步加强，与此同时，健康、营养和可持续生活方式领域蕴含的机会将越来越多。他因此转变了公司的业务重点：在为股东谋福利的同时，也为环境和社会积极做贡献。微软的纳德拉同样基于他在社交、移动和云计算等领域洞察到的趋势采取了措施。他当年的决策已使他名声大振，但正如他所说："5 年前，大家曾说，'这根本行不通。'**你必须敢为天下先，敢于践行你对世界的判断。作为领导者，你必须对世界的走向有出色的把握。**"

领导者是如何洞察趋势的呢？难道他们有可以预见未来的水晶球吗？答案远没有许多人想象的那么复杂。"在职业生涯初期，我很好奇该如何制定愿景和战略。"皇家帝斯曼的谢白曼分享道，"是埋头苦学后突然顿悟？我觉得不是。我开始广泛地阅读，包括不相关的学科，然后把这些无关的内容结合成新的东西——不光涉及技术创新，还涉及商业领域。我还开始四处旅行，广泛结识商界、科学界和社会上的人，建立人脉。"皇家帝斯曼的大胆转型也是受到了人际关系网的启发。谢白曼拜访中东等地的行业专家后确信，皇家帝斯曼根本无法与石油和化工巨头竞争。但与此同时，通过与联合国等组织、机构的合作，他意识到，可持续发展的相关行业和健康食品行业正在涌现各种机会。他透露："正因如此，我们才萌生了退出石化行业，转而进军营养和健康行业的想法。"这最终促成了皇家帝斯曼长达15 年的彻底转型。

对乐高的袁威来说，发挥关键作用的是一群意想不到的客户：成年乐高迷。"在旁人看来，他们是灰色市场，甚至有点古怪，"他分享道，"他们每年都会聚会，我曾参加过一次。我在那里露营了 6 天，跟五六百人不停地交流。"通过这种方式，袁威赢得了他们的信任，也看到了新的希望。"他们后来一直给我发电子邮件，给我提建议。虽然他们是新兴用户，但他们的需求更高。如果我能满足他们的需求，肯定也能满足普通用户的需求。他们是可信的。"如今，全世界的成人乐高迷已经超过 100 万名，为乐高贡献了 30% 的全球业务。

卓越领导者会将自己对未来的看法融入公司的战略规划。Alphabet 及其子公司谷歌的 CEO 桑达尔·皮查伊（Sundar Pichai）说："我会思考我们的使命和观察到的基本趋势，然后据此列出我们真正想好好落实的 5 ~ 10 个主题。"之后，皮查伊会与管理团队和各级代表共同细化这些主题。有了这些想法后，公司各部门就会制定一系列雄心勃勃的目标和关键成果（OKRs），并在内部分享。之后，皮查伊会在每一次总结沟通活动中强调这些主题："如果我们的 5 大主题中有'亚太优先'，我就会在 YouTube 总结会上问，'你们能谈谈如何解决亚太优先问题吗？'"

看清下行风险，击倒你的多数是意外

首先要明确，大胆并不是鲁莽。卓越领导者深知要在部署重大举措前权衡风险和回报。杜邦的薄瑞廷解释道："我始终最关注不利情况。如果事情不按我的预想完美地进行，我会面临什么不利形势？我能接受吗？这始终是我最担心的事情。我绝不会冒险行事。但如果在承受不利后果的前提下，最终仍能得到好的结果，这就是好的风险回报比。"

艺康前 CEO 道格·贝克也认为，**只有在权衡利弊之后，冒险才有意义。**"大多数时候，你在制定战略决策时都无法掌握所有信息。"2004 年出任这家水务和卫生服务巨头 CEO 的贝克说，"等你掌握了所有信息，很有可能会错失机会。你通常要在信息不完善的情况下做决定。我经常问自己，'你更能接受哪种错误？'"比如，尽管要冒着市场可能消失的风险，但贝克还是愿意投资 7 500 万美元在某国建设新工厂，来解决水处理问题。因为即使市场消失，也不会对公司造成致命打击。贝克表示，以这样的标准来筛选重大举措时，"最严重的错误无非就是放慢脚步——关键是要继续增长，继续投资，继续前进，但前提是要增加公司的成功概率。"

这并不表示贝克在担任 CEO 期间不敢承担任何风险。2011 年 1 月，在瑞士达沃斯举行的世界经济论坛上，贝克与跨国水处理公司纳尔科（Nalco）的 CEO 一起喝了杯咖啡。之前，贝克和他的管理团队已经将水处理技术作为一项战略重点，而这正是纳尔科的主营业务。贝克回忆起达沃斯的那次会面时说："那位 CEO 很担心他们的债务问题。在我们的简短交流中，他提到了 4 次债务。我想，'或许我们应该关注一下这家公司'。"

经过一番研究，贝克决定积极收购纳尔科。对贝克来说，有一件事情能帮助他降低风险：他最大的竞争对手当时正被其他公司收购，难免有些混乱，这就给艺康留下了回旋的余地。他还知道，可以通过剥离纳尔科的部分业务来降低整体风险。2011 年 7 月，艺康宣布收购纳尔科，交易价值为 81 亿美元，相当于艺康市值的 75%。

借助这项重大举措和另外 100 多笔规模较小的收购，贝克成功拓宽了艺康的产品和服务范围及地理触角，使之可以为客户提供一站式服务体验。这些投资获得了回报。在贝克担任 CEO 的 16 年间，艺康的市值增长了 8 倍，营收也从 40 亿美元增长到 150 亿美元。贝克多次入选《哈佛商业评论》"百佳 CEO"榜单，还在他任期的最后一年荣登榜首。他还被《巴伦周刊》评为 2020 年的"25 佳 CEO"之一，并因为在新冠疫情期间保护员工薪酬、给客户和餐厅员工提供支持，以及向有需要的人捐赠近 100 万英镑的清洁用品，获得了社会各界的广泛认可。

除了溥瑞廷和贝克之外，许多领导者也向我们讲述了如何切实应对重大举措带来的下行风险。**"击倒你的多数是意外，所以就要遵循这种思路来躲避灾难。"**汽车零部件制造商德尔福（Delphi）前 CEO 罗德尼·奥尼尔（Rodney O'Neal）分享道，"我们之所以能成功，是因为避开了一些事情，没有大举进军印度或南美，避开了许多公司遭遇的种种陷阱。"奥尼尔通过系统地分析可能发生的意外，成功避开了这些陷阱。"当你制定某项决策时，不能只考虑可能绊倒你的第一张多米诺骨牌，它的结果可能是好的。"他说，"第二、三、四、五、六、七阶的结果是什么？我们会沿着决策树往下，看看接下来会发生什么。一旦可能出现危及生存的情况，无论到了第几步，我们都会另做选择。我们不会抱着侥幸心理说，'哦，伙计，如果发生这种情况，确实是灾难，但我们可能不会这么倒霉，所以还是试试吧。'"

随着时间的推移，卓越领导者会通过基于模式识别形成的经验法则来避开不利因素。拉里·卡尔普（Larry Culp）曾在 2001 至 2014 年担任丹纳赫（Danaher）的 CEO，后来又出任通用电气（General Electric）的董事长兼 CEO。在掌舵丹纳赫期间，他要求所有收购都必须满足 3 个条件。"第一，我们必须喜欢这个领域和这家公司；第二，必须能增加集团的价值；第三，交易中计算的各种数据必须能真正落实。"他说，"除此之外，我们必须严格按照这个顺序进行，因为如果你按照大多数银行家希望的方式倒过来，就会遇到麻烦。我们会坦诚面对自己，思考我们能在哪些方面增加价值以及我们是不是最好的收购方。"

卡尔普的信念源自亲身经历。"在早期，我们很崇尚交易思维，"他回忆道，"对所有收购对象都不加区别，从来都是先计算数据，之后才会考虑其他事情。"在担任丹纳赫的 CEO 期间，卡尔普更偏爱高毛利率、低资本密集度的仪器业务，这使得公司的业务组合在发展过程中形成了战略一致性，增长也实实在在：在卡尔普的任期内，丹纳赫的股东总回报达到 465%，同期标普 500 指数仅为 105%，丹纳赫的市值从 200 亿美元增长到 500 亿美元，营收则达到原先的 5 倍。

卓越领导者还会用正确的方法来分析风险。奥多比的 CEO 山塔努·纳拉延分享了该公司将所有用户转到云端这一重大决策的幕后故事。"凭直觉判断，我们认为应该转向订阅授权制。为了验证这个论断，我们向董事会展示了定价和销量模型，预测了永久授权制将以多快的速度减少，订阅授权制将以多快的速度增长，然后我们花了很长时间深入分析建模结果。"这坚定了整个团队的信念。"这确实需要勇气，但通过这次讨论，我们发现我们能够克服挑战，而且能让奥多比以及我们的客户和股东长期受益。"

如一家之主般看得长远

卓越领导者表示，当他们要制定重大而大胆的决策时，找到正确答案的最佳方法就是以主人翁的姿态来思考问题。

薄瑞廷回顾了他在 GI 第一次担任 CEO 时，哪些因素对他的思维模式产生了最大影响。他解释道："我做了几个事关公司成败的艰难决定。还记得我去找公司第一大股东兼董事会成员泰德·福斯特曼（Ted Forstmann）讨论这些问题，他对我说，'薄瑞廷，这是你的公司。你为什么不对着镜子做决定呢。'"这个建议对这位新的 CEO 产生了深远影响，自那以后，他总是把自己当做 100% 控股的股东来制定决策。"这样一来，"溥瑞廷说，"你就不必去操心不同的利益群体，因为你知道你在为整个公司做正确的决定。这倒不是说你对供应商、客户、员工和投资者置之不理，而是说，一旦你知道自己做出了正确的决策，那就只需要思考你如何与董事会、领导团队和员工一同面对这项决策。"

　　像主人翁一样思考，有助于解决短期利益和长期利益之间的矛盾。"作为 CEO，你要为公司的长期发展负责。"法雷奥的雅克·阿申布瓦说，他同样秉持了主人翁思考方式，"如果我想改善明天的业绩，很简单。我只要控制研发，控制资本支出就行。业绩肯定很不错，但要不了几年公司就会完蛋。我认为，如果不考虑长远问题，你就不是真正的 CEO。你代表的是公司，所以必须以公司的最高利益为出发点。"工业巨头阿特拉斯·科普柯（Atlas Copco）前 CEO 伦尼·勒敦（Ronnie Leten）甚至告诉董事会和管理团队："我们应该像家族企业一样行事。我是一家之主，我们要为子孙后代不断创造价值。只有这样，我们才能穿越经济周期持续创造经济价值。"

　　伊塔乌联合银行（Itaú Unibanco）是南半球最大的金融集团，也是全球市值排名第 10 的银行。曾经担任该公司 CEO、目前转任联席董事长的罗伯托·塞图巴尔（Roberto Setúbal）发现，主人翁精神能让他下定决心制定大胆决策。"我担任 CEO 时，扩张戛然而止。我入职以来，公司第一次出现亏损。当时我很恐慌，但我知道，身为 CEO，我应该像主人翁一样制定决策，无论争议有多大，都应当不遗余力持续增加公司的长期价值。"那时银行都还没有对账户收费，但现实情况是，如果伊塔乌联合银行不改变，就只有死路一条。所以伊塔乌联合银行通过电视和报纸宣布了新增收费项目的重大决定。塞图巴尔的竞争对手认为他疯了，他们预计客户会注销所有账户。"但他们错了，"塞图巴尔说，"我们的客户接受了这些收费项目，因为我们选择保持透明。结果表明，人们受够了其他收取隐形费用的银行。"

　　Alphabet 的桑达尔·皮查伊从该公司创始人拉里·佩奇（Larry Page）和谢尔

盖·布林（Sergey Brin）那里汲取了制定大胆战略举措的灵感。"当 CEO 试图做出重大转变时，公司通常就会朝那个方向迈出一步，"他反思道，"佩奇和布林很善于采取看似不理性的立场，人们不禁会问，'你为什么要这么做？'但由于他们充满雄心壮志，所以能让整个公司顺从。如果你能果断从事很少有人敢尝试的事情，自然就能吸引最优秀的人才。即便最终只能实现 10% 的目标，依然能取得重大创新。"

把握节奏，持续"划动'心浆'"

在塞图巴尔担任 CEO 的 22 年间，他曾经采取过许多重大举措，帮助伊塔乌联合银行在竞争中脱颖而出。上面的例子只是其中之一。"你必须重塑自我。世界在变，你也要变。"他建议道。

他的第一步举措就是迅速收购和整合 4 家身处困境的大型国有银行，把伊塔乌从一家地区银行变成全国性银行；第二步是大举投资，使该银行从纯零售银行转型为企业，同时成为投资银行领域的领导者，也向高端零售业务发展，并向另外 3 个拉美国家扩张；第三步是部署敏捷的运营模式，快速削减运营支出，提高效率，改革公司的绩效文化，洽谈和推进与联合银行（Unibanco）的合并；最后一步是积极推动巴西市场的增长，进一步向拉美市场扩张，并优先投资该行的数字化发展。

塞图巴尔领导伊塔乌联合银行的经历解释了卓越领导者是如何谋划重大举措的：就像整个过程随着时间推移驱动企业变革的一系列"S 曲线"，如图 2-1 所示。换言之，他们会通过一系列重大举措进入一段活动密集和大幅改善的爬坡期，之后进入恢复期，但依然在慢慢改善，然后又会进入密集地部署重大举措的爬坡期，如此循环。卓越领导者始终会在确保顺利完成当前曲线的同时，着眼于下一个 S 曲线。微软的萨提亚·纳德拉如此描述这种矛盾："有些事情必须着眼于长期，保持耐心。有些事情必须果断采取措施。应该保持怎样的节奏？那就是必须平衡未来和现在。这只有 CEO 才能做到。"

与纳德拉一样，卓越领导者都会认真思考应该为重大变革设定什么样的节奏。这并非易事，但却很有必要。麦肯锡前任全球总裁鲍达民本身就是企业转型咨询领域的专家："没人喜欢变革，因此要确定变革节奏。可以把它想象为组织层面的'心桨'（heart paddles）。1935 年，一家公司的平均寿命是 90 岁；到 2015 年，就只有 18 岁了。你必须问一个问题，'我们凭什么在 10 年后还能继续生存？'变革幅度是否够大？频率是否够高？这是决定企业生死存亡的问题。如果你不这么做，就无法生存。"在他掌舵麦肯锡期间，麦肯锡从一家提供优质咨询的公司，转变为帮助客户落地实施的合作伙伴。他成功划动过许多"心桨"。比如，他根据向客户提供的建议所产生的影响调整了麦肯锡的收费结构，把服务范围从咨询扩大到帮助客户部署变革，并大力投资构建先进的数据和分析能力。

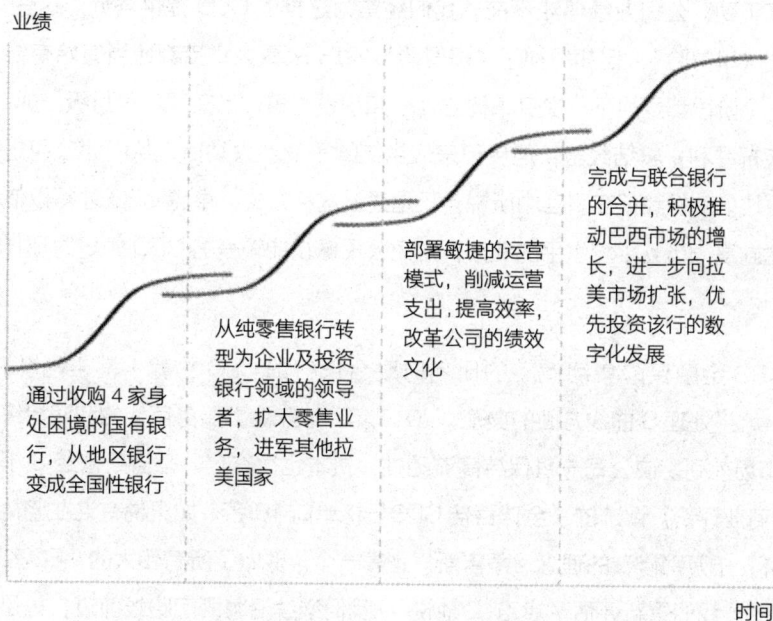

图 2-1　持续划动"心桨"，创造一系列改善业绩的 S 曲线

百思买的休伯特·乔利分享了他通过"心桨"帮助公司从一个 S 曲线过渡到另一个 S 曲线的原因和方法。"我们首先从扭转颓势开始，这个阶段被称为'蓝色新生'。时机成熟后，我们会宣布扭转颓势的目标已达成。在某些人看来，那段时期很保守。但我们必须集中精力降低成本，不能承受太大风险，否则就会失去信誉。如果能达到目标，跟华尔街打交道就会容易得多。"

当乔利认为百思买准备好进入增长阶段时，就需要冒着更大的风险释放它的潜力。于是，这位 CEO 就进入了下一个战略阶段："建设新蓝"。在扭转颓势过程中，乔利已经采取了一系列大胆的举措，如买贵退差价、退出国际市场和重建供应商关系等。如今，他的重点转向增长，于是再次划动"心桨"：在智能家居市场建立领先地位，通过传感器和人工智能进军老年护理市场，还推出了"全面技术支持"计划——无论客户从哪里购买的产品，都可以获得百思买提供的技术支持。

有一些 CEO 在上任之初就雷厉风行地采取了一系列重大举措，但几年之后却没了干劲，公司业绩停滞不前。我们经常为这样的 CEO 提供咨询。这些 CEO 知道要"早冒险"，但却忽视了"多冒险"。每一项重大举措都应当有始有终，每完成一个阶段都要为下一次变革树立信心和积蓄力量。当实现"登月级"成就时，应当庆祝胜利，总结经验，但接下来应当继续采取重大举措，从而让公司走得更远、更快。就像我们在引言中所说，正是通过这种方式，卓越 CEO 才得以使公司持续达到高于市场平均水平的业绩，避免公司像技能较差的 CEO 领导时那样业绩下滑。

KBC 金融保险集团旗下的比利时联合银行的 CEO 约翰·蒂吉斯（Johan Thijs）就是处理 S 曲线方面的典范。2019 年，这家金融服务巨头的利润始终位居欧洲市场前列。该公司一直保持高流动性，资本也很充足。蒂吉斯曾经 3 年跻身《哈佛商业评论》评选的"全球百佳 CEO"榜单前 10 名。如果说有谁在坚持"东西没坏，千万别修"的理念，蒂吉斯肯定算一个。他做了所有伟大的 CEO 都会做的事情。"我们重新评估了战略，"他说，"我们继续沿着既定路线前进，只是开始调高档位。"该公司庆祝并退出了之前的 S 曲线，即内部称作"一脉相承，略有不同"的战略。之后开始大力推进下一个 S 曲线，即"成就不同：开启新生"。这一系列新的重大举措以人工智能、快速决策及产品和流程简化为重点，公司目标是成为全世界最重视数据驱动和解决方案驱动的、倡导"数字优先"金融保险公司。

　　重大举措蕴含着重大风险。入选冰球名人堂的韦恩·格雷茨基（Wayne Gretzky）曾经说过："如果你不出手，就会 100% 错过进球的机会。"换言之，**面对不确定性时，胆怯才是真正的风险。卓越领导者都深谙此道。他们对未来有清晰的认识，能充分理解风险与回报，以主人翁的姿态担当作为，还会在任期内不断划动"心桨"，敢于大胆行事。**

　　尽管无法确保成功，但可以肯定的是，如果一家公司在采取重大举措时不能"早冒险，多冒险"，那就几乎没有机会成为业界翘楚。我们之前提到过，在与成功有关的 5 项重大举措中，资源分配是其他重大战略举措的关键促成因素。讨论完愿景和战略之后，我们接下来的重点将全面转向让企业走上正确道路的最后一项关键行动——资源配置。

第3章

资源配置，绝不拘泥于现状

THE SIX MINDSETS
THAT DISTINGUISH THE BEST
LEADERS FROM THE REST

CEO
EXCELLENCE

除非你以激进方式重新配置资源，
否则永远不会有成功机会。

疯狂就是一再重复相同的事情，却期望得到不同的结果。

——丽塔·梅·布朗（Rita Mae Brown）[①]

1938 年纳粹德国吞并奥地利时，犹太人遭受的排斥和歧视促使数学家亚伯拉罕·沃尔德（Abraham Wald）选择移民美国。美国加入第二次世界大战后，要求沃尔德利用其专长解决战时问题。其中一个问题是将敌军炮火造成的轰炸机的损失降至最低。

在大量研究从战场返回的轰炸机后，专家发现，飞机的某些部位被击中的频率更高。军方领导人希望对这些部件进行加固，以降低战损。沃尔德不是军事将领，他以外部视角思考这个问题，声称恰恰是被攻击最少的部位才是最应该被保护的。他推测，被击中关键部位的飞机很难再返回基地。相反，回来的飞机往往未被击中关键部位。因此他认为，对返回基地的飞机多次被击中的部位进行加固也无济于事。

和沃尔德一样，多数领导者相信，如果资源没有部署在合适的地方，便无法

[①] 通常认为出自爱因斯坦。

打赢战斗。事实上，83% 的人认为资本配置是增长的关键抓手，其重要性甚至超过卓越的运营或并购。[1] 他们的看法是对的。绩效排名在前 10% 的 CEO 更有可能重新配置大额资本，而且频率远高于绩效一般的 CEO。尽管如此，我们的研究显示，约 33% 的公司每年仅重新配置 1% 的资本，业绩最好的公司重新配置的资本比例平均为 6%。

如果资本配置不能支撑公司的愿景和战略，后者就会沦为幻灯片上的空话，可靠性和影响力很快不复存在。此外，如果领导者不能比资本市场更有效地配置资本，企业在股东眼中将失去合法性，甚至可能引发投资者维权，最终导致公司分崩离析。再加上"公地悲剧"问题（当个人只关注自身利益，就会忽视整体利益），卓越领导者为何要对资源配置起决定性作用就不难理解了。

那么，是什么阻碍了支撑愿景和战略的资本配置呢？这就涉及公司内部的"政治"问题，因为得把资源从 A 的手中拿给 B。"资源配置是最重要的事，"阿迪达斯的罗思德说，"谁也不甘心手里的资源被拿走，所以领导者不得不出面干预。"此外还有外部阻力。长期来看，股市往往看好重新配置，但短期内股票表现也许会受拖累，因为可能会拉低头几年的利润。因此，出于内外部原因，我们很容易理解为何领导者对资源配置要大胆行事，如果不这样的话，将永远无法正确配置资源。

"空降" CEO 调配资源相对容易些。波士顿科学公司的 CEO 迈克·马奥尼分享了他的经历："外来者的身份很管用。公司的资深高管过于关注药物洗脱支架（Drug eluting stents，DES）和心律管理（Cardiac rhythin management，CRM）市场。这些是很重要的业务，但在一个快速增长的市场，还有太多其他机会可以让我们引领创新，并且建立领先地位。我们需要新的战略，需要快速行动。"当时，波士顿科学公司的研发资金有 80% 聚焦在低增长的核心业务上，马奥尼及其团队将研发资金系统性地转移到增速更快的市场，包括内窥镜检查、神经调节、外周干预、肿瘤介入治疗和泌尿疾病治疗。事实证明，对医疗科技领域大力投资乃英明之举。在马奥尼任职的 8 年间，公司的营收和税息折旧及摊销前利润（EBITDA）

增长了 50% 以上，市值增长逾 7 倍。

卓越领导者知道，即便来自内部，也可以如外来者那样勇敢。20 世纪 80 年代初，有一年英特尔市值从 1.98 亿美元暴跌至 200 万美元，这引发了一场危机。当时的英特尔总裁安迪·格鲁夫（Andy Grove）问 CEO 戈登·摩尔（Gordon Moore）："如果我们被赶下台，董事会找来新的 CEO，你觉得他会怎么做？"摩尔毫不犹豫地回答："放弃存储市场。"格鲁夫盯着他说："为什么你同我不能自己做这事呢？"[2] 接下来的事已写入历史，英特尔退出了动态随机存储器（DRAM）市场，把未来押注在了全新产品微处理器上。借此，英特尔开创了计算机时代，并取得了持续数十年的成功。

全球多元化企业集团丹纳赫颇有代表性，它将外来者的资源配置观点转变为商业模式。丹纳赫最初是一家房地产投资信托公司，后来发展成为业务广泛的科学、技术和制造公司，业务涵盖生命科学、诊断、环境和应用解决方案以及牙科。在拉里·卡尔普领导下，集团坚持不懈地将丹纳赫商业系统（DBS）方法应用于资源配置中。DBS 可识别最佳投资机会，推动运营改进，释放资源，并在丹纳赫收购的业务中创造世界级的能力。应用 DBS 时，丹纳赫管理团队将一半以上时间用于重新配置资源，包括并购机会、有机投资和撤资。在卡尔普领导的 14 年里，丹纳赫完成了价值 220 亿美元的并购，剥离了逾三分之一的业务。

像外来者那样重新配置资源，意味着领导者不能拘泥于传统，不能被内部忠诚拖累，也不能屈服于短期压力。 相反，领导者应自问，如果换作一位从未在公司任职、跟员工没有情感联系的新领导者，他会做些什么。具体而言，资源配置的做法包括以下 4 个方面。

➤ 质疑一切，资源配置要从零开始
➤ 从全局出发，规避"地盘争夺战"
➤ 基于里程碑连续管理投资
➤ 做加法的同时也要大刀阔斧地做减法

质疑一切，资源配置要从零开始

第 1 章谈到了心理学家丹尼尔·卡尼曼的彩票实验，以及树立主人翁意识的经验。在这里，我们要介绍卡尼曼的另一项实验：一家杂货店以 79 美分的价格促销金宝（Campbell）汤罐头，货架上挂了个牌子，写着"每位顾客限购 12 罐"。另一家杂货店促销的价格一样，只是不限购。你觉得第一家店的顾客平均会买几罐呢？答案是 7 罐。另一家呢？3 罐多一点。[3]

这个测试说明了什么？它显示了所谓的"锚定心理"的威力。基本来说，锚定心理就是大脑用来简化复杂决策的思维捷径或经验法则，也被称为"认知偏差"，我们将在第 9 章详细讨论。锚是人们做决定所依赖的信息。在杂货店实验中，测试者的大脑锚定在限购 12 罐，然后往下调整。只买 3 罐的人脑子里没有数字 12，于是选择了一个日常购买的数量，或者说从零向上调整的数量。

现在我们基于锚定效应来调整多数公司传统的资源配置方式：公司一般从上年预算或其他年份的历史基线（"锚"）入手。这意味着资本很可能按照过去的方式进行分配。如果萨莉的部门今年多分了 2%，明年她可能得到同样或类似的增幅。但如果用零取代"锚"呢？没有任何投资是既定的，公司需要仔细审核每一项投资，根据该投资能否帮助公司实现战略和愿景来决定批准与否，并探究替代方案。这就是我们所说的"从零开始"式资源配置。这是一项难度更大的工作，但对卓越领导者来说，值得一搏。

2014 年，玛丽·博拉接任通用汽车 CEO，她将资本配置当作优先要务。当时，这家车企在全球众多市场运营，但并非都取得了成功。通用汽车试图为所有市场的所有车主提供所有服务。但实际上，通用汽车将资本和相关资源摊得太薄，使得哪怕是重要市场的业绩也不够理想。

为了合理分配资本，博拉开始认真研究当前部署的资本有多大回报。如她所述："我永远不会忘记那次会议，一位亚洲地区的总裁希望公司在某个国家为某个产品投资数亿美元，这一计划基本上等于说'我们得这么做，不过我们会赔钱'，而不是'我们要赚这笔钱，但风险很高'。所以我问，'我们为什么要这么做？'明知收不回资金，为什么还要投资？"那位地区总裁称："我们在这里深耕多年，不能离开这个市场。如果不投资这款产品，我们将没有东西可卖。"听到这番话，博拉想起一位董事会成员的一句话："不存在什么战略性亏损。"

博拉讲述了接下来的事："我看着 CFO 说，'我们不能这么做，不能在没有盈利计划的情况下部署资金。'" CFO 完全同意她的看法，之后她告诉所有人，如果拿不出盈利计划，就别想得到资金。"除非你能解决盈利问题，或者解决相关产品和细分市场的竞争问题，否则我们就退出。"

博拉最终决定退出，因为通用汽车没有赢得当地市场的产品、品牌和经销商网络。博拉说："我们为那个市场花了很大力气。通用汽车经营了 20 年，但我们必须承认，当初进入那里时我们并未制订正确的战略计划。"

在任期内，博拉坚持从零开始配置资本的策略。面对一个又一个市场，她认真分析了通用汽车取胜和获得适当回报的最佳机会。对战略进行评估时，她做了深入分析，并与高管进行了一场艰难的对话："我们能否采用另一种商业模式？能从别处采购吗？还是说必须退出这个市场？"当某位高管强烈反对时，她问对方："你愿意把自己的钱投进去吗？如果不愿意，为什么我们要投？"

博拉质疑一切，从而确保每一项重大投资都服务于公司愿景、战略和财务目标，这一做法引起了我们采访的每一位卓越 CEO 的共鸣。例如，美敦力的比尔·乔治很看重"用新眼光看待事物的能力"；乐高的袁威则表示，"除非你以激进方式重新配置资源，否则永远不会有成功机会，因此乐高每年的产品组合中有 50% ～ 70% 的新产品。"

从全局出发，规避"地盘争夺战"

除了针对每一项潜在投资采取从零开始的策略外，卓越领导者秉持"服务全局"的信条，以快速找到正确答案。

一位卓越领导者向我们分享了她是怎么做的："成为 CEO 前，我一直领导着某个业务板块，因此我知道如何争取到更多的资金。执掌公司后，我告诉不同业务板块的负责人，'我们将自上而下研究每一份投资计划，会把你们的计划放在一起，剔除最差的项目，加倍投资大家认可的项目。这可能意味着有人需要在某个方面放弃一些东西，有人则要担当引领其他方面。如果我们不能从全局和整体需要出发，就无法成就一个强大的、上下一体的公司'。"

杜邦的薄瑞廷举例说明了这一点："某个团队过来说，'我们想投资 5 亿美元。'然后，CFO 跟我商量，'这个投资在 A 业务上可能还不错，但你知道吗，投资在 B 业务上是一个绝佳的机会。所以我们不投资 A，而投资 B。'"薄瑞廷进一步解释说："一旦让业务领导自己做决定，他们当然会选择对自身业务有利的事，但这未必对公司全局有利。"

资本的重新配置不仅事关管理新的投资和裁撤其他投资，还关系到谁能获得什么样的预算，带来什么样的预期。我们采访的一些领导者将资源下放给各个业务部门，以赋予后者更大权力和责任。也有人反其道而行之，通过集中资源提升效率，确保连贯性。无论哪种情况，如果领导者不能确保此类举措服务于全局，那么资源分配只会导致没完没了的地盘争夺战。

安联集团的奥利弗·贝特讲述了将组织权力集中时遇到的阻力，以及他如何破解办公室政治的，他作了个类比："公司因为这些王国而成长，各自生产粮食，有自己的奶牛、自己的设备，修建了自己的高速公路等。所以业务领导说，'如果你们从我这里拿走资源，我就不再统治这个王国了，我充其量只是一个销售分支'。"

"这个类比完全不对，"他继续说道，"以 F1 的梅赛德斯 - 奔驰车队作类比更恰当。这里有两个冠军。一个是刘易斯·汉密尔顿（Lewis Hamilton），他是世界冠军赛手，代表业务部门负责人。一个是汽车制造商，即奔驰，代表中央职能。刘易斯·汉密尔顿不设计轮胎、方向盘、底盘或发动机，但他需要到上海、蒙特卡洛等地参加比赛，他必须率先冲过终点。这就是服务于安联全局的力量，你（业务负责人）告诉我们需要什么车才能赢得比赛，我们（中央）提供给你，基于世界级的平台打造这款车。"

贝特这个类比很有说服力。自那以后，安联集团将 132 个本土和地区性数据中心整合为 6 个战略数据中心，将全球 12 个数据网络整合为一个安联全球网络，由此带来显著的成本优势。当 2020 年全球新冠疫情暴发时，安联集团迅速帮助员工过渡到远程办公，这对一家在全球 70 多个国家运营的公司而言，无疑是巨大的成功。

基于里程碑连续管理投资

摩根大通（J. P. Morgan Chase）的 CEO 杰米·戴蒙（Jamie Dimon）坦言："一些业务领导说没投资的原因是不在公司的预算之内，这让我很恼火。你要说'我想做某个业务，我想增加分支机构，我想要云计算，我想更有竞争力'。你想要 5 亿美元的预算，是吧？来给我说说理由。在最终决定前，我可能有许多个问题，如果这是个好主意，何乐而不为？我们可以调整预算。"

简而言之，戴蒙的做法就是绝不让年度预算周期阻碍商业决策。在任期的各个阶段，戴蒙甚至让手下高管签署了一页的"保证书"，上面写着：我（高管姓名）已经请求公司给我足够的资源，以使我把业务做到最好。如戴蒙所言，"没人能躲到借口后面"。

戴蒙的做法简单有效，帮助公司很好地适应了动荡的商业环境。只要迅速采取行动重新配置资本，无论是英国脱欧公投、油价暴跌、地区冲突还是金融危机，都有可能带来机会。例如，在 2008 年全球金融危机期间，戴蒙接到美国政府打来的电话，询问他摩根大通能否出手拯救纽约投行贝尔斯登（Bear Stearns）。当时，贝尔斯登持有大量与房贷有关的不良证券，处在破产边缘，岌岌可危。

戴蒙回忆道："我在周四晚上与贝尔斯登通了电话，周五打给董事会，告之政府要求我们考虑这笔收购。我告诉董事会，'如果这件事让我们身陷危机，我不会做。这件事必须对股东有利。'顺便说一句,我向董事们详细阐述了所有降低风险的因素,包括(收购)价格。周末我们做了广泛而细致的尽职调查,每天工作 15个小时,审核了贝尔斯登的所有房贷、贷款、交易账目、诉讼和人力资源政策。"第二天,戴蒙宣布拟以每股 2 美元的超低价收购贝尔斯登(最终价格提高到每股10 美元),摩根大通员工接管了贝尔斯登,开始运营其交易部门和房贷业务,同时积极管理风险。

戴蒙在分配资本方面迅速而明智,这种能力为摩根大通带来了回报,该公司成为美国规模最大、最赚钱的银行之一,也是全球第七大银行,总资产逾 3 万亿美元。2008 年金融危机前夕,戴蒙颇具先见之明,抛售了超过 120 亿美元的高风险次级房贷,这是又一次及时而大胆的资本配置举措,显然对摩根大通长期的财务绩效有利无害。

如果资本重新配置不是以公司财年为基础,那应该怎么做呢?卓越领导者采用业绩里程碑模式。只有当强有力的证据表明前几批投资成效显著时,他们才会批准更多投资。每一个里程碑迫使我们定期讨论是否应该继续投资。杜邦的溥瑞廷介绍了他们的做法:"我们对每个大项目设有衡量标准,持续跟踪成本投入情况,经常问这个项目是否还能带来合理回报。这样,我们能够追踪每一个项目,了解它的发展情况,还在项目结束一年后做一次事后回顾。"

不过,基于里程碑管理投资并不意味着不断修改预算。只要重大投资仍然合理,里程碑正在实现,所采取的行动正在为公司带来好处,卓越领导者就会坚持到底。全球首屈一指的网络安全解决方案供应商 Check Point 的创始人兼 CEO 吉尔·舍伍德(Gil Shwed)每月召开一次全天的非现场会议,以保障资源得到正确部署。"即使这些会议没有做出投资新领域或推进运营变革等重大决定,定期追踪进度仍是我们的重要工作。"在 Alphabet 的类似评估中,CEO 桑达尔·皮查伊指出:"我关注两件事,一是我们在优先事项上做得如何,二是我们是否做了某些突破性的事。我们要有足够的储备快速推进,适应形势,这一点很重要。"

做加法的同时也要大刀阔斧地做减法

笼统地谈论资源配置可能过于简化领导者面临的选择。在现实中，资源配置包含四个环节：播种、培育、修剪和收割。播种指进入新的业务领域，无论是通过收购还是内生初创投资方式。培育涉及通过投资壮大现有业务，包括强化初始业务的收购活动。修剪则指拿走现有业务的资源，要么将部分年度资本分配给其他业务，要么将部分业务出售。最后，收割指整体出售或剥离不再适合公司业务组合的那些业务。

我们的研究发现，在播种和收割方面，总体上卓越领导者和其他领导者的差别不大。这倒不让人感到意外：播种是指投资新的商业机会，这一点很少遇到阻力。收割虽然比较难，但最常见的原因往往是业务部门持续表现不佳，这是很难视而不见的。在培育和修剪方面，我们发现卓越领导者采取行动的频率几乎比其他领导者快 3 倍。这两项加起来占到卓越的公司资本配置的一半。[4] 两项任务都不容易，因为往往需要拿走某个业务部门的资源，分配给其他部门。而且，一家公司越是鼓励播种，这两项就越是重要：培育是为了确保新项目取得成功，修剪是为了剪掉永远不会结果的枝杈。

2003 年，当南希·麦肯思基成为荷兰的全球出版商威科集团的 CEO 时，这家公司仍在努力融入互联网时代。公司营收和利润平平，也没有一份数字化战略。麦肯思基自己也承认，考虑到公司当时的状况，公司提拔她为 CEO 可以说是冒了不小的风险。虽然在担任北美业务负责人期间，她对公司的业务有了深刻理解，但她毕竟是威科历史上第一位女性 CEO，也是第一位非荷兰籍 CEO。当时，威科主要是一家面向税务、法律和医疗专业人士的印刷品出版商。她知道，她的客户对数字信息的需求日益增长，客户不仅需要更快、更轻松地浏览大量信息，而且需要提高生产率的专家解决方案。

首先，她通过收购为新的数字出版业务播下了种子，同时卖掉（收割）了不符合愿景的数字业务。上任 10 年间，她出售了 10 亿美元的低潜值资产，收购了价值约 15 亿美元的符合其数字战略的新公司。

最终决定战略成败的还是她对公司投资组合的培育和修剪。为了培育业务组合，她每年将约 8% ～ 10% 的公司营收投入到新的解决方案中，以及进一步加强现有方案，在全球金融危机和新冠疫情期间也不例外。为确保资金使用得当，她设计了一个内部股东总回报模型，应用到 50 个业务部门。她说："这些数字告诉我们，一个业务部门在过去三年创造了多少股东价值，然后与我们正在考虑的新三年计划对比。这个模型让大家了解价值是如何创造出来的。"有了这些信息，她就能清楚地看到哪些是新生业务，哪些是高增长业务，哪些是成熟业务，哪些是正在衰落的业务，然后据此分配投资。她说，以数据为导向的方法意味着"我们的领导团队能清楚地看到公司把钱花在了正确的地方"。

培育和修剪的努力换来了回报。麦肯思基上任之初，印刷占到公司 75% 的业务，如今，这个比例不到 10%。公司的专家解决方案业务发展势头良好。她上任以来，公司股价已上涨逾 5 倍。

许多领导者选择把艰难的修剪工作固化下来，使之成为一种习惯。Alphabet公司的桑达尔·皮查伊经常思考他的导师比尔·坎贝尔（Bill Campbell）的建议。坎贝尔曾担任 Claris、财捷和 Go Corporation 的 CEO，也是一位颇具影响力的教练，曾辅导过多位科技领袖。皮查伊说："比尔过去每到周一就问我，'上周你解决了什么难题？'如果解决不了难题，组织就会止步不前。例如，我们有 Play Music和 YouTube Music 这两款类似的产品。在某种程度上，必须做出取舍。这个决定将释放大量资源。向领导指出问题所在，打破内部帮派能够激发员工的工作动力。我手下的高管们也要打破各自团队的拉帮结派，这一点同样重要。"

皇家帝斯曼的谢白曼设立了一个"失败展厅"，专为失败项目举行"葬礼"。这么做是为了表明，只要有利于吸取和分享经验教训，试错就是值得尊重的，就像我们熟悉的"名人堂"：表彰在某个领域里的杰出人物。"葬礼"仪式也表明企业不再在此项目上分配资源，项目宣告"寿终正寝"。在"葬礼"上，失败项目的技术人员会讲述整个过程，从而使大家吸取经验教训。

　　一次"葬礼"成就一次重生。 皇家帝斯曼画框玻璃业务是一个投资多年的研发项目，最后还是以失败告终。工程师们发明了一种玻璃涂层，它可以捕获射入光线中的所有光子，然后穿过玻璃射到画作或照片上，如此，玻璃可实现完全透明、零反射。遗憾的是，新产品的价格令人望而却步，而且它的唯一去处只有博物馆，对于皇家帝斯曼而言，它的市场过于狭小。在致项目"悼词"时，另一个部门的一名技术人员举起手，对这个首次听说的技术很感兴趣。"如果我对涂层背后的化学原理没理解错的话，何不把它应用在太阳能电池板上？这样太阳能板岂不是能捕获更多光子，提高发电效率吗？"谢白曼转向首席创新官，两人面面相觑：之前怎么没想到。这是一个简单而绝妙的主意，销售部门从未想过，他们只想着画框的市场。

　　项目因此重新启动，测试表明，这种涂层能使太阳能电池板的效率提高5%～10%。随后，皇家帝斯曼减反射涂层业务得到了在"失败展厅"中被砍掉的产品和腾出的资金，迎来了增长。今天，这种涂层广泛应用到了全球各地的太阳能电池板中。

　　虽然策略各有不同，但麦肯思基和谢白曼对待修剪和培育抱持的近乎宗教般的信仰，同样体现在其他卓越 CEO 身上。法雷奥的雅克·阿申布瓦修剪了过去的核心产品投资，以培育碳减排技术和高级辅助驾驶系统业务；阿迪达斯的罗思德削减了零售合作伙伴的库存，以培育线上渠道；以色列贴现银行（IDB）的里拉奇·亚瑟－托普利尔斯基（Lilach Asher-Topilsky）削减了国际业务资源，以把握国内机会。

　　我们还没有发现有哪位卓越领导者觉得自己配置资源过于积极。马希德·弗泰伊姆集团的阿兰·贝贾尼总结了个中原因："资源再分配知易行难，许多组织锚定的现有承诺、期望和现实因素往往无法掌控。" **突破需要勇气，领导者要像外来者那样行事，跳脱公司政治和历史的束缚。**

　　卓越的领导者采取从零开始的策略，验证每项投资的合理性。他们明确表示，服务公司全局优先于服务任何单项业务。他们更多依照业绩里程碑而非年度预算进行管理，如此一来，资源配置被视为一个连续而非周期性的过程。最后，通过深思熟虑的修剪和收割，在做加法时也大刀阔斧地做减法。

　　本章主要从财务角度讨论了资源配置。可以想见，卓越领导者对公司资源的考量不会仅限于资本和运营支出。广泛的人才库也至关重要，这是领导层投入大量时间和精力的领域。后续章节我们将全面讨论此类"资源"。

至此，您应该已经了解，面对商业世界日益加剧的波动性、不确定性、复杂性和模糊性，"果敢行事"是如何推动卓越领导者采取非比寻常的行动，为企业重新确定前进的方向的。下面总结了一些公司在设定方向时采取的大胆行动，我们的研究表明，这些行动会让公司进入业绩前 20% 行列的概率提升 6 倍以上。

设定组织方向
思维：果敢行事

愿景　　**拿出重塑赛道的魄力**
- 锁定自身优势与市场的交集
- 超越财务目标，设定更高使命
- 立足过往，开辟新机遇
- 激发全员参与感

战略　　**启动登月级的大胆计划**
- 对世界走向有出类拔萃的把握
- 看清下行风险，击倒你的多数是意外
- 如一家之主般看得长远
- 把握节奏，持续"划动'心桨'"

资源配置　　**绝不拘泥于现状**
- 质疑一切，资源配置要从零开始
- 从全局出发，规避"地盘争夺战"
- 基于里程碑连续管理投资
- 做加法的同时也要大刀阔斧地做减法

即使你经营的是小企业或非营利组织，上述经验对你依然适用。不妨自问，你追求的方向是否：（1）存在未被满足的需求；（2）将发挥你的独特能力；（3）由崇高的使命驱动；（4）可以赚到钱（如果需要的话）。你是否与他人一起塑造愿景？他们是否出于情感因素想主动帮助你？你是否采取了改写格局的重大举措？你是否重新分配了时间、精力、人才和金钱，从低优先级事项转向采取新的行动？对于大多数人而言，对上述问题的肯定回答无疑会增加取得突破性成功的概率。

CEO
EXCELLENCE

第二部分

要素二，
强化组织协调，
软实力与硬实力并重

_____

与他人打交道时，记住你面对的不是逻辑动物，而是情感动物。

——戴尔·卡内基
（Dale Carnegie）

领导者为公司确定未来方向后，计划变为现实的可能性往往很低。许多研究（包括我们的研究）发现，最终只有三分之一的战略成功落地。失败的原因源于一个现实：变革属于情感问题，而非智力问题。软实力因素（与人和文化有关）往往是通往成功的主要障碍（占比 72%）。[1]

这一发现几乎是老生常谈。管理学大师彼得·德鲁克在半个多世纪前就说过："与文化相比，战略是第二位的。"多数 CEO 对此心知肚明，他们承认软实力问题很难处理。因此，他们要求 CHO 为应对组织和人才变化制订好计划。不过，他们通常不指望这份计划像 CFO 制订的财务计划那样严密、具有连贯性——毕竟这是软实力方面的问题。

卓越领导者不会这样，他们不仅承认软实力很难处理，并且承诺对软实力与硬实力一视同仁。他们确保每一位高管，而不只是 CHO，对战略中人的因素负起责来。比利时联合银行的约翰·蒂吉斯这样说："作为领导者，你必须顾全两个方面：技术层面还算简单，难的是人。你或许搞得定技术问题，包括资本、流动性、盈利能力等。但随着时间的推移，如果你不能解决思维问题，你将重蹈覆辙，因为思维问题会再次把你推向悬崖。"

选择"软实力与硬实力并重"的思维方式，并采取相应的行动，将带来显著成效：战略成功执行的概率从 30% 增至 79%，提高了一倍以上，战略执行的成效也会提升 0.8 倍。[2] 绩效优劣取决于卓越领导者能否在组织协调的三个子要素——文化、组织和人才方面大胆行事，采取非比寻常的策略。

第 4 章

文化，聚焦最有影响力的要素

THE SIX MINDSETS
THAT DISTINGUISH THE BEST
LEADERS FROM THE REST

CEO
EXCELLENCE

只要能围绕一件事打破习惯，最终，整个公司就能改头换面。

文化是蕴藏智慧的智慧。

——旺加里·马塔伊（Wangari Maathai）

好莱坞喜剧大片《城市乡巴佬》(City Slickers) 中，杰克·帕兰斯 (Jack Palance) 饰演饱经风霜的老牛仔柯利，比利·克里斯托 (Billy Crystal) 饰演曼哈顿雅皮士米奇。片中有这样一个意味深长的场景：柯利嘲笑米奇"城市化"的人生困惑，并给出了他的金玉良言，"人生说到底就是一件事。专心于那件事即可，剩下的无足挂齿。"米奇一头雾水，追问那件事是什么。柯利回答，"这个要你自己去寻找。"在影片后半部分，米奇在一个生死攸关的时刻，豁然开朗，明白妻子和孩子才是他的命根。在那一刻，原本令他难以喘息的事业危机和中年危机突然烟消云散。

可以想象，我们采访的每一位卓越 CEO 都会向面临文化变革工作的新 CEO 给出与柯利一样的建议。关于"那件事"，保罗·亨利·奥尼尔 (Paul Henry O'Neill) 担任美国铝业公司 (Alcoa) CEO 时的经历（他后来担任美国第 72 任财政部长）极具代表性。他上任之初，公司正处于衰落状态。投资者对利润率和营收预测忧心忡忡。在初次面对股东的演讲中，奥尼尔说出了一句著名的开场白："我想和你们谈谈劳工安全问题。"他相信这一问题解决后，更高的营收和更低的成本会水到渠成。当投资者盘问库存水平和工厂利用率时，他直截了当地回答："如果想了解美国铝业现况，你们需要看看我们的工作场所安全数据。只要能降低工伤率，情况自然会好转，我们需要的不是你们从某些领导者那里听到的鸡血或废话，而是要得到公司员工的认同，让大家都参与到重要的事情中来，兢兢业业，精益求精。"

他提出以安全文化为中心的计划后，投资者纷纷抛售股票，但仅仅用了一年，该公司就实现了创纪录的利润。13 年后他退休时，公司净利润增长了 5 倍。奥尼尔的逻辑很简单："我知道我得改造美国铝业，但我不能发号施令，强扭的瓜不甜。所以我决定先专注一件事。只要能围绕一件事打破习惯，最终，整个公司就能改头换面。"[1]

谈到文化聚焦时，我们采访的 CEO 的观点几乎都和奥尼尔如出一辙。怡安集团的格雷格·凯斯是一个很好的例子。他在 2005 年接管这家全球经纪公司时，公司的运营方式尚未摆脱"收购联盟"的状态。领导者们只顾维护各自的客户关系，应对各自的损益状况。"我们团队从一位标杆创始人那里继承了一系列优质的资产，但每个人都把自己当成了独立的企业家，各自为政，导致所有人的表现都不理想。"凯斯回忆道。能带来最大改变的"那件事"就是他口中的"怡安联合体"理念：如果怡安的员工都能以客户为中心，相互支持，携手奋进，让怡安作为一家代表客户的全球公司而存在，我们就能获得并留住更多业务，并能更快推进创新和拓展规模，以满足客户需求。凯斯称这段旅程为"十年长征"，但它确实结出了硕果。截至 2020 年初，怡安已从一系列总市值 60 亿美元的收购组合成长为一家估值逾 500 亿美元的统一的公司。

奥尼尔的安全文化和凯斯的"怡安联合体"只是我们详细了解到的众多案例中的两个。在奈飞，里德·哈斯廷斯始终强调"自由和责任"的文化，以令其他组织艳羡的方式最大程度地凸显了赋能和负责这两件事情。万事达卡的彭安杰非常注重强化公司的"仁商"（Decency Quotient）。如他所说："DQ 一词概括了许多行为特征。它有足够的解读空间，适用于不同的人，但却不允许被误读。"

　　一些人会质疑聚焦过窄是否明智。难道人力资源部门通过多个维度创造的各种价值主张和领导模式就不重要吗？当然重要，但卓越领导者永远着眼于最能产生影响的元素，然后将其浓缩成便于反复重申的词汇或短语。管理桑坦德银行（Banco Santander）20 万名员工的安娜·博廷（Ana Botín）将公司企业文化的精髓概括为：简单、人性化、公平。"当没有规则可循时，你可以从这三个词中获得启发，"她说，"我和所有人一样相信规则、流程和治理，但你没法面面俱到。如果你有一位 92 岁的客户登录不了账户，规则或许写得很清楚，但如果你想更公道、更人性化一些，也许可以亲自登门提供帮助。这些原则凸显了我们与竞争对手的差异，这都源自我们的行事之道。"

　　在溢达集团（Esquel），CEO 杨敏德（Marjorie Yang）不遗余力地向员工传达独特的"5E 文化"。很少有人能立即想到"5E"分别指的是道德操守（Ethics）、环境意识（Environment）、开拓求新（Exploration）、卓越理念（Excellence）和学习精神（Education），但大家都能领会她的题中之义。比利时联合银行的约翰·蒂吉斯一直在宣扬 PEARL 文化，这是"绩效（Performance）、赋能（Empowerment）、负责（Accountability）、响应（Responsiveness）和本地嵌入性（Local embeddedness）"的首字母缩写。"人人都知道它，"蒂吉斯说，"如果你不认同，你唯一要问的就是，'我在这里干吗？'"索尼前 CEO 平井一夫聚焦于"感动"一词。"它归结为一句简单的话，适用于 11 万名员工，激励大家多付出10% 的努力：'无论你在娱乐公司，还是在电子产品、金融服务或其他领域，你的工作都是向世界各地的客户和消费者提供感动，提供激动人心的体验'。"

　　那么，卓越领导者如何确定"那件事"呢？幸运的是，不同于《城市乡巴佬》里的米奇，他们不必面对生死攸关的时刻，但他们的确需要在流程中保持纪律严明。萨提亚·纳德拉在微软的做法很有代表性。他首先委托一个小型跨职能团队与专家、高层领导、副总裁和众多聚焦小组对话，了解他们的经验和想要的文化、他们热衷于从过往中保留什么、剔除什么。收获广泛意见后，微软的 17 位领导者组成了"文化内阁"，纳德拉本人掌舵，负责将意见归纳为几大主题。斯坦福大学心理学家卡罗尔·德韦克（Carol Dweck）推崇从错误中学习，向他人学习，而非一遍又一遍地证明自己是正确的。受此启发，纳德拉决定采纳"成长型思维"：该公司直面重大技术挑战并回馈世界的传统将被保留，高度个人主义、推崇内部竞争导致的害怕失败、合作成效不彰的文化将被剔除。

找到"那件事"至关重要，但如果不能推动真正的文化变革来拥抱"那件事"，即便找到了也毫无意义。卓越领导者在实现理想的文化变革方面发挥了什么作用呢？他们往往会采取以下 4 个方面的措施。

➤ 重塑氛围，触及文化内核
➤ 以身作则，你的一言一行影响巨大
➤ 触及心灵，让文化影响力更深刻
➤ 跟进结果，科学评估文化变革

重塑氛围，触及文化内核

假设周六你要去欣赏一场室内乐独奏会，周日去观看一场体育比赛。当音乐家演奏莫扎特的弦乐四重奏时，你会静静坐着，全神贯注。乐曲结束时，你会和其他观众一起优雅地鼓掌。而在体育比赛的尾声，当你支持的队伍获胜在即，你会从座位上跳起，手舞足蹈，欢呼雀跃。你没有变，还是同一个人，拥有同样的感觉、价值观和需求。但氛围变了，你的心态也随之改变，你会换一种方式来充分表达欣赏和享受之情。

究竟是什么塑造了员工的工作氛围呢？有 4 大因素。首先是听到的故事和提出的问题；其次是关于如何完成工作的正式治理机制，包括结构、流程、系统和激励体系；然后是员工看到的榜样力量，比如来自 CEO、高层团队和其他有影响力的人士；最后是人们能在多大程度上相信自己有能力按照自己想要的方式行事。卓越领导者希望通过文化变革来解决这 4 大因素塑造的氛围。

为了追求"怡安联合体"的文化目标，格雷格·凯斯不断在季度财务报表中重申这一理念，并称之为公司的一大竞争优势。他还通过赞助曼联足球俱乐部，传达了通过团队合作精益求精的理念。

他还对公司的正式机制进行了多项改革，包括：过去由分部领导自行决定的客户服务模式，现在都统一标准化；推进业务整合，获得协同效应；高层薪酬与单个公司的损益状况挂钩；曾经的 60 个子品牌整合为怡安这一个全球品牌；明确要求各级领导每周花一天时间帮助职责领域以外的同事表现出色。

凯斯意识到了自己的榜样地位，他几乎从不说"我、我的"，而更愿意说"我们、我们的"。取得成绩时，他会迅速对他人提出表扬。他强化了团队合作信条："你要么在为客户服务，要么在帮助同事为客户服务。"他会花时间直接与客户服务团队共事，以确保交付公司的最佳服务。

为了培养技能和信心，该公司在为期数天的研讨会上对 5 000 多名同事进行了培训，讲解"领导怡安联合体"意味着什么，创建在线教育资料库，帮助同事了解公司的整体情况，并将相关的技能培养工作纳入所有管理人才发展计划。

在地球另一端的泰国，暹罗水泥集团（Siam Cement Group）前 CEO 坎·特拉库洪（Kan Trakulhoon）希望在该国最大、历史最悠久的水泥和建材公司中营造一种"开放与挑战"的创新文化。为此，他也将重点放在了前面所说的 4 大因素上。在讲故事方面，2006 年出任 CEO 后，他逐一走访各地工厂（共走访 70 处），分享"走向区域"战略及培养创新文化达成战略的重要性。他还会在为期一个月的入职培训中对每一位新员工讲述公司的发展历程。

在正式治理机制方面，他把研发中心搬到了工厂旁边，让研究人员与工厂员工组成团队，携手合作。他还重新设计了激励体系，珍视深厚的专业知识，为专家开辟了事业发展路径。他调整了目标，更注重高附加值产品，每年将研发支出提高一倍。

在榜样方面，特拉库洪的做法与泰国的"面子文化"（不当众指出错误）和礼节背道而驰，他公开谈论自己的失败，参观工厂时一切从简，请大家叫他"坎哥"，而非先生或总裁。

为增强信心和技能，他与欧洲工商管理学院合作创建了一个领导力培训项目，让不同职位的领导齐聚一堂学习促进创新的前沿方法，每个月上 5 天课，持续 5 个月。他还要求公司领导学习全球经验，接触新理念和新思维。特拉库洪营造的"开放与挑战"的创新文化取得了成功。2016 年他卸任 CEO 时，公司市值从 80 亿美元增至 160 亿美元，员工人数也从 2.4 万人增至 5.4 万人。

怡安和暹罗水泥的经验表明，**想要在短期内彻底改变文化，需要进行全盘规划**。为此，CEO 作为那个统领组织内部各类活动的唯一的人，必须理解并坚信，通过与文化上的"那件事"保持一致来重塑工作氛围是重中之重。确定了最重要的工作后，便可将大部分事情安排下去，通过绩效管理来控制进度。但在某些方面，卓越领导者仍会亲力亲为，下面将讨论这一点。

以身作则，你的一言一行影响巨大

事实上，我们采访的几乎所有的 CEO 都惊讶于他们身为榜样的重要性。星展银行的高博德分享道："身为 CEO，你要明白，你的一言一行都影响巨大，你是整个公司的支点。"因此，一方面，领导者需要深思熟虑、谨言慎行，以免通过不完善的想法或评论传达出计划外的信息。另一方面，这样的影响力也为塑造企业文化创造了绝佳机会，卓越领导者会敏锐地把握这一机会。

许多领导者都遵循着一句著名的格言：正人先正己。在字面意义上，这句话绝对正确。但在实践中，这还不够。一方面，多数人都意识不到自己的不足。和所有人一样，领导者也容易陷入心理学所说的"乐观偏见"。有个例子很有代表性，我们曾询问一位领导者花了多少时间来纠正别人的自负，他回答 20% ～ 30%。接着我们问他，别人花了多少时间来纠正他的自负，他陷入了沉默。除了这些个例外，研究也清楚地反映了整体情况：当被问及是否为期望中的行为改变树立了榜样时，足足 86% 的领导者回答"是"，而他们的直接下属中只有 53% 的人认同这一点。[2] 对此，伍德赛德石油公司（Woodside Petroleum）前 CEO 约翰·埃克赫斯特（John Akehurst）反思道："我花了很大精力才认识到，身为 CEO，我对企业文化负有全部责任……我惊觉自己的行为有多少缺陷，以及这些行为对他人的影响有多大。"

在树立榜样方面，更有建设性的其实是另外一句格言：欲变世界，先变自身。这种思维方式表明，无论领导者多擅长（或自认为擅长）成为榜样，他们始终有责任亲自做出改变，就像对其他所有员工的要求一样。布拉德·史密斯便贯彻了这一精神，他在财捷推动了聚焦设计思维和勇于创新的文化变革。"我们必须改变思维方式，"史密斯说，"对待成功和失败要一视同仁，把它们当作学习的机会。我开始开诚布公地谈论我犯的错误，在办公室的玻璃窗上张贴我的绩效评估。我甚至给所有员工发了电子邮件说，'这是董事会对我的书面绩效评估。我正在从三个方面进行改进，需要你们的帮助。当我去你们的办公室时，如果你们发现我做错了，请务必纠正我。'"

史密斯的坦诚吸引同事纷纷效仿。"我的领导团队很快也开始张贴他们的绩效评估。在整个组织中，人们开始承认错误，直面自己的不足。这营造了一种持续改进的文化，大家愿意提供反馈，不是为了批评对方，而是为了在有待改进的地方推进建设性的工作。这一企业文化鼓励人们勇于创新，并在失败时敢于承认自己的不足之处。"

虽然史密斯的行动是精心策划的，但卓越领导者会把握一切机会，以"欲变世界，先变自身"的态度以身作则。微软的萨提亚·纳德拉上任 8 个月时，在一年一度的女性科技大赛上发表了主题演讲。在问答环节中，他被问及对希望加薪但又不好意思开口的女性有何建议。他建议保持耐心，"要知道并相信，系统会在合适的时间给你适当的加薪。"

这一言论在网上疯传，引发了众怒。他遭遇群嘲，人们指责他对随处可见的性别薪酬差距视而不见，并质疑他对多元化的承诺只是嘴上功夫。他没有坐等怒火平息，也没有为自己的行为开脱，而是给员工发了电子邮件，告诉他们："我的回答大错特错。"他开始深挖自身的偏见,努力改变自己,并要求高管团队也照做。人力资源部主管凯瑟琳·霍根(Kathleen Hogan)回忆道:"这件事反而让我对萨提亚更忠诚了。他没有责怪任何人,而是主动承担了一切。他对全公司敞开心扉,'我们需要学习,需要变得更聪明。'"纳德拉谈到这段经历时说:"我决心利用此事示范何为压力之下的成长型思维。"他成功了,也帮助微软取得了成功。

触及心灵,让文化影响力更深刻

卓越领导者愿意在面对阻力时采取有意义的行动,这反映了他们有多看重文化变革。化妆品公司资生堂在这方面很有代表性,该公司旗下有资生堂、肌肤之钥(Clé de Peau Beauté)、娜斯(NARS)、风茗(bareMinerals)、罗拉玛希(Laura Mercier)和醉象(Drunk Elephant)等众多知名品牌。鱼谷雅彦 2014 年接任 CEO 时,外界颇感意外,因为他是该公司前 142 年历史(1872—2014 年)中首位从外部"空降"的领导者。他曾就读于哥伦比亚商学院,成长于可口可乐公司,坚信性别、年龄、国籍和文化差异并不重要——在他看来,一家公司越多元化,就越有创造力。

进入资生堂后,鱼谷雅彦发现资生堂的文化太过以日本为中心。尽管他十分认同资生堂的日本传统文化,但他认为,要想实现飞速的全球增长目标,需要加强国际化思维。在这场文化变革中,他决定将英语定为东京总部的官方语言。他解释说:"我希望创造多元化的人才和文化。过去,如果我把某个人从纽约或巴黎调至东京,由于这里的一切都使用日语,新来者会不适应。要创建真正的全球组织,我们不能只靠日本人,而是需要文化的融合。"

鱼谷雅彦遭遇了中层管理者的抵制,他们不明白这一改变的意义。为了得到他们的支持,他不断分享公司的多元化使命,以及这将如何推动更快的国际增长目标。鱼谷雅彦还为员工提供了英语课程,共有 3 000 名员工参与其中。他告诉他们:"会说两种语言能让总部员工更好地与世界交流,也能拓展大家的思维空间,丰富大家的生活。"如今,鱼谷雅彦管理着 4.8 万名员工。2017 年,该公司提前 3

年实现了销售额突破 1 万亿日元的目标（原计划在 2020 年实现），年复合增长率达到 9%。上任 6 年内，鱼谷雅彦保留了资生堂的日本传统，同时将该公司打造为重要的全球参与者。

星展银行的高博德很早就采取行动，鼓励冒险，这也成就了该公司的一段佳话。2012 年，星展的很多自动取款机遭到黑客攻击。当高博德调查为何星展银行容易遭受此类入侵时，问题追溯到了一名初级运营人员做出的决定。关于为何选择那个方案，那位同事说："因为卡片保护器会增加 10～12 秒的操作时间。我们的自动取款机前经常大排长龙，经过权衡，在缩短操作时间以改善客户体验和避免概率很小的黑客入侵之间，我选择了前者。"

当新加坡监管机构要求高博德追究那名银行员工的责任时，他拒绝了。他向监管机构保证，会对客户进行补偿，同时会采取措施提高安全性。至于那名导致该问题的同事，高博德说："我反而要奖励这个人，因为这正是我希望在星展银行营造的思维方式：开动脑筋思考和做选择的能力。"星展银行花了数百万美元补偿客户，但高博德认为这笔钱花得很值，因为通过此事，他能让员工相信，当他们冒险时，他会在背后支持他们，只要赌注没有大到危及公司生存即可。

有时，只要改个名字就能产生深刻的文化影响。世界领先的非营利性医疗机构克利夫兰医学中心的前 CEO 托比·科斯格罗夫为扭转颓势，着力改善患者体验。"去医院时，"科斯格罗夫问，"什么是身体体验？所有的感官，基本上你看到的、闻到的、尝到的、听到的都是体验的一部分。"科斯格罗夫重新设计了房间，引入了更多自然光，提高了食物质量，甚至请黛安·冯芙丝汀宝（Diane von Furstenberg）设计了病号服。最大的举措是为 4 万名员工（从医生到勤杂工再到门卫）发放徽章，上面写着：我是看护人。科斯格罗夫回忆说："我们改变了所有人的身份，现在大家不再是雇员，而是克利夫兰医学中心的看护人。所有这些都改善了患者体验。员工认可度提升，患者满意度也随之提高。归根结底，就是把病人放在第一位。"

科斯格罗夫发放徽章一事遭遇了许多阻力。医生们说："我们才是看护人。"

但这位 CEO 回应道:"不,没有其他人提供补给,带来仪器或绷带或任何需要的东西,你们做不成这件事。我们都是参与者,每个人都是看护人。"科斯格罗夫上任 5 年后,克利夫兰医学中心在美国大型医院中的患者体验排名从垫底升至榜首。

德尔福的罗德尼·奥尼尔向位于世界各地的高层经理们展示了一段蜜獾视频。"不知道你们见没见过蜜獾,这是一帮捣蛋鬼,"他说,"它们基本可以为所欲为。所有动物都避之不及,哪怕是狮子。我告诉团队,面对竞争时,我们要成为蜜獾。"这段视频广为流传。在那之后,当到访德尔福各地的分公司时,无论是在美国、中国、巴西还是其他地方,他经常会在某个人的办公室里看到蜜獾的照片。"沟通不只是说:'开干吧。'也可以描述为一段旅程,赋予某种浪漫的意象。"他说。

即使是微小的举动也能产生巨大的影响。例如,在麦当劳,员工们至今仍在传颂创始人雷·克洛克(Ray Kroc)在餐厅停车场捡垃圾的事迹,以此强调清洁文化的重要性。惠普联合创始人比尔·休利特(Bill Hewlett)曾拿着大力钳打开了库房的门锁,以凸显管理层与一线员工之间信任和开放的重要性,这成了一段传奇故事。溢达集团的杨敏德曾下令在这家时尚公司的一座新工厂里拆除一堵墙,因为其中有一些砖垒错了。她对员工解释说:"在质量问题上,我们丝毫马虎不得。"这些故事迅速流传开来,传递了强大的文化讯息。

为科学界提供先进设备和软件的赛默飞世尔科技公司(Thermo Fisher Scientific)的 CEO 马克·卡斯珀(Marc Casper)曾造访日本分公司。当时,该公司正试图清理旗下的许多传统品牌。新的品牌旨在让客户知道,赛默飞世尔现在可以帮助他们大幅扩大业务规模。卡斯珀回忆道:"参观分公司时,我从墙上撕下了一张旧版的品牌宣传海报。大家觉得我是个精神残疾,我刚坐了 13 小时的飞机过来,现在却在撕墙上的装饰。但大家也在讨论我为什么要这么做,为什么品牌倡议很重要,我们希望达成的目标是什么,以及为什么执行这项工作对我个人意义重大。这场对话加快了我们推进工作的步伐,不仅是在日本,全球各个分公司的同事都在问自己,他们的改变是只流于表面,还是真正推动了高管期望的实质性改变。这一过程让文化落地生根。"

　　为了将信息传达给多元化的受众，如果能基于"那件事"的总体原则提出一些过目不忘且有指导意义的短语，将大有裨益。沃尔玛创始人山姆·沃尔顿（Sam Walton）将公司的客户服务原则浓缩为著名的"十英尺法则"：当员工距离顾客不到十英尺时，就要看着顾客的眼睛，微笑着问，"请问我能为您做些什么？"在微软，萨提亚·纳德拉为推广心系的"成长型思维"，一方面将卡罗尔·德韦克的《终身成长》（Mindset）一书定为副手的必读书目。另一方面，他要求员工必须从这本书中提炼出一些易于理解、印象深刻且意义十足的话语。最终，纳德拉从中提炼出一个简单的词——"无所不学"，并恳求员工摒弃常见的"无所不知"。在这 8个字的影响下，员工回避风险的心态和办公室政治瞬间收敛了不少。

　　家居用品零售商家得宝（Home Depot）前 CEO 弗兰克·布莱克（Frank Blake）用手写便条向组织传达他的关切。"我花了很多时间和人们谈论手写便条的力量，"他说，"每个星期天我都会手写 200 张便条。我们有一个制度，首先让门店收集各种精彩的客户服务事迹，然后各区进行汇总，上报给大区，大区再提交给我，最后我会亲手写下便条，比如'亲爱的乔或简，我知道你做了这个'。我总会写得很具体，'我知道这个。你太棒了。你做到了，你真棒，我爱你，弗兰克'。这可能是我最热衷的一件事。"

　　领导者还有一个不太明显但非常强大的办法，即通过提问来传达文化。在暹罗水泥集团，坎·特拉库洪便利用这种办法加强创新文化。当参观不同工厂时，他总会在车间里提出一个问题："为了改进流程和提高生产力你们做了哪些努力？"最早提出这个问题时，"我面前的领班吓到了，整个人僵住，说不出话来"。特拉库洪信仰佛教的慈悲为怀，他把手放在领班的肩上，向其保证，怎么回答都不要紧。但下次回访时，不用说，车间里的每个人都有了一个令人印象深刻的答案。

跟进结果，科学评估文化变革

　　据说爱因斯坦办公室里有一张海报，上面写着：并非所有重要的东西都能计算得清楚，也并非每件计算得清楚的东西都真有价值。长期以来，人们始终认为文化是不能计算的。**卓越领导者都秉持着一种思维：应当像对待绩效考核那样，以严明的纪律来评估软实力。**他们一直在寻找评估文化变革的方法。

例如，微软每天都会通过电脑上的弹窗对几组员工进行简短的问卷调查。在推进文化变革的早期阶段，员工会被问及是否清楚什么是萨提亚·纳德拉试图构建的"成长型思维"。之后，他们会被问到领导在多大程度上展现了这种思维。此类方法能带来多重效果，包括让员工始终将文化变革置于前沿和中心位置，并确保成功和失败都能得到重视，必要时能进行补救。

卡特彼勒公司（Caterpillar）前 CEO 吉姆·欧文斯（Jim Owens）通过问卷调查来定期评估公司文化。"毕竟，"欧文斯说，"如果员工不理解愿景是什么，不明白所在部门要做出什么贡献才能实现这一愿景，不觉得管理者在日常工作中践行了这些价值观，或者不会向朋友或同事推荐你的公司，那么，你如何指望他们帮助你实现目标和愿景呢？"尽管卡特彼勒调查到行业基准是 65% 的员工给出积极反馈，但欧文斯并不认可这一基准，他将目标设定在 90%。欧文斯认为："除非有 90% 以上的人明白你想做什么，明白他们在帮你实现目标的过程中扮演什么角色，且对你这个雇主充满热忱，否则怎么称得上是伟大的公司？"

担任 CEO 的最后 7 年，欧文斯每年都在改善这一数字。到 2009 年底（金融危机引发冲击），卡特彼勒获得了 82% 的支持率。"人们都撸起袖子，"欧文斯说，"苦思冥想，如何才能让公司变得更好。"

只有积极跟进结果才能让员工调查发挥成效，而这往往要从最高层开始。动力管理公司伊顿的前 CEO 桑迪·卡特勒是员工调查的虔诚信徒，从未缺席。尽管调查是自愿的，但卡特勒在 175 个国家或地区以 37 种语言进行的调查获得了高达 96% 的参与率。他表示："在我们公司的数百个统计数字中，最重要的就是员工调查参与率。如果这个数字很高，就表示人们认为参与调查是值得的，他们愿意就我们的优势和缺陷表达看法。如果这个数字开始下降，说明我们没有跟进调查结果，没有解决员工提出的问题。"

为处理员工调查中发现的问题，卡特勒会召集一群员工，告诉他们："大家提出了这些问题，我们需要志愿者来进行研究并给出建议。"有一家工厂的调查结果很糟，卡特勒撤换了工厂的所有管理者，然后对新管理者说："这件事关系重大。你们要领导员工，不能让他们觉得无人照管，群龙无首。"他为这个流程亮了剑。

通过健全的方法评估文化也有助于衡量一笔并购能否成功。尽管可能会缔造全球最大的广告集团，但由于担心双方之间的企业文化和管理理念的差异太大，阳狮的莫里斯·雷维最终还是放弃了与奥姆尼康（Omnicom）的潜在合并。奈飞的里德·哈斯廷斯称该公司的独特文化为他排除了许多潜在交易："拥有强大而独特的文化好处多多，它会彰显出并购隐藏的负面影响。"

评估体系不只包含员工调查。在约翰·蒂吉斯掌舵的比利时联合银行，他将PEARL 文化中的"负责"元素转化成一张包含 4 个元素的记分卡，整个公司人手一张。"我构建了公司中人人都要负责的参数框架，包括资本、流动性、盈利能力和人员，其中人员包括股东、社会、客户和员工。"他解释说，"这些参数框架都同样重要。"在比利时联合银行，践行公司文化的程度可能决定晋升的成败。"每个被提名担任管理职位的人，都要由一家外部公司针对绩效、赋能、负责、响应和本地嵌入性进行筛选，"他说，"过不了测试，就进不去管理层，这种情况经常发生。"

文化是一个很难把握的话题。其范围如此之广，麦肯锡公司奠基人马文·鲍尔（Marvin Bower）曾将其概括为"行事之道"。正因如此，卓越领导者才在文化上专注于有望对绩效产生最大影响的"那件事"。通过激光般的聚焦方法，他们可以严谨地重塑员工的工作氛围，并通过纪律严明的方式评估进展。卓越领导者还会通过言语和行动以身作则，带头做出改变。

培育正确的文化只是三条腿凳子的第一条腿，支撑组织的愿景和战略的传递还需要另外两条腿。管理专家阿瑟·琼斯（Arthur W. Jones）认为："组织设计种瓜得瓜、种豆得豆。"下面，我们将话题转向组织设计。

第5章

组织，采用刚柔并济的设计

THE SIX MINDSETS
THAT DISTINGUISH THE BEST
LEADERS FROM THE REST

CEO
EXCELLENCE

就像现代高层建筑一样，企业无
需对稳定性和敏捷性权衡取舍，
二者可以共存。

设计让智慧彰显。

——艾丽娜·惠勒（Alina Wheeler）

19 世纪末至 20 世纪初，第一批摩天大楼拔地而起，它们的结构非常坚固，在强风中屹立不倒。然而，随着开发商把楼越建越高，一项艰巨的任务摆在了建筑师的面前，即新高度如何经受飓风的考验。答案是采用既柔又刚的设计。这些措施包括：增加更轻质更柔韧的梁柱结构；对建筑作圆角化处理，以降低风阻；安装减震阻尼器，通过摆动抵消强风造成的大楼的摇摆。他们甚至把大楼设计成开放式结构，让风穿堂而过，从而减少建筑物的风压。如今，超高建筑最大弯曲幅度可以达到近 1 米，之所以不惧强风和地震，靠的不是刚性，而是柔性。

20 世纪早期，专业化分工催生了机器大生产，等级森严的组织结构应运而生。然而，层级组织要想有效运转，需要满足两个条件：第一，组织规模相对较小且只在一个国家或地区运营；第二，外部变化相对缓慢且可以预测。随着组织规模越来越大，全球化属性越来越强，不确定性越来越显著（表现为利益相关者需求日益复杂、技术进步和颠覆性变化、信息数字化和民主化、人才争夺战等），僵化的层级制度渐渐成为负担。卓越领导者发现，在保持牢固和完整的同时，组织可以注入灵活性。这一思路与建筑大师的抗风设计原则一脉相承。

哥伦比亚商学院的教授丽塔·冈瑟·麦格拉斯（Rita Gunther McGrath）研究了高增长大企业与低增长大企业的差异，她认为："一方面，它们（高增长大企业）为创新而生，勇于尝试，行动敏捷。另一方面，它们极其稳定，战略和组织结构保持内在统一，企业文化强势，且保持了连续性和一致性。"[1] 我们的研究也证实了麦格拉斯的结论：**既稳定又敏捷的公司实现高绩效的概率，是敏捷却不稳定的公司的 3 倍，是稳定却不敏捷的公司的 4 倍多。就像现代高层建筑一样，企业无需对稳定性和敏捷性权衡取舍，因为二者可以共存。**因此，我们创造了"稳捷性"（stagility）这个词。在如今的商业世界里，著名的稳捷性案例包括摩根大通的金融解决方案实验室、怡安集团的新创集团（New Ventures Group）和通用磨坊（General Mills）的世界创新网络。

稳捷性既不可能单靠运气，也不可能一蹴而就，有时它似乎遥不可及。我们采访的许多 CEO 表示，哪怕在打造稳捷性方面小有心得，也未能参透其中的奥妙。不过，我们还是总结出了一套做法，可以基于稳定的组织主干注入敏捷元素。具体来说，卓越领导者会采取以下 4 个方面的措施。

➤ 停止摇摆，兼顾效率与创新
➤ 强调责任，抓住矩阵结构的"登月"潜力
➤ 螺旋汇报，让组织单元交叉发力
➤ 实现"稳捷"，为组织主干注入敏捷元素

停止摇摆，兼顾效率与创新

"金发姑娘"原则来自 19 世纪的一则著名的童话《三只熊》，讲的是一位年轻的金发姑娘尝了三碗粥后发现，她既不喜欢太热的，也不喜欢太凉的，而是温度刚好的那碗。当卓越领导者面对无法避免的问题时，便会寻求"刚刚好"的原

则。例如，组织集权应该维持在什么程度？集权可以帮助企业提高效率和管控风险，而分权可以提高客户响应速度，有利于创新。能力稍逊的领导者往往回避"金发姑娘"原则，采取激进做法，这不利于企业长期的发展。

担任总部位于苏黎世的电力技术和自动化公司 Asea Brown Boveri（ABB）的CEO 时，珀西·巴内维克（Percy Barnevik）发现，通过彻底下放权力强化责任意识，推动赋能，企业可产生巨大的发展机遇。他的想法是通过破除官僚主义、释放地方分支机构的企业家精神，这可以让世界各地的员工免受总部干扰，推出新产品、改善设计和调整生产方法。于是巴内维克将 ABB 划分为 5 000 个利润中心。随着利润飙升，这种组织结构迅速获得学者、记者、管理大师和股东的交口称赞。也有与此相反的做法。例如，雅虎前 CEO 特里·塞梅尔（Terry Semel）通过重组公司加强资源共享，实现规模效应。他把雅虎的 44 个业务部门整合为 4 个事业群和 1 个产品委员会，方便各部门之间协调、规划和共享资源。当时人们普遍认为，塞梅尔致力于将雅虎打造成一家"新时代传媒公司"。

几年之后，这些激进的调整成了 ABB 和雅虎失败的主因，沦为笑柄。一位记者如此描述 ABB："分权管理最终引发了部门冲突和沟通问题。"公司内部的不良竞争在加剧，大量重复工作导致效率普遍低下。比如，ABB 当时有 576 套软件系统处理采购和项目管理等日常事务，另有 60 个工资系统和 600 多个电子表格软件程序。雅虎则因为高度集权导致个体责任感流失，陷入决策僵局，因此进一步落后于优秀同行。正如一位离职高管所说："优秀的人离开是因为有太多人自认为是负责人，结果什么事都干不成，最终平庸之辈留了下来，因为他们得到了保护，不用承担责任。"[2]

巴内维克和塞梅尔的情况并不少见。当领导者发现组织倒向一个方向时，难免会朝反方向用力，于是就像钟摆一样，在两端来回摇摆。卓越领导者很少从一个极端走到另一个极端。用消费品巨头通用磨坊前 CEO 肯·鲍威尔（Ken Powell）的话来说，他关心的"不是组织应该保持多大的集权度，而是总部在哪些方面最能增加或创造价值，什么事必须交给地方去做"。他还补充道："这些才是领导者真正应该花时间解决的重大问题。"

　　就鲍威尔而言,他是在掌舵通用磨坊和雀巢(Nestlé)的合资公司 Cereal Partners Worldwide(CPW)时,吸取了钟摆教训。"当 CPW 在 20 世纪 80 年代成立时,雀巢是一家规模庞大且高度分权的全球化公司,"他回忆道,"雀巢竭力主张将 CPW 设计为一个管理高度集中,供应链、品牌定位和营销策略高度一致的公司。当时的想法可能是以 CPW 为试验田,测试高度集权的全球品牌管理模式是否可行。最初 CPW 确实是高度集权的,几乎完全遵循传达 - 执行的原则。许多决策是在瑞士洛桑的总部制定的。"结果,公司运转失调,总部(团队主要由国际市场经验不足的美国营销人员组成)与分支机构管理者之间出现了大量分歧。

　　作为补救措施,鲍威尔召集了区域和总部领导者,有条不紊地分析了业务经营的一系列关键事项,对创造最大价值的那些工作,大家一起制定了决策。"某地必须有所不同"和"一切都由总部管理"这两种非此即彼的思路被彻底摒弃。这些措施的成效很好,正如鲍威尔所说,"高层管理团队承诺,将以务实态度开诚布公地寻找对企业有利的解决方案"。大家一起制定的一系列决策让 CPW 跻身全球最大谷物食品公司的行列。

　　在担任通用磨坊 CEO 期间,鲍威尔将这些教训应用到公司的国际化扩张过程中。他力主组建地方团队,并为哈根达斯冰激凌、老埃尔帕索(Old El Paso)墨西哥风味食品和 Nature Valley 零食等核心国际品牌划定了清晰的职权范围,明确界定哪些工作在地方完成,哪些应由总部负责。"金发姑娘"原则推动了通用磨坊的国际化增长、创新发展和社会参与度,也让鲍威尔跻身《哈佛商业评论》评选的"全球百佳 CEO"榜单,以及 Glassdoor 网站评选的"美国最受爱戴的 CEO"榜单(由员工评分选出)。

强调责任,抓住矩阵结构的"登月"潜力

　　为了在集中管理的高效和响应本地客户的快速之间取得"刚刚好"的平衡,大型跨国公司普遍采用矩阵型组织结构。"如果没有矩阵,我都不知道怎么办,"杜

克能源（Duke Energy）CEO 林恩·古德（Lynn Good）证实，"我们的业务很复杂，发电、输电和配电业务遍布于世界各地，涵盖多家公用事业公司。我们有负责职能运营的领导，有负责区域公用事业的监管和法务专家。公司在这个矩阵中良好运作是成功的关键，别无他法。"

　　如图 5-1 所示，在矩阵组织结构中，一名员工通过实线或虚线关系向多位主管或领导者汇报工作。他可能需要同时向一位职能上级（如工程和制造职能）和一位业务上级（如产品、区域或客户部门负责人）汇报，前者负责解决协同和标准化问题，后者基于具体情况进行协调，确保交付令客户满意。财务、人力资源、技术等职能部门的员工也运用矩阵组织结构，通过实线或虚线分别向一位总部职能上级和一位业务上级汇报工作。

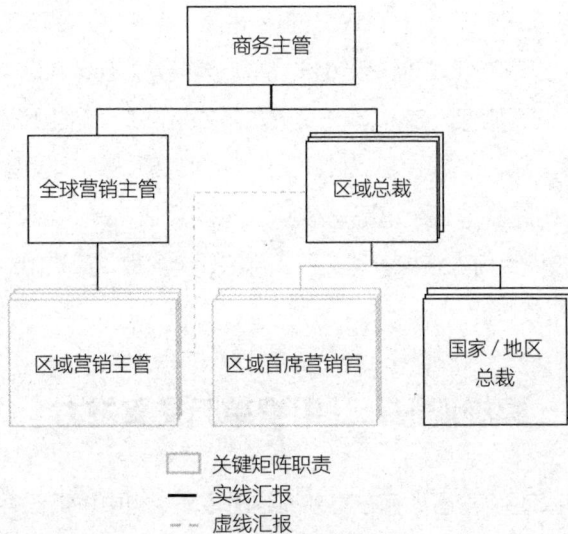

图 5-1　矩阵组织结构

　　矩阵组织结构可以追溯到 20 世纪 60 年代初，那时，美国总统约翰·肯尼迪启动了"载人登月"计划。当时由项目经理负责管理成本和进度，工程经理负责技术开发，他们都向总经理汇报。计划大获成功，比原定时间提前一年安全登陆月球，这也成为企业广泛采用矩阵结构的重要催化剂。[3]

可惜的是，大多数组织都没有抓住矩阵结构的"登月"潜力。相反，很多员工因为搞不清楚究竟谁说了算而感到困惑、沮丧。通常而言，在矩阵结构中，职能和业务主管担负的职责是相同的，比如招聘和解雇、分配工作、确定日常优先级与监督工作执行情况、晋升、评估和激励等。随之而来的往往是权力摩擦，最终需要相关委员会介入协调和平衡。由于每个问题最终交给了对当地情况不甚熟悉的总部拍板决策，这使得矩阵不能发挥应有的作用。

为杜绝这样的事发生，卓越领导者想方设法确定谁是最终责任人。例如，溥瑞廷在执掌杜邦时认为："许多人工作非常努力，但责任没有明确到人。我们公司的矩阵结构是这样运行的，一半的业务决策由总部职能主管做出，他们不太考虑损益表或资本回报率。"

当时，杜邦有一个投资项目是在艾奥瓦州建一家纤维素乙醇工厂，最初预算为 2.2 亿美元，结果花了 5.2 亿美元也没完成。溥瑞廷发现，在这个项目上签字的人多达 22 个。"我开始问大家，'真正负责决策的是谁？'"他回忆道，"我得到了8 个不同的答案。"溥瑞廷很快重组公司，为 5 个业务主管下放更大的决策权，同时精简了总部，明确总部主要负责战略制定、风险评估、资本配置和人才管理这 4个职能。"如果按照目前的结构管理艾奥瓦州的那个项目，应该由业务主管、CFO和我这个 CEO 来负责。"

螺旋汇报，让组织单元交叉发力

在仔细倾听卓越领导者如何在复杂多维的矩阵结构中将责任落实到人时，我们意识到，他们其实并没有采用"矩阵思维"。我们发现，用"螺旋思维"来表述他们的行为更贴切。螺旋思维源自科学家在 20 世纪 50 年代初发现的 DNA 双螺旋结构，如图 5-2 所示，两条长长的核苷酸（就像螺旋开瓶器）链围绕一个共同的中心轴以相反方向相互缠绕，很像一架螺旋形的楼梯。[4]

虚线消失：螺旋结构提供了两条明确、平等且平行的责任线

能力经理，即区域主管，有招聘或解雇的权限，需要为员工提供培训、工具和职业发展规划，以保证他们顺利开始职业生涯。

价值创造经理，即产品主管，为员工设定个人目标，并监督员工的日常工作。

—— 能力管理：如何完成工作
—— 价值创造管理：完成哪些工作

图 5-2　螺旋组织结构

螺旋型组织不采用实线或虚线汇报结构，而采用交叉实线结构，即员工向两个上级汇报工作，因此是两条相互交织的链条。在大型矩阵型组织中，交叉实线结构虽说无法解决所有问题，但对于需要将销售渠道、产品和职能专长整合起来，为客户提供服务的岗位来说，螺旋思维提供了一种巧妙而实用的解决思路。

关于如何应用这种模式，可以回顾一下怡安的格雷格·凯斯的重组计划。在怡安从最初的"同盟"升级为现在的"怡安联合体"这一过程中，凯斯重点强调了整合公司全部能力为每个客户服务的重要性。以往，权力在区域主管和产品主管之间摇摆（在实际运行中，体现为实线角色与虚线角色的不停切换）。为解决这个问题，凯斯设计了交叉实线汇报结构，每位上级的职责明确、作用独特，且具有相互补充、相辅相成的特点，即彼此同等重要，缺一不可。员工不仅向区域主管（如欧洲区主管）汇报工作，该主管负责主营业务和当地客户关系，不参与产品线事宜；另外员工也向产品主管（如商业风险主管）汇报工作，该主管负责开发世界级的创新产品和解决方案，并为公司构建产品交付能力。

区域领导负责损益表，因此可以决定某个产品线招聘多少人；产品领导具备专业知识，因此可以招聘具体所需的人才。新员工入职后，区域主管将其安排到客服团队，为他设定个人目标，并监督他的日常工作。与此同时，产品主管为他安排业务培训、工具和职业发展规划，从而让他顺利开始职业生涯。

盖尔·凯利在西太平洋银行部署了类似架构。"我做出了极其大胆的结构调整。银行都很注重以产品为中心，于是我成立了一个产品卓越中心，但将管理资产负债表的权力交给分销渠道。产品卓越中心成了利润中心。我需要一种商业模式，让职能和业务的人为了客户利益而齐心协力——创造整合的产品和服务，提供一致的体验。"然而，如果不是凯利作为 CEO 亲自参与其中，这样的设想很难实现。"效果非常好，但你不能只抱着美好的期望，而必须明确哪些人、在哪里、负责什么事情，尤其是在调整初期。"她建议道。

摩根大通的杰米·戴蒙解释了双螺旋结构如何在总部员工与业务部门共事时发挥作用。"我在总部有一支核心团队——由人力资源主管、CFO、法律顾问等高管组成，对人力资源、会计、风险等问题制定相应政策。除此之外，执行问题100% 由业务部门负责。从公司治理角度来看，核心团队虽说可以走进摩根大通任何一个业务部门下达命令，但团队首先是业务部门的合作伙伴，归根到底大家是为了公司的利益，因此业务主管们很欢迎这样的合作伙伴。"

在意大利国家电力公司，公司虽然以传统汇报线为主，但有 250 个关键职位处于资产管理和客户管理的交叉点，因此两个上级之间建立了交叉实线汇报关系。例如，当事关如何对维护保养和业务增长分配资本时，智利发电主管要向总部发电主管汇报，当事关客户和现金流的问题时，智利发电主管要向智利大区主管汇报。与戴蒙一样，CEO 弗朗西斯科·斯塔莱斯强调了让正确的人担任这些职位的重要性。"诀窍是任命能在建设性的张力环境中得心应手的人，"他描述道，"这些人要有进取心和好奇心，这些特质会让他们提出正确的问题，并愿意为之努力。"

需要明确的是，我们采访的 CEO 并未使用"螺旋"一词描述所在的组织结构。不过我们认为，以他们管理组织的方式来看，螺旋结构似乎更为贴切。

实现"稳捷"，为组织主干注入敏捷元素

以螺旋结构取代矩阵结构，对集权和责任明确给出"金发姑娘"答案后，这就为组织打下了基石，接下来就是要决定组织设计元素哪些应注重稳定，哪些应注重敏捷。在这个问题上，可以参考智能手机的做法。硬件和操作系统相当于稳定元素，由此构成了稳定的基础，在上面可以安装、升级或卸载应用程序（这些是敏捷元素），从而让人们的生活更轻松、更舒适。

在财捷，布拉德·史密斯阐述了稳定元素："首先以客户为中心设计组织架构，在此之下，为客户解决具体问题。打个比方，在实际工作中，居于顶层的是消费者业务和小客户业务，下设支付业务，这个结构不会改变。之后，当我们作为平台公司大规模推进业务的时候，再决定如何构建上下贯通的组织体系。例如，我们有一支集中管理的小客户设计团队，负责解决客户的各种问题。"

敏捷元素有多种表现形式。一种方法是搭建由全体员工组成的临时团队，赋予他们极大的自主权，使之向着预定目标冲刺。史密斯解释了财捷的具体做法："我们将重要的战略问题分配给一支 3 个人的团队，他们彼此未曾合作过——这样在业务和职能间能够形成真正的协作，让我们的解决方案针对性更强，行动速度也更快。"

另一种方法是给所有员工 10% 的灵活时间。按照史密斯的说法："任何时间，公司都在进行 1 800 多项不同的实验。如果客户认为你的实验是成功的，我们会为你提供 3 个月的资金支持。"这个方法的效果如何？史密斯分享道："这个方法确实消除了组织设计中的很多障碍，因为大家觉得可以大胆提出自己的想法。"

明确稳定元素和敏捷元素是避免每隔几年就要大规模重组的关键，而高绩效组织则能够围绕一个稳定的内核持续不断地调整、变革、进化。其稳定性像高端智能手机那样具备可靠的性能，同时敏捷元素的应用则可以推动组织持续迭代，把缺乏灵活性的竞争对手甩在身后。阿迪达斯的赫伯特·海纳总喜欢打一个比方："以前阿迪达斯是一艘装载 1 万人的巨轮，想要掉头，得转身航行 805 公里。现在

更像是由许多快艇组成的一支船队。"

　　比利时联合银行的约翰·蒂吉斯很清楚哪里需要"快艇"。"我们打算开发一款手机银行和保险应用程序，它必须简单容易上手，这是客户想要的。"他告诉比利时业务部门，"你们有 6 个月时间和 100 万欧元来完成这项任务。"蒂吉斯指派了一位能力出众的主管，该主管可以自主组建所需的团队。"忘掉层级，"蒂吉斯告诉这位高管，"只启用你认为可以带来价值的人。"同时，蒂吉斯也将这个团队从比利时联合银行的官僚主义束缚中解脱了出来。他下达了明确的指示："保持敏捷，我会让管理层远离你们。"不到 6 个月，应用程序 KBC Mobile 问世了，又过了 6 个月不到，它成了市面上最优秀、最具创新的一款应用。

　　蒂吉斯还为比利时联合银行部署了另外一个敏捷元素：Start it @KBC。这是一个创意孵化器，成立于 2014 年，旨在培育创业精神，从而在公司内部打造一支快艇船队。"那里有 600 个富有创想的人，他们成立了公司，目标是把初创公司发展为有韧性的公司，使之能够存活下来。其中出现了真正的金融科技公司。"蒂吉斯观察道。这些初创公司为比利时联合银行给客户提供创新产品和服务创造了机会。

　　类似地，意大利国家电力公司的弗朗西斯科·斯塔莱斯也在稳定的组织主干中注入了许多敏捷元素：在世界各地设立"创新中心"；在业务部门部署连接网络，将这些中心与具体挑战对应起来；设立能源众包平台，通过一个由初创公司、中小企业和大学组成的生态系统吸纳外部创意；启动"Make It Happen!"项目，组建小型跨职能团队来追求新创意；新设 Enel X 部门，在能源效率、存储和智能照明等诸多领域，为客户、企业和政府开发新的解决方案。意大利国家电力公司的敏捷元素是在"开放创新"的大旗下推进的。斯塔斯莱解释道："它产生了巨大的乘数效应。除了加快速度，我们还得以尝试进入不同的行业。"

　　当 Alphabet 需要在 YouTube、Android、Search 等传统产品之外再落一棋时，桑达尔·皮查伊便会开辟"焦点领域"。每个焦点领域配备一支团队和一名领导者，提供相应的工具赋能，允许他们跳过常规的审批流程，因此进度更快。**"有的时候，你得特事特办，打破你亲手建立的结构。"**皮查伊说。

类似于在稳定组织中添加敏捷元素的实例，我们可以举出许多。绝大多数实例可以归结为 3 个新潮词汇。第一，使用"赋能"（team of teams）模式将权限下放，团队获得高度授权后，能以顺畅的合作达成重大目标。第二，基于最能创造价值的领域创建"流动"资源池，而不拘泥于死板的汇报结构。第三，敏捷方法论，即推出最小可行产品，然后通过多轮客户反馈快速迭代产品和服务。

丹纳赫前 CEO、通用电气现 CEO 拉里·卡尔普指出，虽然这几个词汇看似很新，但蕴含的理念并不新。"为期两周的'敏捷冲刺'编码活动，跟为期一周的丰田'持续改善'之道没有实质差异，两个活动的步骤都是召集运营者、管理者和流程负责人一同规划、设立、实施和改善流程。重点都是把工作分割，把合适的人召集起来，尝试一些新东西，然后快速落地执行。"

在 1999 年上映的电影《黑客帝国》（The Matrix）中，男主角尼奥要在红色药丸和蓝色药丸之间二选一。如果他服下红色药丸，就会发现痛苦的事实：无论是现实的复杂性，还是对他提出的要求，都远超他的想象。如果选择蓝色药丸，便可回到过去幸福的生活，对实际发生的事情一无所知。他思考了一会儿，吞下了红色药丸，就此开启了一段不可思议的旅程。在做出一系列英雄壮举后，尼奥最终拯救了因过于依赖智能机器而被困在虚拟世界里的人类。

在组织设计中也有一颗"蓝色药丸"。美国作家小查尔顿·奥格伯恩（Charlton Ogburn Jr.）有一段生动描绘："我们总是依赖于重组以应对新形势，这真是一记妙招。尽管将引发混乱、低效和士气低落，却能营造出取得进展的假象。"事实表明，许多领导者选择了这条道路。高达 70% 的高管表示，过去两年公司经历过大规模重组，绝大多数人预计接下来的两年还将再度重组。与此同时，只有 23% 的组织重组达到了目标，改善了绩效。其他多数重组要么没有完成，要么未能实现目标，有 10% 的组织表示重组甚至对绩效带来了严重的负面影响。[5]

卓越领导者则选择"红色药丸"，这样他们就不会在集权与分权间来回摇摆。它使卓越领导者即使身处复杂的组织结构也能明确责任，并将矩阵结构调整为螺旋结构。它还促使卓越领导者在组织设计中的稳定方案和敏捷元素之间快速做出选择。虽然服下"红色药丸"后道阻且长，但重组的成功率可从 25% 提高到 86%，而且可以让员工感觉释放了自我。[6]

　　有人说，优秀的人才打不过糟糕的系统。到目前为止，我们探讨了打造一个好的系统所需要的组织协调要素——文化和组织设计。下面我们将转向组织中的人——这是组织获得一流执行力的保障。

第6章

人才，以岗定人，而非以人定岗

THE SIX MINDSETS
THAT DISTINGUISH THE BEST
LEADERS FROM THE REST

CEO
EXCELLENCE

只要能认真确定哪些岗位最能创造价值，以及胜任这些岗位所需具备的条件，再为这些岗位选择合适的人才就会容易得多。

如果用爬树的能力去评断一条鱼，它将终其一生认定自己是个笨蛋。

——佚名 [1]

　　每年大约有 2 万名新入伍的海军士兵表示有意加入美国的精英战斗部队——海豹突击队。所有报名的人都很清楚，要成为海豹突击队员，无论身处世界的哪个地方、面临多么未知的环境以及在多么艰难的条件下，都要有能力完成任务。他们需要克服极寒冷的天气和难耐的高温，忍受海上狂暴的巨浪。每当美国政府遇到特别棘手的军事问题、人质被绑架或恐怖主义威胁时，海豹突击队员都要挺身而出。

　　经过层层选拔，每年大约只有 250 人能最终入选。身体素质较好的申请者并没有什么优势：许多优秀的运动员也会被淘汰出局。拥有顶尖学历的申请者也不会比只有高中文凭的申请人更容易胜出。若想入选，申请者必须符合一套非常明确的标准，其中最重要的一条就是永不放弃的坚定信念。为了测试这种特质，海豹突击队设计了严格的训练计划，其中包括令人闻风丧胆的"地狱周"——在每晚睡眠不足 4 小时的情况下，还要在寒冷潮湿的环境中应对各种残酷的挑战。

---

① 通常被认为出自爱因斯坦。

美国海军高层首先会明确海豹突击队要扮演的角色，然后才招募适合的士兵。同样地，**卓越领导者也知道建立伟大的组织不能以人定岗，而应以岗定人。**他们首先会问自己：最重要的工作是什么？然后再确定完成这些工作需要具备哪些知识、技能、特质和经验。

这听起来似乎简单明了，实施起来却未必。有这样一位表现平平的医疗公司的 CEO，我们问他："你手下最有才华的 20 位管理者是谁？"他分享了一份名单。我们接着问："公司最重要的 20 个岗位有哪些？"他又列了一个表，但从回复速度看，他平时对这个问题的考虑似乎没有上一题充分。我们最后问："第一张表上有多少人担任第二张表上的岗位？"他面色苍白。根本不需要具体计算，他就很清楚董事会或股东肯定对他的答案不满意。

私募股权巨头黑石集团（Blackstone）CEO 苏世民（Stephen Schwarzman）的答案与上述形成了鲜明的对比。他会亲自与黑石集团的 CHO 和 CFO 一起细致地审视该公司投资组合中的哪些领导岗位能在营收、运营利润率、资本效率等方面创造最大价值。以他们投资的一家公司为例，其目标是将盈利提升 60%，同时将市盈率从 8 倍提高到 10 倍。他们的分析表明，在该公司的 1.2 万员工中，37 个职位贡献了 80% 的价值。事实上，有一个职位甚至有望凭一己之力将盈利提高 10%！随后，苏世民和他的团队确保这些职位将由这些合适的人来担任。[1]

并非所有接受我们采访的卓越 CEO 都会遵循这样一套严格的模式，但他们都以非常严格和自律的态度对待人才这个话题，这使他们能够将自己的时间和精力集中于人才管理中影响最显著的领域。正如通用电气 CEO 拉里·卡尔普所说："人才决策才是你的影响力所在。作为 CEO，你一定要把这件事处理好，绝不能敷衍了事。"要制定合适的人才决策，卓越领导者都会采取以下 4 个方面的措施：

- ➤ 清晰界定，明确哪些岗位最能创造价值
- ➤ 选好"左内边锋"，有些岗位不显眼但至关重要
- ➤ 打破常规，不拘一格降人才

➤ 选拔未来之星，让一流人才人尽其才

清晰界定，明确哪些岗位最能创造价值

我们曾帮助无数的 CEO 与他们的 CHO 和 CFO 合作，以求他们对驱动公司战略的那些岗位形成深入理解。几乎在每一个案例中，高管们都对结果感到震惊。他们很快意识到，**级别越高创造的价值未必就越大，这一点与常识相悖。** 我们发现，对于一家典型的公司而言，最能创造价值的 50 个岗位中，只有 10% 直接向 CEO 汇报工作；60% 比 CEO 低两级；还有 20% 的级别更低。[2]

另外 10% 呢？这通常都是一些应该设立却没有设立的岗位。处在这些岗位的人会跨越现有的组织边界或以利用新的行业趋势为己任。在克利夫兰医学中心，托比·科斯格罗夫制定了以患者为中心的战略，并设立了首席体验官一职来改善患者体验。这个岗位负责关注患者在护理过程中与情感有关的方方面面。"人力资源部可以关注员工的所有需求，也需要有人关注所有病人的需求和病人护理过程中的复杂问题。"他说。

无论对内还是对外，这个岗位都提高了整个诊所的透明度。"我在心脏手术中发现，"身为医生的科斯格罗夫说，"我们始终关注数据，认为无论是死亡率还是其他数据都应该透明。"所以他把这种模式引入病人护理过程，对外公布了该院的护理质量指标。他还让首席体验官给该院的每一位医生评定等级，显然不是所有人都喜欢这种模式。"我想让大家意识到，"科斯格罗夫说，"有些人表现非常出色，深受患者爱戴，但有些人不是，医生们可以借此找到改善的方法。"

怡安集团的格雷格·凯斯设立了一个高管职位来领导公司旗下的 New Ventures Group，以加速在保险行业的大规模创新。杜克能源的林恩·古德新设立了发电和输电市场转型官职位，确保公司在追求净零排放目标的同时，发电资源能成功地从现有技术过渡到新技术。"有必要将这项责任从日常运营挑战中分离出来，以便将正确的战略重点瞄准能源基础设施的大规模转型。"古德说。在金

融服务集团美国教师退休基金会（Teachers Insurance and Annuity Association, TIAA），罗杰·弗格森（Roger Ferguson）设立了首席数字官一职。他认识到必须从数字化角度来看待公司的方方面面（包括从与客户互动到调动员工积极性）才能取得成功。杰米·戴蒙则发现，云计算技术会成为削减成本、提高效率的关键，于是他设立了一个高管职位来专门运营摩根大通的云服务。阿霍德德尔海兹集团的迪克·布尔在他的团队中新增了首席可持续发展官，因为他认识到，人们在气候变化以及食品和健康方面的认知正在发生变化，由此产生的影响也会越来越大。

一旦明确了最有价值的岗位，卓越领导者便会清晰界定每一个岗位，清楚描述需要完成的工作，并列出成功所需的技能和特质。比如，产品负责人可能需要具备与业务开发和并购尽职调查有关的知识和技能，另外还需要具备全球化思维、快速决策能力和强大的团队建设能力。在工作经验方面，可能需要经营过营收至少达到 1 亿美元的业务，领导过业务整合，且建立和实施过成功的销售模式。

除了特定岗位的特定属性外，卓越领导者还会列出他们认为所有领导者都必须具备的几项特质。西太平洋银行的盖尔·凯利列出的特质包括：热情、聪明、灵活、以结果为导向，以及与公司价值观完全一致。她回忆道："如果一名领导者可以通过这些考验，我就会继续评估他是否具备特定岗位的技能要求。"伊塔乌联合银行的罗伯托·塞图巴尔寻找的是随和、开放、聪明、善交际、懂创新的领导者。桑坦德银行的安娜·博廷则看重价值观、同理心、创造力和协作精神。摩根大通的杰米·戴蒙则明确表示，他不想要忠诚的人。"如果有人对我说，'我会对你忠诚'，你知道我会怎么回答他们吗？'千万别。你应该对公司忠诚，不是对我忠诚。你应该对客户忠诚，不是对我忠诚。你应该对正确的事情保持忠诚。'"

比利时联合银行的约翰·蒂吉斯施行了一套全新的必备特质选人标准。他解释了自己是通过哪种独特的方式来应用这项标准的："我与执行委员会一起确定了对公司运转最重要的 40 个岗位。"之后根据管理者的表现和能力对他们进行分类，然后与这 40 个岗位进行匹配。"之后，我会注意逐一填补空缺，条件是任何人都不能继续留在原有的岗位上，"他分享道，"你可以想象，不会再有什么'神圣不可侵犯'的东西。一切都可以讨论。我们可以彻底改变公司。"

上述例子表明，**只要能认真确定哪些岗位最能创造价值，以及胜任这些岗位所必备的条件，再为这些岗位选择合适的人才就会容易得多。**西太平洋银行的盖尔·凯利解释了不遵循这种方式可能引发的后果："有能力的高管被调到他们不适合的岗位，他们无法感受到快乐，信心被侵蚀，绩效越来越差，这慢慢地就会变得难以补救。"

选好"左内边锋"，有些岗位不显眼但至关重要

当被问到美式橄榄球队中薪水最高的球员位置，大多数人都知道是四分卫，因为他们是整个球队的核心。但要问起薪水第二高的球员位置，有人猜是跑卫，有人猜是外接手，因为他们会与四分卫展开最直接的配合，获得赢球所需的分数。看过电影《弱点》（*The Blind Side*）的人应该更容易答对，答案是：左内边锋。这部影片讲述的就是一个无家可归的少年成长为美国职业橄榄球大联盟（NFL）明星左内边锋的故事。除了四分卫之外，一支橄榄球队中最有价值的位置就是左内边锋（如果四分卫是左撇子，那就是右内边锋），为什么那个根本不碰球的人会是薪水第二高的人？因为他们可以保护四分卫，避免他们被视野盲区冲出来的对方球员拦截甚至受伤。[3]

通常，人们认为公司的损益取决于那些相当于四分卫、外接手和跑卫的管理者。许多领导者都觉得，只要把他们列出来，就识别出了高价值岗位。在坎·特拉库洪 2006 年出任 CEO 之前，暹罗水泥集团就是这种情况。"当时有三个因素决定哪些是重要岗位，"他说，"第一是你控制的资产数量；第二是向你汇报工作的人数；第三是你所处环境的复杂程度。"

卓越领导者不会止步于此，他们往往通过严明的纪律找到能保护和促进价值创造的"左内边锋"。特拉库洪的战略是从大宗商品转向附加值更高的产品，这就意味着被之前的管理层忽视的岗位变得重要起来。研发职能得到重视，其负责人

被认定为"左内边锋"——尽管按照传统的衡量标准，这个岗位不太重要，但现在他却成为团队中最重要的人之一。通过关注研发职能并为之配备最优秀的人才，特拉库洪在任期内将高附加值产品的销售额占比从 4% 提高到 35%。

曾先后担任夏尔（Shire）和高德美（Galderma）CEO 的弗莱明·奥恩科夫（Flemming Ørnskov），依靠敏锐的眼光发掘了对公司至关重要但不太显眼的"左内边锋"，从而系统地确定了公司最重要的岗位，无论他们的专业领域是临床开发、分析、数字化，还是质检、设备、监管等。"我们还会给研发项目打分，最低1 分，最高 50 分，这样就能确定优先级，确保得分最高的项目能获得最多的资金，拥有一流的人才，吸引管理层投入更多的时间。"在这个过程中，奥恩科夫和他的团队意识到，生物制剂业务有一个"左内边锋"的空缺。"皮肤病学的革新显然正在转向生物制剂，"他说，"所以我必须在这个领域招募一个合适的管理者。"

拉里·卡尔普掌舵通用电气时绘制了一张组织结构图，并明确了最能创造价值的岗位。"我们确定了哪些岗位必须配备一流人才。"他说。经过一番分析后，卡尔普发现，有一个岗位以往始终都由二流员工担任，但现在却变成了"左内边锋"，这个岗位就是供应链管理主管。"看看我们今天的业务，会发现我们并非没有优秀的产品或人才，但如果不能及时交付优质的产品，那就会比以往更容易引发客户的不满。我们必须做好这项日常工作。"

CFO 是另一个"左内边锋"岗位，CEO 只有在与分析师和投资者对峙后才会认识到该岗位的重要性。IDB 的里拉奇·亚瑟－托普利尔斯基评论道："尽可能找到最优秀的 CFO 非常重要。他们可以为你分担许多日常工作，会成为你的左膀右臂。人们有时候不理解一个优秀的 CFO 的重要性。"伊塔乌联合银行的罗伯托·塞图巴尔补充道："回顾我将近 20 年的任期，CFO 大概是我团队中最重要的人。"怡安集团的格雷格·凯斯也坦言，委任克里斯塔·戴维斯（Christa Davies）为 CFO 是他任期内最重要的决策之一。"建设怡安的过程中，克里斯塔堪称完美搭档，"他分享道，"我们从一开始就在一起共事。没有克里斯塔，就没有今天的怡安。"

只有以严格的标准明确界定价值创造岗位所必备的特质后，卓越领导者才会正式考虑人才管理问题，然而，有人的地方，就有江湖。

打破常规，不拘一格降人才

无论从短期看，还是长期看，卓越领导者通常都会确保公司里最能创造、保护和促进价值的 30 ～ 50 个岗位都由"最合适的"人才来担任，这意味着领导者的直接下属未必拥有选择自己团队成员的自由。卓越领导者通常将核心领导团队视作"企业人才"。例如，通用电气的拉里·卡尔普就对他的核心领导团队明确表示，在招募向其直接下属汇报工作的新员工时，他拥有一票否决权。"我称之为'1+1 考核'，"他说，"我保留在招人过程中帮你'避坑'的权利。"

"公正的警告到严格的执行"，这一步会充满意外。事实上，大多数领导者的"顶尖人才"名单只有几个人。他们将"常规人才"视为可靠人选——可以放心地安排他们做别人做不了的事情。这些人才几乎任职于每一个常务委员会，也是多数任务小组或倡议的发起人，还同时在内部和外部肩负重要的领导责任。尽管有能力，也有意愿，但这些领导者最终往往不堪重负，实际上还不如让其他有能力的人来分担一些责任。

卓越领导者在了解公司中的哪些人在做哪些事情的时候，会经常采用分析思维。为了填补前 50 个左右最有价值的岗位，他们会要求人力资源部提供公司级别最高的 200 ～ 300 位管理者的可靠信息，了解这些人在知识、技能、特质和经验方面的情况。这是为最重要的岗位挖掘新人的关键，其中包括一些"非常规人才"。另外他们还会不断收集信息，挖掘潜在的明星员工和奋斗者。通用电气的卡尔普解释道："运营评估很适合用来做盘点，某人是否在学习、成长、总结、融合、进步？另外，在工厂里四处走动或与客户交谈时，你也在时刻对手下的管理者进行非正式的 360 度评估。"

借助这些信息，卓越领导者有望为每个最有价值的岗位选出至少 5 个候选人。当领导者严格完成这项工作后，通常会有两个意外：第一个意外是，他们之前为重要岗位精挑细选的人中，有 20% ～ 30% 其实不太能胜任。正如西太平洋银行的盖尔·凯利所说："我发现一些可靠又忠诚的高管不再'适合目前的岗位'，因为工作发生了变化，需要的技能也不一样了。我会尽早正面解决这些问题，因为拐弯抹角或拖泥带水不仅会阻碍业务发展，也是对相关人员的不公平、不尊重。"

全面的人才评估带来的第二个意外是，关键岗位的潜在人选远多于大多数领导者最初的预想。回到前面提到的产品负责人的例子：即使某个人选在某些方面有所欠缺，比如没有管理过 1 亿美元的损益表，但他们在运用全球化思维、快速决策和团队建设方面可能更加优秀，因此同样适合，甚至更加适合这个岗位。奥多比 CEO 山塔努·纳拉延正是借助这样的人才评估流程才挖掘出了格洛莉亚·陈（Gloria Chen）。她成长于销售和公司战略部门，后来担任纳拉延的办公室主任，最后成为人力资源部门的候选负责人。"想找一个既懂人事又懂战略的人，希望能100% 信任这个人，还希望此人能在必要时疯狂提出反对意见，"他说，"格洛莉亚虽然没有人力资源经验，但她在这些方面完全达标。"

在为每个关键岗位选定至少 5 个潜在候选人时，卓越领导者还会尽可能保持多样性。例如，默克（Merck）CEO 肯·弗雷泽（Ken Frazier）分享道："在担任CEO 之前，我正在费城代表默克等公司处理法律问题。如今成为默克 CEO 完全是因为时任 CEO 罗伊·瓦杰洛斯（Roy Vagelos）打电话叫我去他办公室，然后对我说，'我还有两年就退休了，但似乎没法让我的白人同事提拔任何一个非裔美国人。不过你猜怎么着，我要成就你的事业。我要找一个资质充足的律师，要把他招进公司，要让他迈入商界，还要亲自指导他。'在担任 CEO 期间，我只不过是遵循了罗伊教给我的东西才让自己表现出色。"[4]

阿迪达斯的赫伯特·海纳认为，绝不能让公司与世隔绝。他定了一个重要规矩：在为最能创造价值的岗位物色人选时，一定要问一个问题，"谁最能胜任这个岗位"。无论是内部人选还是外部人选，都可以纳入考虑。他还确保了人才名单不受年龄限制。"担任高层职位的人可以是 35 岁，也可以是 55 岁，"他说，"关键是找到合适的人。"美国合众银行（U.S. Bancorp）前 CEO 理查德·戴维斯（Richard

Davis）补充了从外部招聘人才的好处："引入新思维的最佳方式就是引进有新思维的人才。"

选拔未来之星，让一流人才人尽其才

为关键岗位配备好合适的人才后，领导者的人才管理工作不仅没有结束，反而才刚刚开始。在肯·弗雷泽的描述中，时任默克 CEO 罗伊·瓦杰洛斯在这方面就很成功。他表示，卓越领导者会切实投入时间和精力来培训和留住人才、管理绩效，并为最有价值的岗位规划继任者。

这意味着领导者要投入大量时间与担任重要岗位的管理相处。财捷的布拉德·史密斯说："我花了 30% 的时间来指导和培养我们的人才，有的通过一对一的方式，有的通过员工大会。而且即使不是我的直接下属，只要是对我们的业务很重要的管理者，我也会花时间跟他们聊天。"杜邦的薄瑞廷分享道："我们有一套制度，可以为关键岗位识别有潜力的人才。我会在年中和年末对顶尖人才进行评估，还会每月抽出时间跟关键岗位上那些我认为很有潜力的人才进行一对一会面。"

有的领导者还会在技能和个性相匹配的情况下，请董事会成员担任一些高管的导师。高德美的弗莱明·奥恩科夫就是这样一位领导者。最重要的是，培训和指导能为这些人才创造机会，让他们能真正对公司施加影响，通过见证项目成功来培养主人翁意识，并在自己做出有意义的贡献时获得自豪感。

卓越领导者还会参与制订关键岗位的继任计划。就像棒球和足球俱乐部的"农场"系统（组建更年轻的球队，充当大联盟的后备力量）一样，领导者也应该充分了解谁是后起之秀，以及应该在何时何地提拔他们。在阿迪达斯，赫伯特·海纳想要一份多样化的人选名单，其团队把一位中国香港唱片公司的 35 岁领导者作为潜在候选人。海纳不仅聘请他负责中国市场的营销业务，还对他加以指导，并在两年后提拔他为亚太区总经理。海纳回忆道："中国的业务规模当时还很小，但这是一个对企业未来十分重要的关键岗位。因此我不仅会以 CEO 的身份参与人才选拔，还会亲自培训他们。"

在大型能源公司道达尔（Total）的职业生涯讨论会上，主流观点是把一位最有才华和前途的人才提拔成区域负责人。"我的建议跟他们不一样，我认为应该让他负责可再生能源部门，"CEO 潘彦磊（Patrick Pouyanné）回忆道，"我能看到大家的惊讶表情，因为在道达尔，标准的职业路径是担任大区主管。"潘彦磊当时制定了可持续发展路线，他的目标是使公司成为可再生能源领域的领导者。他继续说："我需要让顶尖、适合的人才来负责这个领域。领导者应该把时间花在这上面，确保一流人才能够充分发挥才能。"

卓越领导者还会让他们的人力资源负责人设立一套流程，组建强大的替补团队。星展银行的高博德分享道："无论是哪个岗位，包括我自己的岗位在内，我们都会认真考虑谁能胜任这份工作，谁能在三五年后胜任，然后会选出 100 多位候选人。谁需要调动？我们应该为他们培养什么能力？怎样让他们获得从 A 到 B 所需的经验和成长？这都要精心安排。"这样的方法为后起之秀在团队中打开了局面。伊塔乌联合银行的罗伯托·塞图巴尔的观点言简意赅："不该出现的人，就别带着他们。"杜邦的薄瑞廷如此描述他的流程："我们把人才分成 4 类，6 个月后重新审查时，如果位于最后一类的人员没有进步，我们会问，'我们为什么没有做点什么？'我们有一套很规范的系统。我坚信最好的球队一定会赢。"

通用电气的拉里·卡尔普分享了怎样通过妥善安置人才来形成良性循环，这延续了他之前在丹纳赫的做法。"整个理念就是把合适的人安排到合适的地方，然后指导他们在这些岗位上表现出色，"他反思道，"这是成为一名卓越领导者的重要因素。如果我手下有一流的管理者，他们都有优秀的团队，我就可以把时间花在资本配置上，这样就能尽可能留住我们培养的优秀人才。这就是丹纳赫成功的秘诀。"

以严明的纪律进行人才管理有许多好处，所以我们在与卓越领导者对话时，很少有人提到一般领导者面临的最大的遗憾：即使低绩效员工已经明显不能胜任关键岗位，却依然没有及时对其做出调整。

如果人才管理中缺乏数据支撑，人事对话就很容易陷入僵局。无数的人情世故都会对行动构成障碍。那些忠于上司的员工怎么办，他们应该离开吗？他们负责的客户怎么办，他们会作何反应？董事会对他们的绩效也持有相同的看法吗？他们多年来对公司忠心耿耿，辞退他们是否太无情？我们有可行的继任者吗？诸如此类，不一而足。

只要为最能创造、保护和促进价值的岗位设置明确的人才要求，将这些岗位与具备合适技能和特质的人匹配起来，并建立强大的替补团队，那些围绕人事任免产生的人情世故问题基本都能迎刃而解。

摩根大通的杰米·戴蒙在这个问题上颇有见地："如果有人问我，我怎么能让一个优秀的人，一个忠诚的'社会栋梁'离开不适合他们的岗位。我的回答很简单，他们已经无法胜任，如果我们为了'忠诚'而把他们继续留在这个岗位上，那就是对其他所有人和公司客户极大的不负责。这是人才管理中最困难的部分。"

在这一章中，我们泛泛地讨论了人才这个话题。在下一部分，我们将更具体地介绍卓越领导者是如何领导他的核心团队的。

我们现在已经了解了卓越领导者如何将"软实力"与"硬实力"并重的思维应用于行动。公平地说，在领导者的诸多职责中，这一项是最难处理的，就连卓越领导者也不例外。有人甚至承认，他们从来没有在这方面达到理想的效果。以下的总结可以帮助我们了解，那些相信自己在这方面取得成功的领导者，是如何将严明的纪律落实到关键的组织协调任务——文化、组织设计和人才管理中的。通过这些措施，他们将成功执行的概率提高了一倍多，绩效水平也提高了将近一倍。

强化组织协调
思维：软实力与硬实力并重

文化　　　　**聚焦最有影响力的要素**

- 重塑氛围，触及文化内核
- 以身作则，你的一言一行影响巨大
- 触及心灵，让文化影响力更深刻
- 跟进结果，科学评估文化变革

组织　　　　**采用刚柔并济的设计**

- 停止摇摆，兼顾效率与创新
- 强调责任，抓住矩阵结构的"登月"潜力
- 螺旋汇报，让组织单元交叉发力
- 实现"稳捷"，为组织主干注入敏捷元素

人才　　　　**以岗定人，而非以人定岗**

- 清晰界定，明确哪些岗位最能创造价值
- 选好"左内边锋"，有些岗位不显眼但至关重要
- 打破常规，不拘一格降人才
- 选拔未来之星，让一流人才人尽其才

即使你不是大公司的领导者，也应当在实现你的愿景和战略时，刚柔并济。想知道你是否做到了这一点，可以问自己几个问题：开启成功之门最重要的行为变化是什么？在讲述引人入胜的故事、调整激励机制、为他人建立信心和培养技能方面，我个人发挥了多大的榜样作用？职责是否明确，工作流程是否既不过于死板，又能防止混乱？最合适的人才是否在合适的岗位上？我是否有一种可靠的方法来衡量"软实力"在朝着正确的方向发展，以及我是否会进行相应的修正？如果你能努力为这些问题找到好的答案，战略执行的难度就会大大降低。

CEO
EXCELLENCE

第三部分

要素三，动员领导团队，孵化一支全明星领导队伍

你想，如果粒子能思考，物理学家该多难当。

——默里·盖尔曼
（Murray Gell-Mann）

核心领导团队的活力能够决定一家公司的成败。投资者对此心知肚明，所以在评估新的 IPO① 时，他们才会将核心领导团队的质量作为最重要的非财务指标。这种直觉是有数据支撑的：当核心领导团队向着共同愿景携手并进时，公司的财务业绩高于行业中位数水平的可能性是其他公司的两倍。领导力专家约翰·麦斯威尔（John Maxwell）曾经说过："团队合作让梦想成真，但如果志向远大的领导者搭配糟糕的团队，愿景就会变成噩梦。"

尽管好处显而易见，但仍有超过半数的高管表示，其公司的核心领导团队表现不佳。领导者往往对此并不知情：平均而言，只有不到三分之一的 CEO 认为自己的团队存在问题。[1] 导致这种脱节现象的不是智商，而是情商：个体和制度偏见以及暮气沉沉的团队氛围都会削弱团队的有效性。团队中往往会有一些固执己见的领导者，他们抱持不同观点，争夺影响力和稀缺资源，有时甚至相互争夺最高职位。即使他们在会议上摆出一副"我都是为了团队"的姿态，但实际上却经常钩心斗角，暗箱操作，只管自己的业绩，不顾公司的大局。

卓越领导者清楚这一挑战，明白自己的领导力将决定团队工作能否发挥潜力并推动公司向前发展。在思考如何充分发挥领导层的作用时，许多领导者都会提出这样的问题："我们应该多久开一次会？""应该把哪些事情列入议程？"但卓越领导者考虑的主要问题不是团队合作的内容，而是团队合作的方式。他们尤其注重解决团队的心理问题，之后则会辅以协调和执行机制。

更关注团队合作方式而非内容的做法会更加凸显构成、效率和运营节奏等因素的重要性。虽然本章的讨论主要针对大公司的核心领导团队，但相关经验也适用于不同规模、不同类型的团队。

---

① 首次公开募股，即一家企业第一次将它的股份向公众出售。——编者注

第7章

团队组建，既要雷厉风行，
又要力求公平

THE SIX MINDSETS
THAT DISTINGUISH THE BEST
LEADERS FROM THE REST

CEO
EXCELLENCE

在组织的日常运作中，只有当团队成员像原始森林里的树木那样互补、互联，员工才能达到优秀的绩效。

团队的力量来自成员。成员的力量来自团队。

——菲尔·杰克逊（Phil Jackson）

漫步原始森林，种类繁多的林木令人眼花缭乱。花旗松、白松、白杨、红枫和橡树，每一株都参天耸立，争夺着阳光和地盘。不过，它们真的是在竞争吗？研究表明，地表之下的土壤里，这些植物非但不是在竞争，反而是在合作：不同物种好比一个团队，齐心协力让整片森林蓬勃生长。科学家发现，树木根系和真菌在土壤中形成了一种叫作"菌根"的共生体，从而将植物根系连成一片，增加了对碳、水、磷和氮等营养元素的吸收能力。

这项研究还解释了一个颇令人感到困惑的现象——如果还林时只种植单一树种（如花旗松），哪怕没有别的树种与之争夺阳光和地盘，也不如混种树木长势喜人。事实证明，物种间的合作，而非竞争，有利于可持续的发展。[1] 同样，在组织的日常运作中，只有当团队成员像原始森林里的林木那样互补、互联，员工才能达到优秀的绩效。

2014 年，当里拉奇·亚瑟 - 托普利尔斯基出任 IDB 的 CEO 时，她面前有好几道难关。那时，银行财务状况糟糕，数字化发展滞后。里托奇·亚瑟 - 托普利尔斯基知道怎样带领银行奔向未来，她列出 30 项大胆举措，希望发起一场变革。然而，经过仔细评估，她意识到许多高管还不具备推动变革的能力和动力。"对领导者来说，如果你手下有高管不相信变革，变革就很难推动起来。"她说，"你无法管理他们下面的员工。所以当我思考应撤掉谁时，我就会从组织中哪些地方需要变革，而哪些高管不相信变革入手。"

最终，亚瑟－托普利尔斯基换掉了近一半的核心领导团队成员。新官上任后的"第一把火"为银行日后的变革奠定了基础：她任命了新的人力资源主管，这个关键职位将有助于激活和释放组织能量，让 IDB 走向未来。这是一位既熟悉 IDB 的文化和传统，又具备外来者敏感度的女高管，作风强硬，能力过人，面对强势的工会组织时游刃有余，并且推行任人唯贤的人事制度，提高了劳动效率。"我需要有人完善制度，"亚瑟－托普利尔斯基回忆道，"我们面临一个棘手的问题：几乎每个员工签订的雇佣合同都不一样——不光工资不一样，工作安排也不一样，比方说，'由于某些原因，这名员工的工作时间也许是从晚上 9 点到凌晨 3 点'。"

亚瑟－托普利尔斯基 2019 年末卸任 CEO 时，IDB 已经成为数字银行的领导者，并与包括 Icount 和 PayBox 在内的金融科技新秀建立了合作关系，这些合作改善了 IDB 的支付服务，也可为客户提供更多的数字产品。与此同时，IDB 引入了人工智能技术，通过实时分析交易数据，可为客户提供量身定制的财务管理信息。在她的任期内，IDB 的净资产收益率增长了一倍，净利润增长了两倍，甚至收获了 20 年来的首次红利。

像亚瑟－托普利尔斯基这样的卓越领导者是如何挑选团队成员的？其中有一些普遍性原则，包括：

➤ 能力与态度都不可或缺
➤ 给潜力十足的人一个大放异彩的机会
➤ 与下属的关系需亲疏有度
➤ 建立更广泛的"领导者联盟"

能力与态度都不可或缺

如第 6 章所述，组建团队应以岗定人，而非以人定岗。什么样的高管团队能推动公司向前发展？需要掌握哪些知识和技能？应该具备哪些经验？哪些特质和态度不可或缺？团队的多样性、平等性和包容性如何？卓越领导者会带着这些问题组建核心领导团队。阿迪达斯的赫伯特·海纳把组建团队比作足球比赛，强调综合考虑整体与局部的重要性："光靠 11 名前锋或门将打不了比赛，要有 1 名优秀的门将和一名优秀的前锋，还要有其他优秀的球员配合。CEO 最重要的任务之一，就是以自己为中心，组建一支可以依赖的团队，营造信任感，形成协同效应。"

索尼的平井一夫阐述了他遴选领导团队成员的方法。"本质上，我寻找的是在相关领域有专业知识和被证明有能力的人，不管是在电视、数字成像、电影，还是游戏领域，都是如此。"除了能力，他很看重态度。"我希望他们敢于反驳自己的上司，敢于表达自己的想法，敢于大胆直言。当某个想法不好时，他们必须直言不讳地告诉上司或 CEO。我跟每个人都说了这是我的期望。"

有一种能力是几乎所有卓越领导者都希望核心领导团队具备的，那就是平衡短期利益和长期价值的能力。通用汽车的玛丽·博拉解释道："我起初想的是'让那个人拼命销售就行'。在升到某个级别之前，这样做没有问题。后来我认识到，对级别最高的职位而言，必须能执行到位、达成结果，同时，也必须着眼于长期去规划未来。"

在态度方面，卓越领导者普遍看重团队合作精神。IDB 的里拉奇·亚瑟-托普利尔斯基说："关键是理解共同使命，而不只是盘算着升职加薪。这是最重要的事情。"Alphabet 的桑达尔·皮查伊对高管的期望是："能否从他们身上看到以公司为重的品质？他们是否认真思考过公司的使命，以及我们为用户所做的努力？"摩根大通的杰米·戴蒙说得更清楚："尽管团队合作通常意味着'和睦相处'，但有时也需要孤勇者，有勇气表达某些事情。最优秀的团队成员是敢于举手说'我不同意，因为我不认为你做的事情符合客户或公司的最佳利益'的人。"

卓越领导者都很看重具有平衡短期利益和长期价值的能力且敢于反驳上司的管理者，另外，还有一些领导者分享了他们的关注点。杜邦的薄瑞廷解释道："我最看重激情，有激情的人总是能感染别人，大家愿意聚在他们身边。到我手上的候选人学历和资历都不错，我不担心这个。"楷登电子的陈立武则希望寻找"坦诚、谦逊、爱学习"的人。溢达集团的杨敏德说："遴选管理者时，我看中的是具备一流的量化推理能力、强烈好奇心和高情商的人。"提到情商，Alphabet 的桑达尔·皮查伊推崇同理心："8 年前，我不会特别看重这个。而今天经营谷歌这样的巨型公司，基于内部和外部的互动需求，高管需要具备极强的人际交往能力。"

团队的整体构成也是重要的考量因素。在鱼谷雅彦组建的资生堂管理团队中，约有一半在公司成立之初就已经加入，另外一半则是后来加入的。谢白曼不无遗憾地说，在他执掌帝斯曼之前，人们戏称公司的高管团队是"一位女士和先生们"。在他的努力下，女性的比例在 300 人的高管团队中占到 30%，在董事会和核心领导团队中占到 50%。迪克·布尔为阿霍德德尔海兹集团组建的团队中，一半是经验丰富的内部高管，一半是外部"空降"来的。印度工业信贷投资银行（ICICI）前 CEO 瓦曼·卡马特（KV KaMath）就曾设法为他的核心领导团队增加 30 岁出头的年轻人。

良好的工作态度加上出色的能力是每个团队成员不可或缺的基本素质。一旦缺失，卓越领导者会立即采取行动，但在过程中会保证公平。

给潜力十足的人一个大放异彩的机会

除非出现高管能不配位或者出现打击团队士气的极端情况，否则卓越领导者都会公平、严正地给陷入麻烦的高管一次改过的机会。"传统观念认为，领导者在人事问题上应快刀斩乱麻，"马希德·弗泰伊姆集团的阿兰·贝贾尼说，"但我认为这是一种非常短视和固执的想法。你确实无法改变别人——我连自己的孩子都改变不了，更别说团队成员了。但你可以创造有利的条件，帮助人们学习、适应和提升。"为了说明这一点，财捷的布拉德·史密斯以体育运动打了个比喻：**"优秀的**

教练不可能一心想着换掉所有队员。"

在将某人从团队除名之前，卓越领导者会认真思考以下几个问题：

● 团队成员是否知晓我对他们的期望？比如议程是什么？需要开展哪些
工作以推动、落实议程？

● 团队成员是否获得了所需的工具和资源，而且有机会培养技能、树立
信心，以便有效使用这些工具和资源？

● 团队以外的人（包括自己）是否朝着同一个目标奋进，是否展现出应
有的思维和行为方式？

● 团队成员是否清楚不这么做将产生什么后果？

令人惊讶的是，能力稍逊的领导者往往不能在采取行动前对以上问题给出肯
定回答。而丹麦制药公司诺和诺德前 CEO 拉尔斯·雷宾·索文森则不同，他能给
予每一个问题肯定的答案。索文森曾于 2015 年被《哈佛商业评论》评选为"全球
顶尖 CEO"。有一次，由于公司某项业务的扩张速度无法满足市场需求，他承受着
要解雇一位部门主管的压力。但他反对这么做，因为他的结论是，糟糕的业绩是
由于公司没有为提高制造产能投入足够的资源。如果资源到位，这个部门便可具
备应有的能力。资源到位后，这位制造主管确实扭转了颓势，保住了工作。

**需要明确的是，我们并不是说要留下表现不佳的员工，也不是说要允许庸人
混日子，而是要为那些表现平平的管理者提供一次大放异彩的机会。** 星展银行的
高博德回忆了他是怎样转变了思维的："我以前的原则是，如果我认为某人的成功
概率是 50%，我就帮助他发挥潜力。后来我提高了标准，成功概率达到 75% 我
才会出手相助。如果达不到这个标准，我会选择忍痛割爱，找成功概率更高的管
理者。"

这种改变源于他在 20 世纪 90 年代任职于花旗银行（Citigroup）时上的一节

高管教练课。他当时正负责一项长达 3 年的项目，时间刚刚过了一半。教练在他面前放了一张组织结构图，让他分别找出一流、二流和三流员工。高博德的答案令教练颇感意外。他有一些一流员工，但多数是二流和三流员工。教练直言不讳地告诉他，他的任期已过半，却还是没有组建一支一流的团队。再过一年多他调走时，留给继任者的最多是二流团队，这将无法为股东带来合适的回报。那节课对他触动很大。

通过公平的做法帮助二流员工成为一流员工通常只需要几个月，而不是几年。一位卓越领导者解释道："你要测试和评估自己的假设，但改变应尽早做出，因为每个人都对'新官上任三把火'有预期。如果你不这么做，大家就会习以为常，而当你最后开始推动变革，他们就会感觉措手不及，那时就更难开展工作了。"

西太平洋银行的盖尔·凯利则从另一个角度强调："我经常看到潜力十足的人，也希望他们能成功，但就是没有。如果你为他们创造了条件，他们却没有成功，这种情形很难有所改观。所以才要早做决断，因为无论对那个人还是对公司来说，这都是最好的做法，也是最妥善的处理方式，你可以说他们不适合某个岗位。如果拖得太久，就很难采取行动。"

怡安的格雷格·凯斯针对公平性给出了最后一条建议："务必好好处理高管的交接工作。同事们会观察你是否有同情心。你必须明确一件事，绝不能因为某人不能继续胜任某一项工作就否认他的优秀，或者否认他过去做出的巨大贡献。没有他们，公司不会发展到现在，他们应当为帮助公司取得了成就而感到骄傲。庆祝交接不能抹杀成绩。"

与下属的关系需亲疏有度

为确保核心领导团队保持一流水准，领导者必须亲自与每一位成员保持有效的沟通。非营利机构辛辛那提儿童医院的 CEO 迈克尔·菲舍尔（Michael Fisher）解释道："你要知道每个人都是独立的个体，每个人你都要投入时间和精力。他们都有自己的优势和短板，需要各不相同。你要为他们的优点长处鼓掌叫好，量才任用，人尽其才。同时也要定期反馈，比如'你在这方面可以做得更好'，或者'我们可以在这些事情上一起加把劲'。"

西太平洋银行的盖尔·凯利分享了她与团队成员保持沟通的心得："每周我至少给核心领导团队成员打一次电话，多数是在傍晚下班时或早晨上班的路上。我也鼓励他们给我打电话。久而久之，他们接到我的来电时，不会有'她想干什么'之类的反应，而是把这当作一次日常聊天。我的话术是，'我注意到这件事情……'或者'我有点担心我看到的这件事情……'或者'顺便说一下，我听说了这件事情'。也可以是，'给我讲讲某事'或者'你有什么想法'或者'天呐，这太好了'。我的职责是帮助人们充分发挥潜力，因此，我需要了解他们，发现他们的缺陷、弱点和担心的事情。"

阿迪达斯的赫伯特·海纳说出了与高管一对一交流的好处。"核心领导团队需要 CEO 花些时间关心经营和个人方面的事项，"他说，"有的时候，他们只是想跟你聊聊，告诉你自己感觉有多好，或者面前的挑战有多艰巨。如果你投入足够的时间，展现出对他们的关心，他们便会给你双倍甚至三倍的回报。大家会由衷地尊敬你，即使你没有感觉到。"

不过，**保持一对一沟通不代表让核心领导团队成员感觉像一家人**。辛辛那提儿童医院的迈克尔·菲舍尔解释了领导者如何与下属保持恰当的"距离"。"你必须明白你是他们的老板。虽然大家紧密合作，彼此熟悉，但说到底，你的第一要务是对公司负责，组建一支卓有成效的核心领导团队。"星展银行的高博德对此深表赞同："如果跟大家的关系走得太近，你就无法做出艰难的选择，只能为平庸妥协。说到底，员工应该尊重你这个老板。"为了厘清职责所在，阿迪达斯的罗思德在这个问题上坚持非白即黑的立场："在工作中，我希望表现友善但不会交朋友。归根结底，我必须不偏不倚地做出决策。"

用杜邦的溥瑞廷的话来说，当与团队成员一对一沟通个人绩效时，卓越领导者的做法是"先评价行为，再考核结果"。摩根大通的杰米·戴蒙对此解释道："你得承认失败没什么大不了的。有些错误可能是好事，你提出主张，进行了认真思考，跟正确的人沟通了，最终你可能还是错了，所以领导者应宽容失败。我们不会只盯着损益表。相反，我会问，你努力过吗？你招对了人吗？你培训了吗？你为客户做了对的事情吗？你帮助别人了吗？你建立制度了吗？当要你管理招聘之类的事情时，你提供助力了吗？"

考核过程中，领导者应依据每个人的具体情况提供反馈。菲舍尔阐述道："比如，你可以对某些人说，'你可能应该多倾听别人的观点，而不要总抢着第一个发言，不给别人说话的时间'。对其他人，你也许要直截了当一点，'会议前半个小时，你保持安静就行，不要自找麻烦'。"

建立更广泛的"领导者联盟"

到目前为止，本章虽一直在讨论核心领导团队，而卓越领导者往往会着手组建更大范围的管理团队。美国合众银行的理查德·戴维斯解释了他是如何让管理团队向下延伸的："我接触了许多员工。在我们银行的金字塔组织结构下，有 12 人直接向 CEO 汇报，下一级有 76 人，下下一级有 220 人。我当然知道每个人的名字，而且我发现与他们直接联系比层层传达更重要。当我出现在他们面前，没有人会感到恐慌，我让他们直接汇报，指导工作，或者让他们尝试做些事情。"帝亚吉欧的孟轶凡则强调，他每年与级别最高的 80 名员工一对一交流两次。"这些人是公司的高管，"孟轶凡说，"我们讨论各种事情，从业务到家庭，从职业发展到待人做事和个人感受。虽然话题比较随意，但收获很多。"

领导者与下级经理既可以一对一接触，也可以在小组中交流。例如，杜克能源的林恩·古德分享了她是如何与公司级别最高的 100 名管理者拉近关系的："我努力争取跟直接下属、他们的直接下属以及重要业务负责人保持定期沟通。每个月我抽出一个半小时，跟这 100 名经理讨论战略问题。我们每个季度开一次时间更长的会。每年抽出一天半再开一次集体大会。及时而透明的沟通对于在领导团队中建立信任和信心非常重要。"

除了定期与高管团队会谈，通用汽车的玛丽·博拉每年召集 230 名全球最高领导者至少举行两次集体会议，目标是凝心聚力，朝着共同的方向前进。"这些人是优秀的领导者，"博拉分享道，"一旦他们明白变革的领域和原因，尤其是当变革的原因对他们非常重要时，他们就会努力推进变革。"

一些卓越领导者为了建立更广泛的领导联盟，会让低一两个级别的管理者列席某些核心领导团队会议。布拉德·史密斯已在财捷将这种做法固化下来："我将 12 位直接下属参加的会议，开放给了公司 400 位高管。这 400 人连线旁听会议，听我提出哪些问题，理解我们做出决策的原则。这种方法提升了我们的决策效率。每个人都要学会自主地做正确的决定。"

卓越领导者扩大领导联盟的另一个做法是，选派资历较浅的高管负责跨职能项目。西太平洋银行的盖尔·凯利说："我顺着组织结构往下深挖，从每个部门挑选最优秀的人才。无论他们负责什么工作，都要放在一边，全职投入那些决定银行长期发展的重大项目。"她继续说道："我们一起解决了许多问题，包括我们希望怎样评价自己？我们希望客户怎样评价银行？我们希望下属怎样评价我们？我们希望在社区扮演什么角色？现在一起来设计我们的理想组织吧。然后，从今天起开始落实。"

建立更广泛的领导联盟可以让领导者在推动组织发展进程中施加更大的影响力，同时还可以向核心领导团队成员施加压力，让他们及时对下属作出回应，因为经过领导者有意识的辅导培训，这些下属对公司的愿景有了更深切的认同。

组建核心团队时，卓越领导者希望高管不但要有成为全明星的志向，还要具备打造全明星团队的意愿和能力。然后，领导者为每个成员创造条件，让他们取得成功，同时与他们保持适当的距离，客观评价每个人的表现，并据此采取相应的行动。同时，领导者与核心领导团队之外的管理者也保持积极的互动。

我们还没有提及的是，卓越 CEO 还会建构另一种团队：一支非正式小组，有些人将之称为"厨房内阁"。这里通常可以安全地讨论极为敏感的话题，卓越 CEO

会得到"原汁原味"的反馈意见。由于这种形式有着强烈的个人色彩，因此我们将在第六部分中，深入探讨这类非正式团队的价值和构成，以及其如何发挥其作用。

我们已经介绍了卓越领导者如何正确处理与核心领导团队成员有关的心理和机制问题。如果你有两个以上的孩子，一定深知搞定每个孩子是一回事，搞定孩子们之间的关系则完全是另外一回事。

第8章

合作，促成行动，
而非仅仅衡量行动

THE SIX MINDSETS
THAT DISTINGUISH THE BEST
LEADERS FROM THE REST

CEO
EXCELLENCE

真正成就一支团队的是彼此共事
的方式。

赢得比赛需要天赋，但夺得冠军需要团队合作和集体智慧。

——迈克尔·乔丹（Michael Jordan）

1992 年，美国男篮奥运"梦之队"首次囊括了当时 NBA 的顶级球星们，包括：查尔斯·巴克利（Charles Barkley）、拉里·伯德（Larry Bird）、帕特里克·尤因（Patrick Ewing）、"魔术师"埃尔文·约翰逊（Eawin Johnson）、迈克尔·乔丹、斯科蒂·皮蓬（Scottie Pippen）和卡尔·马龙（Karl Malone）。他们都是顶级职业球员，战绩辉煌，都来自明星球队。但在集训第一个月的一场比赛中，"梦之队"以 8 分之差输给了大学生联队。用迈克尔·乔丹的话来说："今天我们被绞杀了，我们失去了协调性，还缺乏连贯性。"[1] 斯科蒂·皮蓬总结道："我们不知道如何配合。"[2]

了解比赛结果背后原因的人并不多。教练查克·戴利（Chuck Daly）因其能够很好地管理球星的个性和自负的出色能力被选中，比赛过程中，他没有像人们期望的那样对球队做出调整。据助理教练迈克·沙舍夫斯基（Mike Krzyzewski）介绍："他知道自己在做什么，他有意放任不管，做了许多人不会做的事。如此一来，他便可以说，'你们看到了，你们未必能赢'。这正是戴利精心策划这一切的初衷。"

戴利成功地敲响了警钟，将整支球队唤醒。随后，团队合作和对胜利的渴望取代了一切骄傲与自满。第二天，训练营的情况发生逆转，梦之队完胜大学生联队。在奥运会比赛中，梦之队每场得分均超过 100 分，轻松将金牌收入囊中。[3]

在企业界，大多数团队的表现和梦之队输掉训练赛时一样，只有 6% 的人力资源高管（致力于确保良好的团队合作）敢说："我们的高管团队是一个协作良好的团队。"此外，当人力资源高管被要求评估核心领导团队的合作效能（相对于潜力）时，他们只打了 5 分（满分 10 分）。[4] 与梦之队早期的失误一样，效能不彰的原因通常与成员个人无关，更多与团队间的合作有关。

皇家帝斯曼的谢白曼进一步强调了这一点。"根据我的经验，从原则上讲，你需要一个出色的团队，这种说法没错。但以为只要炒掉平庸的人，补上优秀人才，自然而然就有了一个优秀团队，这样想就过于简单了，"他解释说，"相反，真正成就一支团队的是彼此共事的方式，无论大家个性如何。除了砖块，还要有水泥！后者发挥的作用更大。"

让一群专业人士精诚合作有多难呢？非常难。正如肯文·史密斯博士（Dr. Kenwyn Smith）和大卫·伯格博士（Dr. David Berg）在他们的开创性著作《群体生活的悖论》(Paradoxes of Group Life) 中所说，群体关系非常复杂，且充满矛盾，如：服从集体会给个人带来压力，而团队力量源于个体能动性的发挥；成员总是希望取得成功，而团队领导则要求他们必须承担失败风险；手握权力的人应创造条件为他人赋能。对于这些复杂关系，阿迪达斯的赫伯特·海纳还提到一点："高管几乎个个是领军人物，彼此间竞争激烈。"核心领导团队中就算人人优秀，也未必能产生顶级绩效，这一点不难理解。[5]

西太平洋银行的盖尔·凯利接任 CEO 时，澳大利亚正处于全球金融危机的初期阶段，她无法按照自己的设想组建团队。太多问题需要立即解决，面对各种不确定性，保留资深员工的经验、知识和技能是首要的。在该银行两百年的历史中，她是第二位从外部"空降"的 CEO，因此员工们对她有所怀疑，特别是核心领导团队中那些自认为更适合执掌公司的人。除此之外，她的前任基本采取了一对一的方式与每位团队成员打交道，比如单独讨论业务部门的战略计划、资源分配决策和重大人才决策。因此，高管们习惯于各自为政，发号施令。

凯利知道，如果缺少团队的高度信任和合作，她的愿景将难以实现，公司安然度过危机的难度也将大大增加。因此，她坚持不懈地把团队拉出去开展团建，将 12 名直接下属打造成为一个携手推进转型的高绩效团队。她明确了核心领导团队的目标，确定了行为预期，并通过召开打破"孤岛"的协调会议建立了信任。随着公司开始走出全球金融危机，凯利逐渐找到了对团队成员进行微调的方法。最终，她将自己 7 年任期取得成功的主要原因归于对团队合作的高标准、严要求。她的一系列做法成效十分显著：公司市值从 380 亿美元增至 790 亿美元，翻了一倍多，凯利本人也收获了多个全球最佳和最具影响力的领导者的殊荣。

与凯利在西太平洋银行直面团队挑战的方式一致，卓越领导者往往会采取以下 4 个方面的措施建设高绩效团队。

➤　真正聚焦于顶层视角
➤　确立"第一团队"原则
➤　坚持用对话、数据和速度促成决策
➤　持续为团队凝聚力投资

真正聚焦于顶层视角

C. 诺思科特·帕金森（C. Northcote Parkinson）在 1958 年出版的《帕金森法则》（*Parkinson's Law or the Pursuit of Progress*）一书中描述了一种常见的团队失效方式。他讲到一支高管团队做出了 3 项投资决策：第一项是投资一座价值 1 000 万英镑的核电站，他们只用了两分半钟就同意了。第二项是自行车棚涂成什么颜色（总成本约 350 英镑），经过 45 分钟讨论后，大家讨论出一个结果。第三项是工作人员需要一台新的咖啡机，成本约 21 英镑，他们对这一项讨论了 1

小时 15 分钟，最后决定下次会议再继续讨论。[6]

　　这个故事形象地说明了"琐事法则"（也称"自行车棚效应"），即群体往往会对琐碎的问题和细节给予过多关注，特别是与个体相关的问题和细节。"自行车棚效应"经常导致团队成员抱怨"开会太浪费时间"。对此，善意的改变是合并会议，但这只会雪上加霜——将更多议题压缩在更短时间内会进一步降低效率，让人感觉花的时间毫无意义。我们和其他人的研究都充分证明了这一点：只有38%的 CEO 的直接下属认为核心领导团队真正聚焦于顶层视角，仅有 35% 的 CEO 的直接下属认为核心领导团队为重大事项安排了足够多的时间。[7]

　　卓越领导者不会这样，他们会确保只有重大事项才会出现在议程中。赛默飞世尔科技公司的 CEO 马克·卡斯珀分享了他的哲学："我们成功的原因之一是对协作事项的'无感情排序'。不在优先事项清单上的事，马虎一点，我们可以接受，完全没有问题。**成功的关键是把时间和精力集中分配给真正的重大事项。**"

　　核心领导团队的优先事项通常包括：制定公司战略（重点、目标、并购），进行大规模资源分配，确定业务部门之间的协同效应和依存关系，验证对所有员工有重大影响的决策，确保达成公司财务目标，为全公司范围的重大项目提供指导，厚植企业文化（包括发挥个人和集体的示范作用），以及建立公司的领导层后备力量（包括相互提供反馈）。

　　核心领导团队不应聚焦于那些在单独职能、业务线或较小群体中能更好完成的主题。例如，业务部门的季度绩效评估可由 CEO、CFO 和 CHO 等公司领导与具体业务部门一起完成，除非基于企业文化原因需要将各项评估整合起来。公司治理和决策（例如风险管控和流程）也通常由部门领导完成，然后通过内部宣贯以推进执行。

　　艺康的道格·贝克总结了 CEO 的职责："我的职责是确保核心领导团队把大事做好。我们的工作焦点是搞清楚什么能让公司成功，什么会扼杀我们。至于那些不太重要的事项发邮件即可。"

确立"第一团队"原则

确定团队应将时间花在哪些事情上之后，下一步应明确如何处理这些事情。首先要建立一种思维方式，即每一位成员都应视核心领导团队为"第一团队"。卓越领导者在这个问题上毫不含糊。这意味着每个人都要把公司利益放在业务部门或职能部门的利益之前。换句话说，核心领导团队成员的心态不应是"我在核心领导团队中代表了我的职能部门或业务部门"，而应是"我是团队的一员，因此在我的职能或业务部门我代表了公司"。

贝克讲述了他在艺康的做法："我对所有团队成员的要求是，不仅要做好他们自己的工作，也要兼顾我的工作。因此，我们的工作不是让人力资源效率最大化，而是通过人力资源让艺康的效率最大化。HR 的工作是帮助公司，而非让公司帮助他们，这才是正确的运作方式。同样，CEO 也是如此。"美国合众银行的理查德·戴维斯重申了这一思路："圣杯（holy grail）代表了管理团队中的 12 个人，人人享有平等的话语权，可以平等地表达意见。这意味着他们都能为团队、为公司出谋划策，而不仅仅是为他们自己。"一位卓越领导者强调这种思维方式也适用于客户体验："在我的核心领导团队中，每一位成员都知道自己的工作是代表整个公司，所以他们会安排合适的人为客户提供服务。"

卓越领导者对这一点的坚持，是有充足理由的。如第 3 章所述，强调公司整体利益而非部门利益有利于资本配置，对于公司运营亦是如此。我们分析了来自 100 个国家和地区的 2 000 多家组织提供的数据，考察核心领导团队在多大程度上贯彻统一的管理方式。结果显示，能做到这一点的团队成员平均绩效要高出 3.4 倍。然而难的是，只有一致性程度非常高才能提高绩效。因此，必须坚持核心领导团队为"第一团队"工作规则，不可采用折中办法。

正如前文所述，许多领导者都提炼出了"第一团队"的要义。比如，弗莱明·奥恩科夫称其为"一个夏尔"；索尼的平井一夫称团队要凝聚在"一个索尼"周围；帝亚吉欧的孟轶凡明确希望每个人都为"一个帝亚吉欧"而努力；吉姆·欧文斯称其为"卡特彼勒团队";比利时联合银行的约翰·蒂吉斯使用了"蓝色团队"的口号,因为蓝色是指该集团所有部门在所有国家运营时使用的标志色;格雷格·凯斯则用"怡安联合体"一词来表达这一思维;阿特拉斯·科普柯公司的伦尼·勒敦将其概括为"阿特拉斯·科普柯种族";安联集团的奥利弗·贝特强调"从地区化到全球化";在阳狮,莫里斯·雷维宣扬"一的力量";里拉奇·亚瑟-托普利尔斯基称 IDB 管理团队为"拳头",用她的话来说,"拳头紧握,万夫莫开。董事会掰不开,工会掰不开,竞争对手掰不开,任何人都掰不开"。美敦力的比尔·乔治称其执行委员会为"领军者"。"他们得帮我运营美敦力,我没法一个人运营。"他说。

　　西太平洋银行的盖尔·凯利讲述了如何通过制定规则来管理高层团队:"我们制定了一份行为章程,并严格执行,在所有会议上落实这一章程,还经常引用它,根据它来检视我们的行为。"章程包括以下条款:如果我们中的任何人对某件事不满意,请举手说出来。如果遇到问题,我们要快速讨论,最好是当面讨论。我们不会让总经理代表我们而战。我们永远不会在背后诋毁别人。如果团队在某件事上达成了一致,即使你个人在会议上表达了不同意见,并表示会选择其他路径,你仍然要支持团队的决定。如凯利所说,这份章程的影响是"它确实有助于减少办公室政治。虽然没有完全消除,但有所减少,因为人们会对这个团队负责,并将它视为'第一团队'"。

　　卡特彼勒的吉姆·欧文斯分享了 CEO 上任之初应确立的一条原则,它将使得与会者更加坦诚:"有趣的是,成为 CEO 后,你会马上感到,所有人都认为你突然变聪明了。当开会时你发表意见,人们会争相站在你这边。上任之初,我专门强调,'我非常尊重这里的每一个人。我想参与讨论,但我并不知道所有答案。如果你们内心不同意我的观点,却不表现出来,这是你们的耻辱,也是我的耻辱,因为这意味着我在做无用功。'"

　　确立了"第一团队"思维后,卓越领导者下一步要做的是确保团队理解如何决策。具体方式虽然各有不同,但都强调数据、对话和速度。

坚持用对话、数据和速度促成决策

"只信数据不信人，除非你是万能神！"这句名言常被认为是管理学家爱德华兹·戴明（W. Edwards Deming）所说。这句话概括了他的基本哲学理念，即数据衡量和分析对于管理决策至关重要。卓越领导者会恪守这一信条。布拉德·史密斯讲述了他在财捷确保决策背后有数据支撑的方法："我们的决策坚持有据可循的原则。财捷有一句口头禅，'因为（什么），我认为我们应该做（什么）。'如果无据可循，它只是一种观点，不可全信。通过追求有据可循的主张而非观点，我们提高了决策能力。"

史密斯还认识到了对话的重要性，这是卓越领导者的标志之一。正如美国教师退休基金会的罗杰·弗格森告诉我们的："数字不会撒谎，的确如此。但数字未必能告诉你确切的含义，因此对话非常重要。"数据和对话的重要性得到了研究结果的论证。在对 5 年内做出的数千个重大决策（包括关于新产品投资、并购和资本支出的决策）的一项跨行业研究中，研究人员请管理者报告数据分析的质量和细节，包括是否建立了详细的财务模型或做了敏感性分析，对话是否卓有成效，是否邀请合适的参与者开展了高质量讨论。研究发现，对话促成良好决策的相关程度是数据促成良好决策的 6 倍。[8]

只有在团队成员没有偏见的情况下，对话才能奏效。最常见的偏见是群体思维偏见：我们支持一个想法往往基于我们相信大家会支持。第二种是确认偏见，即人们愿意接受印证自己看法的信息，而抗拒相悖的信息。第三种普遍存在的是乐观主义偏见，即假设和预期最好的结果将会出现。卓越领导者会有意识地减少这些偏见的影响。

星展银行使用了被称为"捣蛋浣熊"的方法。CEO 高博德解释了它的缘起和意图："奈飞在编程中使用了一种名为'混沌猴子'的东西。创建一个程序后，他们会释放'混沌猴子'，让它把程序搞乱。这是一种压力测试。我们借鉴了这个想法，创建了'捣蛋浣熊'，借此在会议中对各种想法进行压力测试。"在日常工作中，浣熊图片经常出现在星展讨论文件中，这促使团队停下来思考一些问题，比如：有什么是我们应该考虑但没考虑到的？我们现在走的这条路有什么问题？发生什么情况会导致这成为一个糟糕的决策？高博德解释了这一做法的好处："你可以让大家发表不同意见，用一个人人喜闻乐见的小东西能提醒大家要敢于发表意见，大家也更容易接受和尝试发表意见。随着大家越来越习惯这么做，决策过程也就得到了改善。"

有时，仅仅因为 CEO 在场就会影响对话的开展。正如艺康的道格·贝克所说："特别是随着时间的推移，人们开始认可你是一位成功的 CEO，你的意见分量会很重。你可能只想抛砖引玉，大家却当成了指示。"为降低风险，贝克解释说："你有时必须离开房间，说一声'大家先好好讨论一下吧'。因为我在这儿可能会影响他们，或者他们不愿意当我的面提出反对意见。"

从理论上讲，结合对话和数据做出决策似乎很简单，但在实践中并不总是"灵丹妙药"。原因就是，如果两者之间没有适度的平衡，就会影响决策速度，导致行动停顿，团队很快会陷入瘫痪：不断被要求提供越来越多的数据，却迟迟无法做出决定。另一个可能的麻烦是"共识昏迷"，即为了让每个人（甚至不具备相关资质的人）都参与进来，没完没了地开小组会议。

为避免这些情况的出现，财捷的布拉德·史密斯想出了一个聪明的办法。"我们的决策工具可称为 DACI：'D'（Driver）是推动者，'A'（Approver/Accountability）是审批人或责任人，'C'（Contributor）是贡献者，'I'（Informed）是所有需要被告知的人。"每项决策只有 1 位推动者，即撰写 6 页备忘录的人。最多只有 2 位审批人。做决定前，贡献者不超过 5 人，因此要明智地挑选专家。决策涉及的每一个人，以及参与执行决策的每一个人都会得到答复。正如史密斯所分享的："审批人有责任预先阐明做决策的原则。例如，这是一个成本决策还是质量决策。审批人还要设定做出决策的期限，哪怕当日仍无法掌握所有数据。"

史密斯认为决策时间很重要。一位卓越领导者解释了原因："对于必须做出的重大决定，你永远不会得到你想要的所有信息或共识。如果在等待更多数据时止步不前，你可能会错失良机。你要信任团队和他们的经验，扣动扳机，做出决策。"印度工业信贷投资银行的瓦曼·卡马特甚至建立了一条"90 天规则"，即："要做任何事，必须在 90 天内完成，否则不如不做。"

要想最大限度地发挥团队会议作用，纪律必不可少。星展银行的高博德创建了名为 MOJO 的机制，以确保会议富有成效。"MO"（Meeting Owner）代表会议负责人，负责确定会议目标，召集合适的与会者，提供正确的信息，并对讨论进行适当的组织和引导；"JO"（Joyful Observer）代表愉快的观察者，任务是对会议提出批评。据高博德介绍："有一个人坐在那里，且有权力说，'嘿，这是召开会议的方式，这样做有效，这样做无效，这没有说到点子上。'这个设置非常有用。"

星展银行还创建了一个简单工具，使与会者在会后可评估每次会议，并将评估结果分享给会议负责人，这是卓越领导者在组织中常用的技巧。布拉德·史密斯介绍了财捷确保合理利用时间的做法："我们请参与者就是否愿意向同事推荐一次会议打分（从不愿意到愿意为 0 ～ 10 分），从而判断这次会议是不是有价值。在分析得分较低的会议后，我们有时会进行调整，多数时候会判定这些会议没有召开的必要。"

持续为团队凝聚力投资

团队建设需要勇气，因为永远有反对的声音。通用汽车的玛丽·博拉坦承道："当我们开始专注于打造一支高绩效的领导团队时，大家都在说，'博拉在给我们做心理治疗。'我说，'不对，我只是在对你们的领导力和这支团队进行投资。'"最终，这一切都是值得的。博拉在通用汽车运用了本章讨论的所有团队建设方法，她说："如果你现在问一个人，'我们能推动成功的原因之一是什么'，他们会说是出色的团队合作。"

几乎我们采访的每一位领导者都讲述了类似的团建经历。当西太平洋银行的盖尔·凯利决定让团队首次在公司外面开展为期两天的团建时，她宣布指派一名协调员就"团队氛围"相关问题与大家交流，许多人一听就翻白眼。但凯利并未退却，因为她知道公司需要什么。"我知道人们会分享什么能够激励他们前进，什么让他们焦虑，"她回忆道，"我准备好了敞开心扉，暴露自己的弱点，也要求其他人这样做。我们制作了一本小册子，名为《我们的故事》，每个人都要写一页，谈论我们的优势，我们正在改进的地方，我们的愿景，不仅是对公司的愿景，也包括个人的愿景以及个人的内驱力是什么。团建帮助大家建立了信任。"

凯利介绍了这场团建如何开启了持续改善团队合作的旅程："后来加入的同事，我们都会请他们参与撰写《我们的故事》。与此同时，我开始对核心领导团队（包括我自己）开展全方位的评估。我们团团围坐，讨论反馈意见。这需要充分信任，还要做好心理准备，因为每个人都要敞开心扉，暴露自己的弱点。我还让总经理、我手下的人和受人尊敬的资深高管告诉我们，团队有哪些需要改进的方面。然后我们会说，'好的，我们需要在这些方面有所改进，这些是我们需要做的事情。'这种方法对我们很有效。"

凯利的做法可能在一些人眼里显得不够强硬，但凯利并不是唯一这么做的领导者。实际上，所有卓越领导者都会为团队抽出时间，专门思考如何改进协作方式。过去十年，我们请5 000多名高管思考作为团队成员的"巅峰经历"，并用一个或多个词来描述当时的情形。

高管们给出的答案极为一致，这揭示出杰出团队合作的三个关键维度。首先是方向一致，确立共同信念，明确公司正在努力的目标以及团队的作用。其次是高质量互动，这里需要信任、开放的沟通和直面冲突的意愿。最后是强烈的革新意识，创造一种鼓舞士气的氛围，让团队成员相信可以冒险、创新、向外学习，能够通过克服困难实现重要目标。研究表明，在这些维度上每提高20%，团队生产率平均会提高一倍。[9]

像盖尔·凯利在西太平洋银行所做的那样，由高管教练或中立的协调人牵头进行团队合作三个维度的讨论也很有帮助。高博德分享了他在星展银行的经历："我们请来了真实领导力研究所，一起做了两天组织行为工作坊。这对团队来说是一次很好的'新陈代谢'的机会。在深入检视自身之后，我们自问，'我们要做什么？目的是什么？什么能够激励前进？如何使公司上下一心？'"据高博德介绍，这两天只是开始，"如今我们做了更多类似这样的事情，互相帮助，让彼此变得更好，让团队变得更好。"

协调人还可以在团队内引发更进一步的反思。正如美国合众银行的理查德·戴维斯所述："外部协调人让我们做了一个很有趣的练习，'我希望每个人对所有的12 名成员，包括你自己，给出信任度的排序。在你认为信任度低于期望值的名字上方划条线。'我承诺，如果团队中的有人的信任度低于期望值，我会告知他。这样做不是为了指出缺点，而是为了向团队成员表明，我要管理一支基于信任的团队。"

并不是所有团队建设工作都发生在公司外面。许多领导者配置了"团队教练"，他会定期参加员工会议，观察团队如何互动，并即时反馈，通常是为了帮助团队成员更好地理解可能发生的意外冲突的原因。楷登电子的陈立武介绍了他认为很有用的方法："我有一位团队教练。他让我们开展了迈尔斯-布里格斯性格测试，这帮助我们增进了对彼此的了解，知道团队中谁更内向，谁更专注于决策。总之，通过测试了解同事甚至自己大有益处。"

"我们不想标榜协调人或团队教练带来的都是好的。"艺康的道格·贝克讲述道，"上任几年后，我们有了新的团队教练，我对他们的做法持怀疑态度，因为他们让大家公开对彼此的不满。我想这不会是好事。果不其然，结果很不好。"尽管如此，贝克仍坚守卓越领导者的做法，还聘请了外部顾问来帮助员工持续改进。

如上所述，卓越领导者会将公司团建、团队和个人培训及反思练习结合起来，增进团队合作。随着团队绩效的改进，抽时间对工作规则定期反思形成了习惯。例如，做出重大决策后，许多卓越领导者会抽出半小时与团队一起复盘决策过程。例如，团队成员从一开始就对目标有共识吗？对于得出的结论，他们会感到兴奋吗？如果答案是否定的，原因何在？自己是否激发出了团队最好的一面？这些问题为团队提供了事后共同学习的机会，无论答案如何，往往都能加深彼此的信任。

还有一些简单做法，比如一起参加社交活动，也能提高团队凝聚力。楷登电子的陈立武表示："这对我们高管团队的凝聚力非常重要。我们了解彼此的喜好，彼此的家庭，借此，我们也能更好地关心彼此。"星展银行的高博德表示赞同，他的说法很有趣："我非常支持团建和派对。我宁愿把钱花在这些事上，也不愿直接发现金奖，因为聚会创造的价值、回忆和同事情谊要宝贵得多。"

一个常见的比喻说管理者是温度计，领导者是恒温器。管理者会对环境做出反应，处理此时此地的事情，衡量行动，报告结果。**领导者则会影响他们的环境，改变人们的信念和期望。他们会促成行动，而非仅仅衡量行动。他们会持续朝着目标努力。在团队合作方面，卓越领导者确实堪称恒温器。**

为了持续提高团队合作水平，卓越领导者往往会亲自抓这 4 件事。首先，确保团队聚焦于完成大家协作才能完成的工作；其次，认真要求团队成员将核心领导团队当作"第一团队"；再次，坚持用数据、对话和速度促成决策；最后，长期投资团队建设，并通过协调人或团队教练来加快推进。

第9章

运营，把控好顺序与节奏

THE SIX MINDSETS
THAT DISTINGUISH THE BEST
LEADERS FROM THE REST

CEO
EXCELLENCE

切勿让节奏一成不变，所有流程
都要与时俱进。

把握节奏是最好的学习方法。

——莫扎特

环法自行车赛是世界上最艰苦的运动赛事之一。每年夏天，约 20 支车队（每队有 8 名车手）要在 3 个星期内挑战自身极限，骑行约 3 219 公里，包括跨越阿尔卑斯山。在决定比赛胜负的所有因素中，赛前准备工作和比赛中翻越艰难的山区同等重要。

当车手们冲过香榭丽舍大道的终点线后，就会加紧奔赴剩下的职业自行车赛事。短短几个月后，他们又要开始准备明年的环法自行车赛。车手和教练们都知道，在漫长的训练季，车队需要把握好严格的节奏，才能从容应对后续比赛。首先，教练会构建赛季训练框架，先从低强度的有氧运动开始。在之后的 10 月或 11 月，路线公布后，再对参赛队员和计划进行微调。在赛前 5 个月，训练的强度会加大，节奏加快。赛前 3 个月，转向针对性训练。赛前一周，逐步降低训练强度，每天只骑一小时左右，甚至休息一整天。整个训练过程都会根据每个车手的角色、职责和能力逐场量身定制，目的只有一个，在关键时刻最大限度提升车队表现。[1]

在企业界，一家企业要想脱颖而出，同样需要用一年的时间，来确保在正确的时间，用正确的人，圆满完成各项工作。有些人可能认为这些流程问题可以交给核心领导团队以外的人，但**卓越领导者会主动设定团队的运营节奏，使公司战略稳步推进。一旦确定了顺序和节奏，他们就会严格执行，哪怕面对的是艰难险阻。**

一旦领导者设定了清晰高效的运营节奏，核心领导团队的每个成员便可将分管领域的节奏与全公司的节奏同步。高德美的弗莱明·奥恩科夫解释说："当人们知道组织有节奏时，便会更有效率。他们知道决策由谁负责，也知道每个具体决策由谁制定。"这也是领导者保持各个环节有条不紊的原因。"为我的团队创建紧凑、专注和高效的运营体系，使我既能最大限度地发挥手下优秀人才的作用，又能确保自己有足够的时间思考、会见客户等利益相关者、休假和锻炼等。"简而言之，他补充说："这意味着我们不会把时间花在不重要的会议上。"

2013 年，夏尔公司的业务规模还只有 50 亿美元，但在奥恩科夫及其团队的共同努力下，5 年后，该公司已经成为罕见病生物制药领域的领军者，营收增长至 150 亿美元。奥恩科夫将公司利润率从 36% 提高至 44%，然后将公司以 620 亿美元的高价卖给了武田制药（Takeda）。之后，他加入从雀巢剥离出来的高德美，担任这家价值 100 亿美元的护肤品公司的 CEO。奥恩科夫说，2019 年进入新公司后，他立刻发现公司的"运营节奏不协调，流程不清晰，优先事项也不明确"。奥恩科夫早期的任务之一是根据新战略调整公司的运营模式。

为了在高德美建立一种新模式，奥恩科夫自问："我需要参与哪些领域，我需要建立什么样的决策团队？"他制定的战略涉及绩效、平台和增长等要素，他还为每个要素设立了一个委员会。他分享道："我设立了一支精干小组，每个月有一天我与所有相关的损益表负责人讨论绩效。"他还设立了一个月度创新委员会，专注于未来的增长动力。"我称之为创新管道。"奥恩科夫说，还有一个是公司委员会，也是每月开会，"我和公司核心领导团队聚在一起，讨论资本分配和投资，以及人力和运营问题，我始终专注于创建一个精益高效的公司平台。"

所有委员会开完会后，奥恩科夫会召集整个团队，与大家同步最新进展。"这些机制把我一个月的工作安排得清清楚楚，"他说，"我有三天时间专注于和核心领导团队开会，然后有半天时间和执行委员会开会，整合、总结和部署那三天讨论的事。"他认为这一机制的成效是："决策机构对所有问题都一清二楚，无论是关于绩效、平台还是增长的问题。当组织有了这样的节奏和可预测性，事情便可迅速推进。"

并非每位领导者都采用了奥恩科夫的做法，但所有卓越领导者都有一套专为自己的组织量身定制的运营节奏，他们会采取以下 4 个方面的措施。

➤ 设定节奏，让所有流程与时俱进

➤ 通览全局，打通决策节点

➤ 坐镇后方，像"乐队指挥"般全心投入

➤ 严格执行决策，把基础工作做好

设定节奏，让所有流程与时俱进

拉里·卡尔普曾在丹纳赫和通用电气担任"CEO 们的 CEO"，也曾是业务部门的经理，所以他深知向他汇报工作的人渴望更大的自由度。他说："我见过很多同行成了 CEO 后给予了业务经理更大空间，因为他们深知在那个岗位上最想要什么。但后来，有人的表现让他们大惊失色，所以他们改变了想法。"与其他卓越领导者一样，在卡尔普看来，关键要为组织、运营和战略这些问题设立节奏，并定期审视。

尽管每家公司的运营节奏有所不同，但卓越领导者往往有许多共同点。例如，定期与核心领导团队碰头，通常每周一次。摩根大通的杰米·戴蒙讲述了他如何利用周一上午与管理团队的周会为运营节奏打下基础。"这个会没有预设的议程，团队自带问题，把一切摆上台面。这些问题可能是关于客户的，可能是某人希望获得做某事的许可，可能是需要安排一组人来面试某个人，也可能是关于风险的问题。如果你为我工作，你不能说'那个，你之前没说'。每周一，我都会带来我的清单，其他人也要有自己的清单。"

在杜邦以及工作过的泰科和 GI，薄瑞廷也会在周一上午召开类似的一小时员工会议，从而让团队步伐一致。为最大程度提升周会效果，薄瑞廷使用了红旗（困难）和绿旗（好事）系统。"大家可以快速分享自己的红旗和绿旗。我不会生气，除非你对困难有所隐瞒。我们需要知情的事情包括：进展不顺利，达不到预期，遭遇法律问题，或一家工厂让你担心。无论是什么，都要告知我们。通常，团队里总有人能提供帮助。"

卓越领导者会开周会讨论这些日常工作。有人可能觉得这一做法有点奇怪，但此类碰头会至关重要，有时甚至事关企业生死存亡。通用汽车的玛丽·博拉接任 CEO 后不久，负责调查点火开关召回事件，这起召回与多起致命车祸有关（我们将在后文更深入地讨论该事件及其处理方式）。博拉对这场危机的反思是："我从点火开关召回事件中得到的最大教训是，如果我们在苗头刚冒出时就去了解情况，问题会轻得多。等我们处理时，一些车主已遭遇不幸，还产生了数十亿美元的损失。"因此博拉说："我会问团队，'什么时候是解决问题的最佳时机？'我总是说，'就是发现问题的那一刻。'问题不会凭空化解。"

除周会外，多数卓越领导者还会召开正式的高层团队月度会议。例如，在法雷奥，雅克·阿申布瓦每月召集团队开一场四五个小时的会议来检视公司战略、业务和组织问题的进展，以及外部环境发展趋势。在某家公司，此类会议常常持续一整天。"我会把所有人都请来，我们共进晚餐，所以也相当于搞团建，"这家公司的领导者分享道，"会议主要聚焦于业务战略上，但具体取决于我们想解决的问题：确定并购对象、跨职能倡议，提高多元化和包容性，或者降低成本、提升利润率等，这些都是公司最重要的事。"

许多领导者只有在季度会议中才采取上述那种全天开会加晚餐的模式，用摩根大通的杰米·戴蒙的话说，这些会议通常是为一些"不会每月改变的重大问题预留的，比如网络安全问题"。此类会议议程密集，开会前，相关小组通常会加紧讨论具体主题，以便在更多人讨论时快速提出问题。

设定全年运营节奏的最后一个方面是为期数日的核心领导团队场外会议。例如，每年 7 月，戴蒙都会组织摩根大通核心领导团队，举行一次为期 4 天的场外战略会议，他会在会上问"公司面临的最重要的问题有哪些"，主题涵盖业务扩张计划、技术战略、人力资源政策和领导力培训等。他们还会讨论运营节奏是否适合公司。"我们会讨论哪些工作是浪费时间，哪些不是；我们会真正把一切都摆上台面。"戴蒙说。最后，他指出："这对我们来说是一件大事。我们先在年度会议列出各种待办事项，然后在全年的其他会议中跟进处理。"

在大多数业绩出色的公司，CEO 和核心领导团队会召集更广泛的群体（通常涉及数百名管理者）参加为期两三天的高管会议。美国运通前 CEO 肯尼思·切诺尔特（Kenneth Chenault）每年召集 200 名领导开会。他会基于公司的多年目标，明确提出未来 12 个月希望看到哪些关于公司的"头条新闻"。他说："你们需要做的事包括处理好短期和长期目标之间的建设性矛盾，并明确做出取舍。"切诺尔特还经常邀请外部嘉宾，分享对市场、世界事务和客户的观点。如他所说："我想多引入些外部的不同观点，对比和评估我们的表现和现状，明确我们在哪些方面做得不错，哪些方面有待改进。"

运营节奏还包括领导者与各业务部门和职能部门之间的会议。这类会议至少每季度一次，目的是对照计划评估绩效。彭安杰讲述了万事达卡如何召开此类会议："我会对每一项业务进行季度运营评估。我的运营节奏是，如果你绩效不佳，评估过程会更长，因为我们要深入调查到底发生了什么。如果你的市场份额在增长，而且在预先商定的 KPI 优先事项上有所进展，评估就会很简短。大部分人都不想和我进行长时间的运营评估。"通用电气的拉里·卡尔普分享了一段经历，这段经历让他知道自己在定期业务评估方面设立的基调是正确的："当时，我和业务负责人在去机场的路上，他说，'我真的觉得你对我们的成功充满信心。你想尽一分力。我们的职责就是充分运用你的经验和观点。'"卡尔普不做表面功夫，而是以真抓实干赢得了公司业务负责人的认可。

季度业务评估不是 CEO 与核心领导团队碰面的唯一时间，他们还有定期的一对一会面。有的 CEO 每周安排一次，有的每两周一次，有的每月一次。CEO 与每位团队成员会面的时间取决于该成员的表现，以及 CEO 能提供多大帮助。正如美国教师退休基金会的罗杰·弗格森所观察到的："CEO 有点像球员兼教练。基于我的背景、技能或人脉，我有义务在比较有优势的时候上场参赛，但我不会什么都自己来。"在没有优势的领域，弗格森说："我会对员工提供指导，请他们负起责任，我不会插手太多，而是选择信任我聘请的人。"

西太平洋银行的盖尔·凯利讲述了她在设立节奏方面的总思路："新晋 CEO 一定要尽早协调组织各部门的步伐，不能只是顺其自然。"这听上去很有道理，但 CEO 必须亲自参加与个人、委员会、团队成员以及公司前 200 名重要员工举行的周度、月度、季度和年度会议吗？凯利强烈支持这么做。她说："你的工作必须细致到这个程度，你不能指望良好的节奏自然发生。你必须确保每个座谈会有正确的章程，以及明确指出那些影响决策的因素。**战略的有效性取决于这些事情是否清晰一致。**"伊塔乌联合银行的罗伯托·塞图巴尔补充说，这不是 CEO 一上任就能一次搞定的事情。"伴随着公司的发展，我开始设立更多流程以更好地支持决策，让行动自然而然地产生，"他分享道，"重要的是，所有流程都要与时俱进。"换句话说，切勿让节奏一成不变。

通览全局，打通决策节点

设定节奏后，CEO 既要确保运营节奏的可行性，还要确保管理流程的有效性。CEO 的首要任务是打通各个决策节点。正如艺康的道格·贝克所说："**你是最了解公司的人。你要让领导团队统一思想。就像站在瞭望台上，你站得高，才看得远，因此你要让其他人也能受益于全局视角。**"

有什么是其他人看不到的？一些常见的现象包括，在预算编制流程中，财务部门会让高管批准"最低"和"最高"两个目标，到了年末，人力资源部门将达到最高目标作为调整薪酬的依据。这样一来，高管就学会了从一开始就"压低"

目标，降低期望，以使最终结果超出预期。另一个常见的现象涉及产品开发经理，他们为抓住转瞬即逝的市场机会，从财务部门拿到了紧急开发资金，结果，技术部门却把这个项目排在其他项目后面，同时由于风控经理要求提供相关材料，使得进度进一步放缓。晋升的标准也可能造成负面影响，如过于奖励短期成果，而不是那些坚持长期可持续战略的员工。

如果领导者不能让齿轮咬合在一起，公司很快就会出现终极故障。马希德·弗泰伊姆集团的阿兰·贝贾尼说："我们始终密切关注人员管理流程是否与财务管理流程协调一致，这包括资源配置、预算制定、人才与价值的匹配等。讨论继任者计划时，我们是否考虑了预算和资源方面的影响？研究商业案例时，我们是否也考虑了人力资本的组成？如果只是偶然地将好的团队联结在一块，公司就不可能保持卓越。"

吉尔·舍伍德于 1993 年与他人共同创立了软件技术有限公司 Check Point，后来该公司于 1996 年成功上市。2020 年，其产品在 88 个国家和地区销售，市值达 188 亿美元。该公司 25 年来的核心产品之一，是让员工以安全的方式远程访问本公司的服务器。舍伍德分享了当公司之前收购另一家公司时，他是如何打通决策节点的。那就是让那家公司的产品也允许员工使用新开发的云技术远程访问公司系统。

"我们关于新公司的内部讨论最初集中在营销方面，"他分享道，"我们如何销售产品？取个什么名字？网站要做成什么样子？"经过几次专门讨论后，舍伍德开启了打通节点模式。他讲述了故事的下半部分："'你们提出的问题都是对的，'我对负责整合的团队说，'从价格到对竞争对手的验证，都没错。但是，这个新产品如何与我们的现有产品协同推进呢？'你们不能跟客户说，'我的产品 A 可用于远程访问，我的产品 B 也可用于远程访问，你自己选吧。'"在场的负责人从未想过这个关键问题。然后，他们后退一步，重新思考如何统一信息、产品和技术。这反映了舍伍德在 30 年公司发展史中学到的一条重要经验："当公司规模很大时，人人都专注于自己的一亩三分地。我的工作则是思考如何将这些东西融入更大的图景，如何拼出完整的拼图。"

　　不过，这里要给一个忠告，打通决策节点的工作并不愉快。正如微软的萨提亚·纳德拉所说："人们说这份工作很孤独。我意识到它源于信息不对称。为你工作的人看不到你所看到的，你为之效劳的人也看不到你所看到的，这就是CEO的根本问题所在，就算你看到一切，而周围的人看不到，所以你还是会很沮丧。"即便如此，保持冷静和敏感依然至关重要。辛辛那提儿童医院的迈克尔·菲舍尔说得很好："没有几个职位像CEO那样站在公司的整体利益上考虑问题。我不可能通晓每个领域的细微知识，但作为CEO，我会努力抓住问题的关键，让合适的人参与其中，以及在做出决策前考虑后续影响。重要的是，做这些决策时不能闭门造车。"

坐镇后方，像"乐队指挥"般全心投入

　　除了打通决策节点，卓越领导者在公司的日常运营中还扮演着"乐队指挥"一职。美国合众银行的理查德·戴维斯解释了这个比喻："你去听一场古典音乐会，如果到早了，乐队可能还在试音，台上传来不和谐的杂音，因为乐手们都在演奏自己的乐器。突然间，他们全都停下来了。从舞台右侧走出一个人，手里拿着一根小棒，向观众鞠躬致意。然后，指挥棒飞舞起来，美妙的音乐随之响起。最后，掌声响起，全场向指挥致意，指挥再向乐手们致谢。指挥不必演奏乐器，却赢得了整支交响乐团的尊重，因为他知道什么时候应该让什么乐器加入演奏，什么时候应该让哪些乐手升高或降低音量。

　　戴维斯继续说："卓越领导者好比指挥坐镇后方，享受音乐，既不在意自己在台上的形象，也不纠结于乐队演奏得如何，而只是全身心投入。就像一名指挥，我永远都在试图寻找一个位置，让我能够真正后退一步，为会议决定而自豪，或者为我创造出这一切而感到荣幸。我说得越少，越能感觉自己做得不错。有时候，我感到讨论已经偏离正轨，但我不会马上纠正，而是让它成为某种学习的机会。"

同样，Alphabet 的桑达尔·皮查伊将卓越领导力描述为："如果事情进展顺利，就别插手，要感谢他人的杰出贡献，不要留下一点自己的印迹。"奈飞的里德·哈斯廷斯分享了他对指挥的看法："你需要锻炼整个组织的'决策肌肉'，如此一来，领导必须做的决定就会变少。我过去说过，'对我来说，一个完美的季度就是我什么决策都不需要做的季度。'但至今还没有一个这样的季度。每个季度，我都得做出一些决策，但那是我的目标。我的方法一直是锻炼下属的'决策肌肉'，努力传授决策原则，让自己可以少插手。不是我不喜欢决策，而是这样才能产生更持久的影响。"

正如乐高的袁威所洞悉的，CEO 往往要等到任期结束时才能领会哈斯廷斯提到的锻炼"决策肌肉"的重要性。他坦承："我刚退下来时，公司有点分崩离析。幸运的是，我从外部找到了一个人，他虽不是我的直接继任者，但很快成为仅次于我的二号人物。下属们说，我在各方面亲力亲为，我所做的整合公司内部的事，过去没人留意，离开时却突然全都清晰地呈现了出来。所以，当我不在了，公司就有点陷入瘫痪。这绝非最佳方案！"

归根结底，CEO 的行为方式应该随着业务发展阶段而有所变化。百思买的休伯特·乔利表示："在公司扭转颓势的阶段，CEO 需要卖力指挥，这并不表示CEO 要包打天下。我的角色是协调整个过程，我会做出许多决策。在下个阶段，我们不会放任不管，但我会下放一些决策权，这样公司就可以冒一些险，释放更多潜力。为了鼓励这一点，我们向百思买的所有管理者发放了'免责卡'。如果你做正确的事失败了，没关系，你可以使用一张'免责卡'。"

严格执行决策，把基础工作做好

卓越的指挥家会仔细聆听每件乐器的每个音符，如果发现某个音符不合拍或跑调，便会立刻指出来。同样，作为领导者，你需要在设定运营节奏的会议上坚持严明的纪律。正如通用电气的拉里·卡尔普所说："即使是总经理或业务经理，长期接受的训练也经常停留在谈论财务数字上，而不是真正了解运营状况，了解如何取得这些数字以及这些数字与组织内哪些部门有关。上述工作都是你在运营评估中应该做的事，你要教他们如何管理和领导，而不是只知道汇报。"

对于卓越领导者而言，若想要求严格执行决策，除了了解整体的财务状况外，还要掌握其他相关信息。摩根大通的杰米·戴蒙解释说："优秀的领导者都有一些共性。首先他们会严明分析纪律。有些人没把基础工作做好，不了解定价、产品数量、分销、可变成本和固定成本等精细数据，这就像在缺少设备的情况下驾驶飞机。首要工作是看清事实，传达一组数字不仅仅是财务问题。我必须提醒人们，'这不只是财务评估，这是业务评估。'"

戴蒙继续说道："不管是什么问题，我希望你已经看到同行的做法，比如，高盛是怎么做的，摩根士丹利是怎么做的，美国银行是怎么做的。不应该让我开口问你是否分析过同行的做法，最佳实践是什么，诸如此类。许多领导者会忽略这件事，他们真的不知道竞争对手在做什么，全凭猜测行事。我们则会去深入了解。"阿霍德德尔海兹集团的迪克·布尔也强调了这一点："任职期间，我很快意识到，我们没有决策所需的详细信息。每项业务包含许多信息，但我们只看到汇总的数字。"布尔及其团队有一个共识："如果没有合适的数据，我们将永远没有办法真正解决绩效问题。"

卓越领导者会确保组织内各个部门的精细数据可以横向比较。正如卡特彼勒公司的吉姆·欧文斯所说："我们的工厂中有许多富于冒险精神的领导。由于每家工厂的做法略有不同，生产过程中的习惯会演变成根深蒂固的文化。因此，我们在全球各地的工厂引入具有通用指标、流程工具和管理体系的丰田生产体系，这挑战了传统思维方式。后来，我们将其改造成卡特彼勒生产系统。在新规范下，每个人都要以特定的方式完成、衡量和汇报工作任务。

除了确保获得正确的信息外，卓越领导者还要求严格执行会议纪律。摩根大通的杰米·戴蒙解释说："我很少允许做现场演示，那只是在粗读资料和做推荐。我们会提前准备好，这样就可以利用会议时间来做决策。"另一项重要纪律是确保到场。杜邦的溥瑞廷说得简洁明了："除非你在医院之类的地方，否则不能缺席。"

西太平洋银行的盖尔·凯利解释说，除了亲自到场，精神和情感也要投入进来。"你不能派个代表参加。你必须亲自到场，必须做好准备，"她说，"任何人都不能看手机，也不能进进出出。在这些会议上，我们会讨论棘手问题，这意味着每个人都要积极参与。事实上，我们真的在边桌上放了一只玩具大象，象征'房间里的大象'。每当气氛紧张时，我们就把大象拿到会议桌上说，'好吧，房间里有一头大象，我们来谈谈它吧。'"

严明纪律也适用于领导者自身。正如戴蒙所说："我永远在看汇报，所以我完全投入其中。周末时我会阅读海量内容，列出一系列问题。'我们为什么在某个领域亏损？为什么计划增加 500 名银行家，却只新增了 100 名？为什么流失率是 15% 而不是 8%？'我通常有点沮丧，为什么在我之前没人问过这些问题？"他补充道："我告诉所有人，他们不能只因为我的要求而做这些事，必须是为了业务的需要。如果你觉得我的问题完全是在浪费时间，你也必须让我知道。"

在理想世界中，领导者可以把时间花在指挥交响乐团而非演奏乐器上，但在现实中，领导者有时还得撸起袖子亲力亲为。前文谈到彭安杰在万事达卡的季度评估和罗杰·弗格森在美国教师退休基金会的"球员兼教练"思维时对此已有所指。通用汽车的玛丽·博拉解释了她对深度参与的思考："在由了解愿景的杰出领导运营的领域，如果运营良好，可以给予较大的自主性。而对于转型中的领域，我会深入参与其中，确保组织与他们同步，努力消除路障。"

阿迪达斯的罗思德也采取了类似做法。"在进展顺利的领域，我没有太多兴趣干预。我们主要谈论发展方向，是否达成里程碑式目标以及战略影响，"他说，"但在进展不顺利的领域，我会与相关人员一起，开展非常具体的运营评估，挖掘症结所在。我们会制订一个计划，我会让他们为计划的实施负起责任。"

深入参与问题领域是卓越领导者自己严格执行决策的又一例子。高德美的弗莱明·奥恩科夫在谈论公司运营节奏时说得很明白："我会认真为会议做准备，确保议程紧凑和聚焦。我会仔细阅读材料，认真思考，准时开始，准时结束。所有会议的开始和结束都要对行动事项和后续工作进行总结。我认为纪律是人们应遵守的东西。对于股东没有要求我做的许多事，我遵照说不的纪律；我不会跑去参加无关紧要的会议，无论内部的还是外部的。我不以在行业会议上发表主题演讲的次数来衡量成功与否。"

大约 2 500 年前，孙子在《孙子兵法》中写道："策无略无以为恃，计无策无以为施。"[2] 精心设计的运营节奏能将战略和计策同步贯通，使公司有效推进执行，领导者也能了解正在发生的事，并能参与到最重要的领域。

然而，正如摩根大通的杰米·戴蒙所强调的："多数公司的执行能力不佳。若想改善执行能力，需要严明的纪律，就像健身一样。要触及具体细节，采取正确的措施，做出正确的决策。"与戴蒙的观察一致，卓越领导者都会为公司的运营设立模板和节奏，打通决策团队之间的节点，扮演"乐队指挥"的角色，并要求严格执行决策，从而使公司保持最佳状态。

如前文所述，卓越领导者都非常重视解决团队的心理问题，以及建立协调和执行机制。下图总结了如何将其转化为培养领导团队的 3 个纬度，包括团队组建、合作和运营。如本章开头所述，回报十分显著：引入正确的思维与行动，公司实现高于财务绩效中位数的概率会增加一倍。

动员领导团队
思维：重视解决团队的心理问题

团队组建　　**既要雷厉风行，又要力求公平**
- 能力与态度都不可或缺
- 给潜力十足的人一个大放异彩的机会
- 与下属的关系需亲疏有度
- 建立更广泛的"领导者联盟"

合作　　**促成行动，而非仅仅衡量行动**
- 真正聚焦于顶层视角
- 确立"第一团队"原则
- 坚持用对话、数据和速度促成决策
- 持续为团队凝聚力投资

运营　　**把控好顺序与节奏**
- 设定节奏，让所有流程与时俱进
- 通览全局，打通决策节点
- 坐镇后方，像"乐队指挥"般全心投入
- 严格执行决策，把基础工作做好

即使你不是领导者，解决团队的心理问题无疑也是取得出色业绩的好办法。请自问：每位成员是否具备应有的能力和态度？如果答案是否定的，你是否敢于迅速而公正地采取行动，做出补救？如果外来者加入，他们会愿意留在团队吗？如果不愿意，是否意味着你管得太细？团队是否只做大家一起才能做的事，还是把时间花在不需开会的低优先级事务上？你的团队是所有成员的"第一团队"吗（如果不是，原因是什么）？讨论是否基于数据和对话，决策是否及时做出？你是否在有条不紊地投资于团队建设？你是否创建了高效的年度会议运营节奏？你是否为人们打通了节点，安排了正确的互动，并根据需要亲力亲为，以推动优先领域取得进展？

到目前为止，我们谈到了与组织方向设定、组织协调和动员领导团队有关的思维模式，即便不是领导者，许多管理者对这些也比较熟悉。用通用电气的拉里·卡尔普的话来说，现在我们要转向"那些与领导者岗位独有的关系，它们将决定你的成败"，即经营董事会，以及管理众多外部利益相关者。

CEO
EXCELLENCE

第四部分

要素四，
经营董事会，
协助董事会成员辅佐企业

要足够强大，可以独当一面，要足够聪
明，知道何时需要帮助，也要勇于开口。

——齐亚德·阿卜杜勒努尔
（Ziad K. Abdelnour）

经营董事会是 CEO 最艰巨的挑战之一。为什么？董事是 CEO 的老板，他们位于治理体系的顶端。董事会跟 CEO 曾经的老板们不一样。正如艺康的道格·贝克所说："我们的神经系统天生习惯于一位老板。在整个职业生涯中，我们一直是为一位老板效力。突然间，1 位变成了 13 位。"通用电气的拉里·卡尔普补充道："顺便说一句，他们不会像你之前的老板那样每天来上班。"

让问题更复杂的是，CEO 无法决定董事会的成员和运作方式。当财捷的布拉德·史密斯向他的导师之一、宝洁公司前 CEO 雷富礼（A. G. Lafley）请教如何管理董事会时，得到的回答毫不含糊："年轻人，你首先要明白，不是你管理董事会，而是董事会管理你。"即便 CEO 兼任董事长（标普 500 指数中近一半公司都是如此），董事会也几乎总会任命一位首席独立董事，负责董事会的大多数事务。简而言之，董事长（或首席独立董事）的工作是管理董事会，CEO 的工作是管理企业。

然而，如果顺其自然，董事会很少能为其管理的组织带来巨大价值。只有30% 的董事会成员报告说其所在的董事会具备良好流程，[1] 近半数高管则认为董事会绩效不佳。[2] 卓越 CEO 不会容忍这样的结果。相反，他们会摒弃"我的职责是帮助董事会履行信托责任"这一传统思维，转而信奉"我的职责是协助董事辅佐企业"。这并不是说前者没有必要，但卓越 CEO 也会积极帮助董事会掌握正确的技能，确保董事会成员发挥更大效能，确保董事会是公开、透明和高效的。简而言之，卓越 CEO 会帮助董事长管理董事会，董事也可以帮助 CEO 管理企业。如艺康的道格·贝克所说："如果你懂得如何发挥董事会的作用，董事会就会为企业取得成功提供很好的助推力。"

尽管基于不同的所有权结构和世界各地的不同做法，董事会模式各有差异，但卓越 CEO 经常在经营董事会的 3 个关键维度（董事关系、董事会治理和会议管理）上，践行"协助董事会成员辅佐企业"的思维方式。

董事关系，信任为重，赢得行动灵活性

尽早建立信任为自己赢得大胆行
动的灵活性，提高业绩之后，信
任又得到了进一步加深。

金钱是交易的货币。信任是互动的货币。

——瑞秋·波特斯曼（Rachel Botsman）

1933 年 3 月 4 日，美国经济实际上已经停摆。在反复的经济恐慌之后，数以千计的银行不得不关闭，大约 25% 的劳动者失业。这一天，富兰克林·罗斯福向美国人民发表了他的第一次总统就职演说，从此世间流传着一句名言：我们唯一感到恐惧的就是恐惧本身。然而，仅凭一次演讲并不足以让民众信任他和他的复苏计划。于是，罗斯福策划了"炉边谈话"广播栏目。3 月 12 日，他在第一次炉边谈话的开场白中这样说道："朋友们，我想花几分钟跟每一位美国人聊聊银行……"他开诚布公，毫不含糊，"只有愚蠢的乐观主义者才会否认当下的黑暗现实。"

罗斯福在炉边谈话中表现出来的坦率，极大地增进了民众对政府的信任，这让他得以灵活地尝试各种救市措施以应对"大萧条"。许多措施也许未必会成功，但民众对此也能理解。就在第一次炉边谈话结束后，来自伊利诺伊州乔利埃特市的米尔德丽德·戈德斯坦（Mildred Goldstein）给罗斯福写信："您是第一位走进我们日常生活的美国总统，我们觉得您真的是在为美国人工作，也让我们了解了您在做什么。直到昨晚，对我而言，美国总统不过是个传说，一张供人仰望的照片，一个新闻人物，但您是真实的。我听到了您的声音，看到了您的努力。广播固然有用，但主要还得归功于您，是您的勇气让它真正发挥作用。"[1]

与罗斯福一样，卓越 CEO 也会想方设法在自己与董事会（他们是公司股东的代理人）之间建立信任关系。在万事达卡，当彭安杰决定重新把发展重点从电子支付回归未电子化的现金业务时（我们在第 1 章曾介绍过的"超越现金"愿景），"大家都沉默了。"他回忆道。不过，他已经计算过其中的风险。由于事先与每位董事见过面，所以会议前他已经对每个人的态度有所了解。"两位非常可靠的董事会成员强烈支持公司的发展方向，而且把我视作一个愿意合作的伙伴，"彭安杰分享道，"他们积极发声，'这是我们很长一段时间以来听到的最好的主意。'于是，对话的方向就此改变。"

当然，事情不会从此一帆风顺。"接下来的几年，我们一直在争论发展现金业务的最佳方式。我鼓励大家开诚布公。我们的讨论非常激烈，有些董事甚至拍案而起，但我不介意，因为这就是他们的工作。当天晚上，那位拍案而起的董事在席间对我说，'至少你愿意倾听。'"当然，彭安杰在这一过程中也难免犯错。"我在电子商务做了一笔收购，结果被证明是在浪费钱。"然而，他非但没有失去信任，反而赢得了更多信任。"事发后，"彭安杰回忆道，"我告诉他们做了些什么，出了什么问题，从中吸取了哪些教训。他们都很支持我。他们说，'虽然他犯了错，但他勇于诚恳地告知我们。'"

几年后，事实证明彭安杰的成绩远多于错误。"我加入那年，万事达卡的营收增速为 3%，Visa 为 8%，"他透露，"过去 5 年，我们大多数季度的增长都超过 Visa。这为我赢得了信誉，不再遭遇董事会的质疑。"根据他的描述，现在的董事会"非常团结，相处融洽，决策透明，行事公平"。

卓越 CEO 会像彭安杰一样创造良性循环：尽早建立信任为自己赢得大胆行动的灵活性，提高业绩之后，信任又得到了进一步加深。除了言出必行外，卓越 CEO 还会通过以下 4 个方面的措施建立和维持与董事会之间的信任：

➤ 主动分享，对董事会保持极致透明
➤ 步调一致，与董事长建立牢固关系
➤ 坦诚相待，让董事为你提供助力
➤ 同频共振，加深管理层与董事会之间的了解

主动分享，对董事会保持极致透明

因为董事会通常只是定期召开会议，所以当处理棘手问题时，一般的 CEO 很容易绕开董事会，或者"低调行事"。比如 CEO 知悉某位重要高管突破了道德底线，而公司目前可能很难在短期内找到合适的人来接替他。在这种情况下，公司希望 CEO 赶快处理相关问题，同时留住此人。事实或许比较复杂，可能存在不同的解读。既然如此，何必告知董事会呢？此外，当涉及并购、监管、客户投诉时，也可能会出现类似的复杂局面。

"遇事不明，主动分享。"通用电气的拉里·卡尔普说。卓越 CEO 知道，在这种情况下，把董事会蒙在鼓里是要付出代价的。试想，在我们刚刚提到的例子中，如果 CEO 选择不向董事会透露任何信息，但后来发现此事触犯法律，将会引发何种道德风险？ CEO 自己的声望也很有可能受损。

我们来看看 Equity Group 的詹姆斯·姆旺吉（James Mwangi）是如何解决这个敏感问题的。[2] 有一天，他收到 6 位女士联名寄来的信，声称她们在公司中遭受了性骚扰。他知道，公开信件是让她们有信心站出来的唯一方式。于是他告知了董事会，发布了一篇新闻稿，称他收到了这些指控，将在 60 天内把调查结果公之于众。他还专门组建了一支团队，抽调 6 名女性中层管理者，专门听取投诉。不到两周，共有 16 位女性员工站了出来。不到 4 周，公司就以违反公司纪律的名义解雇了 6 人。"自从我们果断出手，辞退了 6 名员工，这种问题就再没发生过，"姆旺吉说，"我们失去了一位出色的经理，他曾是非常受欢迎的教练和导师，但最终成为公司不能容忍的典型案例的主角。"

对于卓越领导者而言，透明、公开不只是为了减轻负面影响，还可为企业带来积极影响。美国教师退休基金会的罗杰·弗格森分享了保持透明显而易见的好处："我将此称作'极致透明'。最坏的情况无非是我不认同董事会做出的判断。当他们分享这些判断时，我们可以好好沟通一下。"百思买的休伯特·乔利指出，即使是坏消息也会激发出建设性的意见："无论是好消息还是坏消息，我对董事会保持完全透明。我有一个原则，坏消息传达的速度要跟好消息一样快，甚至要比好消息更快。一旦你对董事会透明，就能赢得他们的好感。这时，你就可以向他们寻求帮助。"

辛辛那提儿童医院的迈克尔·菲舍尔分享了保持公开透明所带来的即时回报和长期回报的经历。"我会尽早分享信息。可能跟投资有关，也可能是管理团队的某个成员身处困境。我从来不会等到时机成熟、需要做出决定时搞突然袭击。我会持续向董事会汇报，他们也会在必要时提供建议。"

帝亚吉欧的孟轶凡在董事会的年度团建开始时列出了大约 7 件进展顺利的事，以及同样数量的进展不畅的事，他说："对董事会而言，正直和勇气是宝贵品质，因为做决策并非易事，我对他们很坦诚，经常重点介绍进展不顺利的事。这样就建立了信任，在你真正需要或情况棘手的时候，董事会会给予你理解和支持。"溢达集团的杨敏德也证实，CEO 保持透明的确有助于建立信任："我任职于其他公司董事会时，确实很欣赏那些敢于分享忧虑的 CEO。作为董事会成员，当你知道对方没有事情瞒着你时，你就会非常认同他。"

对卓越领导者来说，极致透明并不是负担，而是一种自然而然的善意的力量。楷登电子的陈立武解释道："董事会对我很满意，因为我总是为股东着想。我对自己有信心，所做的一切都是我相信对公司有利的事情。"他继续说道，"在这种背景下，创造透明的文化可以为我提供便利。当管理层想要推进一项决策时，不会令董事会措手不及。他们已经知道我们想干什么。董事会乐于与我合作。"

步调一致，与董事长建立牢固关系

开诚布公并不意味着向董事会公开所有信息，而是要与之分享他们需要了解的信息，无论好坏。最好的切入点是董事长或首席董事的需求。我们之前探讨过，董事长或首席董事是董事会的负责人。也就是说，如果 CEO 与他们步调一致，就能消除干扰，确保注意力集中在真正重要的问题上。董事长或首席董事能够且应该在所有问题上担当 CEO 的导师和顾问。摩根大通的杰米·戴蒙提供了一扇了解动态的窗口："我的首席董事在每次会议结束后，都会给我写一张纸条，提供四五条反馈意见，内容涉及'董事会想了解这个'或者'我们比较关注那个'，或是其他任何问题。"

西太平洋银行的盖尔·凯利阐述了她如何不遗余力地与董事长建立关系。"CEO 的角色是让董事会成员的工作更容易，而不是更困难。首先要跟董事长建立牢固的关系，"她说，"这一点怎么强调都不过分。我始终认为，和董事长建立牢固的关系是我的工作，不是董事长的工作。"在担任西太平洋银行 CEO 期间，凯利曾与两任董事长共事，她根据对方的特点调整了方法，与每一位董事长都建立了牢固关系。

凯利是被与她共事的第一位董事长任命为 CEO 的。这位董事长在该公司投入了很多精力，而且几乎没有在其他公司任职。两人经常闲聊。"我们会聊金融危机，聊政府，或其他新闻时事。"她分享道，"他头脑聪明，涉猎广泛。我发现这些讨论很有价值，有助于塑造我的思维方式，也有助于我们建立相互信任的牢固的关系。"凯利常在聊天时向董事长简要介绍业务情况，帮助他制定董事会议程和撰写材料，也会确保这些内容尽可能简明扼要，而且与即将进行的讨论相关。

到了和第二任董事长共事时，凯利调整了方法。对方是一位职业董事长，任职于多家公司的董事会，在西太平洋银行之外的日程也极为繁忙。"我很尊重他的时间，"凯利分享道，"我们形成了一个惯例：每到周五，无论我们各自在哪里，我会给他打电话，但并不是像跟第一任董事长那样闲聊。我会制定一份议程，列出需要解决的问题。比如，如果我拜见了总理，我会跟董事长简要汇报。我们还会进行类似于这样的对话：'我对 X 有点担心，不确定能否顺利。'"就像和第一任董事长一样，凯利也与第二任董事长建立了牢固的关系。"即使我们现在都离开了西太平洋银行，"她分享道，"如今，我有时也会在周五下午给他打电话，他会说，'凯利，周五下午的会议时间到了。'这真的很美好。"

许多卓越 CEO 将董事长或首席董事视为资深顾问，来让自己的思维更敏锐。道达尔的 CEO 潘彦磊定期与来自石油行业之外的一位首席董事会面。"她对我很有帮助，就像一面外部的镜子。"潘彦磊分享道，"她虽然不是我们公司的人，但很擅长吸收信息、倾听和解决问题。"当潘彦磊回顾做出收购或资本投资决策的理由时，他说："我需要厘清更多信息，更深入地复盘分析过程，寻找最好的表达。如果我做不到，说明决策还站不住脚，需要进一步厘清。这能避免自欺欺人。"约翰·莫林（Johan Molin）卸任亚萨合莱（Assa Abloy）的 CEO 后，又出任了瑞典工程公司山特维克（Sandvik）的董事长，他证实，董事长确实喜欢这样的对话。"除了确保我们选对了 CEO，我的角色只是个陪练，"他说，"我每隔一周跟现在的 CEO 聊上几个小时。只是聊天而已，我没想插手。"

为了处理好董事长与 CEO 之间的关系，卓越 CEO 会明确阐述他们希望建立什么样的关系。谢白曼在出任皇家帝斯曼 CEO 后不久，就与他的董事长探讨了应该建立什么样的关系。"请您不仅要支持我，还要挑战我，"他继续说，"要做到这一点，彼此需要互信和透明。**不信任别人，就不能提供支持；不了解批评背后的真实原因，就听不进批评。**"

为了建立互信，谢白曼和他的监事会主席专门花时间评估会议，尤其是那些进展不太顺利的会议。"一开始，我们还不太适应。"他回忆道，"有时候一场艰难的董事会会议后，一个人会说：'别再提那事了，已经搞定了。'但紧接着，我们又不甘心：'不，咱们还是好好研究一下究竟是怎么回事吧。'相互尊重和相互信任真的大有裨益。这听起来很简单，但董事长与 CEO 之间的这种坦诚并不常见。"

与董事长建立牢固的关系的价值怎么强调都不过分。当大卫·托德利（David

Thodey）2014 年出任澳洲电讯（Telstra）的 CEO 时，他面临着一个问题：这家企业是澳大利亚最大的移动和固话运营商，但在客户服务方面的口碑很差。托德利上任后的第一件事就是向董事会提交了一份文件，提出如何把澳洲电讯打造成一家在澳大利亚和全世界都广受信赖的公司。许多董事不太认可托德利以客户为中心的战略，认为这个目标太过缥缈。至少在一段时间内，这些持不同意见的董事似乎是对的。托德利掌舵后短短 6 个月，澳洲电讯两度发布盈利预警，股价也应声大跌。一位董事对这位新 CEO 说："托德利，如果你不扭转这种情况，我们只能考虑其他的战略选择了。"

为了给自己的战略赢得时间，托德利联系了他的首席董事，努力赢得她的信任。他们每周都会见面，让她随时了解新项目的进展。"她明确阐述了自己的预期。"托德利回忆道，"她很严格，但同时是一位很有能力也很贴心的高管。她弥合了我与董事会之间的嫌隙，我认为她支持我的工作，但也转达了董事会的担忧。因此，我们的讨论是开诚布公的。"

托德利和董事长建立信任的一个因素是，两人能够就他将与首席董事和董事会分享哪些指标来显示进展达成一致。"信任不能单靠个人魅力或友情来建立。想赢得信任，就得做出成绩。"他说，"我的工作是告诉他们，这就是结果，会有好有坏，以及我准备采取的措施。"他用来说服其他董事会成员的一个重要成绩是，移动客户流失率从 18% 降到 9%，安装宽带过程中公司与客户的沟通次数也从 15 次减少到了 8 次。得益于这些举措及其他措施，在托德利任职期间，澳洲电讯的资本回报率增长了大约 23%。

坦诚相待，让董事为你提供助力

尽管卓越 CEO 在董事长或首席董事身上投入的时间远多于花在其他董事会成员身上的时间，但他也会努力与后者建立良好关系。"董事会并非铁板一块，"通用电气的拉里·卡尔普解释道，"董事会有 10 个或 12 个成员，每个人有自己独特的观点。你应该把董事们视为不同的个体，而非整齐划一的整体。"

卓越 CEO 把亲自与每位董事沟通当做自己的使命，包括了解他们的世界观、优先事项、沟通方式，以及有哪些具体才能。他还会花时间与董事会成员一对一交谈，从而对他们施加影响。阿霍德德尔海兹集团的迪克·布尔对此解释道："我花了大量时间与董事们交流，让他们感觉到被倾听，并且有机会表达自己的想法。我则分享我的愿景，邀请他们一同踏上塑造公司战略框架的旅程。这些坦诚的对话使我日后可以以一种建设性的方式采纳他们的想法。"

对 CEO 而言，上任之初，就与董事们建立个人关系尤为重要。怡安集团的格雷格·凯斯解释道："刚上任时，投入大量时间让董事会理解你，同时你也能理解每个董事，这是至关重要的。这样能建立信任，增加透明度。我后悔当初没有尽早花更多时间在这上面。"卡特彼勒公司的吉姆·欧文斯分析了这种后悔的原因，"我意识到这不是我的董事会。我上任的时候，董事会已经在那了。毕竟是他们雇用了我！但它也是前两任 CEO 的董事会。"他继续说道："所以，上任后 6～9 个月，我亲自前往每位董事的办公室逐一拜会，邀请他们共进晚餐，从而加深了对他们的了解，并且可以与他们深入探讨业务问题。"

比较棘手的情况是，前任 CEO 成了董事长，而且希望继续控制公司。这时，与董事们建立个人关系就成为决定成败的关键。艺康的道格·贝克有过这方面的教训。"我花了些时间才搞清楚状况。"他说，"我的前任在董事会的时间很长，我感觉他在某些事情上很针对我。"贝克从未在董事会任职，他的经验仅限于作为资历较浅的高管参加过几次董事会的报告会。"我最终意识到问题出在我身上。"他分享道，"我不得不开始与其他董事会成员接触，不再只跟董事长也就是我的前任沟通。"贝克认为，"掌握董事会的动态是 CEO 上任初期面临的真正挑战之一。权力有正式和非正式之分，而在董事会中，你真正要了解的是非正式权力。"贝克所说的非正式权力，指的是每位董事会成员所具有的不同程度的影响力，他们之间的联盟，以及在公开声明之外可能发挥作用的其他议题。

通常情况下，卓越 CEO 每年会拜访所有董事会成员一到两次。杜邦的薄瑞廷建议："在两次董事会会议之间，主动与每位董事会成员打打工作电话，半年之后，当你可以在董事会会议之外与他们一对一交谈半小时，你就达标了。要让他们想问什么就问什么。尽管你希望他们开诚布公地与你交流，为你提供帮助，但有的董事会成员可能会有所顾虑。要实现这一点，你首先要对他们坦诚相待。"通用汽车的玛丽·博拉每年至少到每一位董事会成员的"主场"拜访一次："我们至少会聊一个小时，通常是两个小时。我会问一些与公司和董事会有关的问题，请教我们该如何改进工作。"

每年拜访不要超过一两次，否则过犹不及。正如财捷的布拉德·史密斯所说："董事们不希望成为别人的'打卡'对象。大家都很忙。"当然，与某些董事增加沟通频率还是有必要的。史密斯继续说道："每位董事的技能和经验不尽相同，因此有需要的时候应该向他们寻求帮助。要知道，这对他们来说，意味着被认可。"阿特拉斯·科普柯公司的伦尼·勒敦特意强调了这一点："即使你有 10 名董事会成员，也不可能跟所有人保持同样的关系。有的人进入董事会是因为他们是财务专家，有的人是因为在某些细分市场能力出众，诸如此类。所以，根据具体需要，可以掂量从哪些人身上可以得到更大的助力。"

在与董事会成员一对一互动时，卓越 CEO 总会对这种关系的本质保持清醒的看法。高德美的弗莱明·奥恩科夫说："你们不是朋友。他们代表股东或所有者，职责是确保你在任期内胜任这份工作，确保你发挥出最高水平。如果 CEO 认为可以漫不经心地对待董事会，那就误解了这种关系。我建议你随时绷紧这根弦，不要乱说话。"美国合众银行的理查德·戴维斯给出了简明扼要的建议："董事会是你的老板，你不能跟老板称兄道弟。千万别这么干。"

同频共振，加深管理层与董事会之间的了解

管理层与董事会直接接触也有助于建立信任。卓越 CEO 都认同艺康的道格·贝克的观点："我希望管理层与董事会建立联系。"结果是高管团队通常能在董事会会议上发挥积极作用。"我很少亲自做汇报，"美国教师退休基金会的罗杰·弗格森说，"很多时候交由其他高管负责。"但这种方法并非没有风险。回答董事会

成员的提问时，其他高管通常不像 CEO 那样"皮糙肉厚"。"我的董事会经常提出质疑，"弗格森分享道，"我的角色是帮助同事们明白，这并不表示董事会不支持我们的工作，他们那么做只是履行职责。"另外一个风险在于，其他高管汇报的效果或许不如 CEO 那么好。为了改变这种情况，卓越 CEO 会花不少时间指导高管，帮助他们在面对董事会时应对得当。如亚萨合莱的约翰·莫林所述："我会这样建议，'这有点太具体了。你可以把材料整合到更大的主题或要点下面。'诸如此类，这样他们就能把握好'度'。"

既然如此，卓越 CEO 为什么不亲自出马呢？因为这在董事会看来是一个危险信号。"每两个月一次或每季度一次的会议是董事会用来考察你的时间。"高德美的弗莱明·奥恩科夫说，"他们会观察你的一举一动，包括你如何与同事相处。你给董事会带来了哪些高管？你选拔的人才是否多元化？当有人说话时，你是在倾听还是打压他们？你是不是一言堂？你的团队有发言机会吗？当需要改进时，你是否还能保持积极态度，还是始终对你的团队持消极态度？因此所有的行为都很重要。"

管理层与董事会之间建立联系还有一个好处，即为 CEO 节约大量时间和精力。"我能把许多董事会活动交给管理团队处理。"IDB 的里拉奇·亚瑟－托普利尔斯基说，"董事会有许多委员会，比如风险委员会、战略委员会、科技委员会。所以我让 CRO、CFO 和 CIO 等核心管理者跟对应的董事会委员会主席一一对接，并且参加委员会会议。我希望他们之间的关系，就像我与董事长之间的关系一样。几个月后，我就不需要参加这些委员会的会议了，如果有什么具体问题需要我参与，他们就会直接告诉我。多数时候他们都能自行解决。"

除了让高管们在董事会会议上作汇报，卓越 CEO 还会创造其他机会，让管理层与董事会深入接触。美国合众银行的理查德·戴维斯分享了他的做法："我们叫'画廊漫步'。这是高层领导和他们的一些直接下属参加的鸡尾酒会。董事会则在三四个人的小组之间来回走动、交流，很像是'快速相亲'。在每个小组，高层领导都会聊上几分钟，表扬自己的直接下属。现在，董事会成员不仅认识了合规主管，还能见到他手下的三个主要负责人。由于不作汇报，所以大家都不会紧张，也不会觉得浪费时间；只是喝喝鸡尾酒，聊聊他们自己而已。"

还有一个做法是让管理层跟董事会一起实地考察，这是通用磨坊的肯·鲍威尔经常采用的方式。"它创造了共同学习的机会。当董事会举行年度会议晚宴时，每位董事会成员都跟 10 位高管坐到一桌。我们不会事先讨论他们应该说什么，我也不会限制董事会成员会提什么问题。"他解释道。道达尔的潘彦磊则略有不同，他让董事会成员每 3 人一组，与 4 名高管外加执行委员会中一两名未来的成员交谈。"这种方式很受欢迎，我这样做是希望董事会成员可以跟公司战略保持一致，希望他们了解公司管理者，也是为了让董事会成员相互了解。这是我坚持 3 人一组会谈的原因。"

我们一次又一次地发现，卓越 CEO 的普遍做法都是让管理层与董事会接触。正如星展银行的高博德所说："对我而言，董事会是合作伙伴，他们可以跟我管理团队中的任何人沟通。我相信信息的自由流通有助于董事会和管理层保持一致。"但 CEO 通常也会提出一些警告。财捷的布拉德·史密斯对他的领导团队说："你们可以与任何董事会成员互动，不用非得通过我，但一定要清楚他们能提供怎样的帮助。还要尊重一个事实，那就是他们在外面有全职工作，即便是已经完全退休的也不例外。"西太平洋银行的盖尔·凯利对她的高管团队表示，如果在与董事会成员互动时出现了需要注意的重要情况，务必通知她本人或她的办公室主任。尽管一些 CEO 更喜欢向高管们传达董事会成员的建议，但他们也会鼓励管理层与董事会成员会面，以增进了解。

"信任缓步前来，策马而去。"这句老话适用于所有类型的关系。在跟董事会建立关系时，卓越 CEO 总会想方设法策马而来，从不离开。为了做到这一点，他们选择极致透明，无论消息好坏都会告知董事会，他们还会与董事会成员（以董事长为主）建立个人关系，并让管理层接触董事会。

我们讨论了 CEO 是如何建立和维护与每位董事之间的信任的。随着信任的建立，CEO 辅助董事会为企业创造更多价值的能力也在增强。

第11章

董事会治理，
构建对企业最有益的能力组合

THE SIX MINDSETS
THAT DISTINGUISH THE BEST
LEADERS FROM THE REST

CEO
EXCELLENCE

董事会在你为他们确立的舞台上
工作，如果你把他们带进杂草
堆，他们就会在杂草堆里运作。

我能做你做不到的事。你能做我做不到的事。你我携手，必能做出伟大
的事。

——特蕾莎修女

　　在中世纪的封建制度下，英格兰高达 75% 的人沦为农奴，他们的生活条件类
似于早期奴隶制社会的奴隶的生活条件。公元 1200 年 5 月 25 日，约翰一世（因
"罗宾汉"和《大宪章》而广为人知）通过授予英格兰历史上最古老的皇家"公司"
宪章，解放了生活在北海附近的一群人。宪章赋予了伊普斯威奇镇刚刚获得自由
的居民选举地方官员的权利。6 月 29 日，镇民们在圣玛丽教堂庭院集会，选出了
原本应由国王任免的若干领导职位：2 名地方行政官和 4 名代表国王利益的官员。

　　接下来发生的事没有写在宪章里，也几乎没有先例可循。据史料记载，镇民
们在完成投票后决定，"从今以后，该行政区应有 12 名宣誓的市民领袖"，他们
"拥有完全的权力，既代表自己，也代表城镇，来管理和维护该行政区及其中所有
自由人，并参与决策城镇事务，为了城镇的福祉和荣誉，在行政区内维护、安排
和执行一切分内之事"。因此，伊普斯威奇镇在英格兰创建了首个有记载的"董
事会"。[1]

史料并未记载伊普斯威奇镇市民的具体动机，许多历史学家推测，一方面是因为并非人人都具备管理城镇所需的知识或判断力。另一方面，让所有市民参加城镇议会也不现实，这与当今公司治理结构背后的原理有相似之处。事实上，伊普斯威奇镇和其他城镇树立的榜样对早期贸易公司创建的治理模式产生了显著影响，后者则构成了现代公司的基础。卓越 CEO 就像伊普斯威奇镇的居民一样，需要积极主动地确保董事会作为一个集体，拥有能帮助公司蓬勃发展的知识和判断力。

杰米·戴蒙在 2000 年春季接管第一银行（Bank One）的经历就很有代表性。据媒体报道，促成戴蒙当选的那次董事会会议引发了一些争议。当时，仍受若干董事会成员青睐的代理 CEO 坚决反对任命戴蒙。第一银行和芝加哥第一银行（First Chicago）之间的派系之争也广为人知（两家银行于两年前合并，这也是戴蒙受命出任 CEO 的原因）。

据戴蒙介绍，当时他的家人和朋友一同劝说他拒绝这份工作。"千万别去，那可是个烂摊子。"大家异口同声。毕竟，亚马逊和硅谷的许多公司也纷纷请他出山。当时，戴蒙与前雇主花旗集团不欢而散后已经休息了一年多，他对自己的人生目标有了新认识。金融服务行业仍是他心之所向，而面对重重挑战的第一银行正是他的用武之地。

戴蒙已认定该公司 22 人的董事会（一半来自第一银行，一半来自原来的芝加哥第一银行）过于臃肿，影响决策效率。此外，董事之间钩心斗角，公司流程重复，软件系统冗余，办公室政治日趋恶化。许多董事不相信一个外来的人员能够理解公司的问题或改变公司的文化。[2]

戴蒙在其参加的第一场董事会会议上作了如下发言："简单地说，我要为这家公司做正确的事。每一次我都会尽我所能告诉你们全部真相，只说真的，不说假的。我不会做太多承诺，因为我没法承诺。我只会告诉你们我是怎么想的，为什么这么想。如果我错了，我会承认错误。"他继续阐述自己的管理方针。稍作停顿后，他直截了当地说："但对我来说真正重要的是，我需要你们的帮助。我不在乎你们过去是效忠第一银行还是芝加哥第一银行。几年来，你们一直在对抗合并，但我再也不想听到那两个名字了。公司需要向前看，做正确的事，让客户满意，这是我们应该思考的全部问题。"

戴蒙很快说服董事会将成员数量从 22 人减少到 14 人。"缩减流程公平公正，目的是确保董事会拥有符合未来愿景的多元经验和能力，这样才能留住有望在未来贡献最大价值的人。我对董事会说，'我不会对你们发号施令，但我们都知道应该这么做。'他们的回答是，'戴蒙，你说得太对了'。"戴蒙赢得了董事会的持续信任，董事会成员们也为他提供了指导，并支持了他的建议，包括推进了增加贷款损失准备金和大幅削减公司股息等艰难决定。最终第一银行构建了"堡垒式"的资产负债表。

到 2004 年，第一银行盈利能力飙升，股价自戴蒙接手以来上涨 80%。这为该行与摩根大通价值 580 亿美元的世纪合并铺平了道路，此项合并缔造了当时仅次于花旗集团的第二大金融服务机构。

诚然，戴蒙的第一银行案例情况有些特殊，但对于所有董事会而言，确实都需要随着时间的推移至少进行一些微调。卓越 CEO 很清楚需要多大力度的变革，他们会通过以下 4 个方面的措施来促成公司的转变：

➤ 划定界限，明确董事会和管理层的职责
➤ 善用矩阵，组建多元化的董事会
➤ 力求上进，引导董事会持续学习
➤ 定期轮换，鼓励董事会自我更新

划定界限，明确董事会和管理层的职责

从概念上看，关于董事会应该在上市公司中扮演什么角色，基本不存在分歧。董事会是代表所有者（即股东，多数股东不直接参与公司治理）的独立治理机制，

因此要对所有者负责，而非对 CEO 负责。以 CEO 为首的管理团队则对董事会负责，并负责运营公司。如楷登电子的陈立武所述："董事会有 3 个主要职能，其一是制订继任方案，即聘用和解雇 CEO；其二是审批公司战略，即决定公司 5 年或 10 年内的目标；其三是通过审计委员会、治理委员会和薪酬委员会来监测和管理风险。"

这听起来似乎很明确，但在实践中却总会存在争议。CEO 和管理团队往往对董事会成员的干预很敏感。经验丰富的重量级董事习惯插手公司事务，还常常因为自己的建议不被采纳而失意懊恼。CEO 与董事会的关系一旦处理不好，可能导致信任流失、效率低下，影响公司运作。卓越 CEO 从一开始就会与董事会携手合作，化解紧张关系，具体方法包括明确界定董事会职责和确立清晰的边界。

美国合众银行的理查德·戴维斯解释了此举的重要意义："你得清楚，董事会会在你为他们确立的舞台上运作，如果你把他们带进杂草堆，他们就会在杂草堆里运作。"戴维斯曾任职于多个董事会，他对 CEO 和董事会两方面的情况都很了解。"担任外部董事的这些年里，我见过一种情况：每次董事会开会前，CEO 都会挨个给董事打电话，了解他们的想法。这样做很糟糕。"他认为比较理想的做法是："作为 CEO，你应该在你认为最有益的地方发挥董事会的作用。"因此，他建议："明确你希望他们扮演什么角色。首先从首席董事或董事长开始，因为管理董事会的是他们，不是你。但你要与董事会建立什么样的关系完全取决于你自己。"

现在问题就变成了：卓越 CEO 会建议董事会扮演什么角色？美国运通的肯尼思·切诺尔特分享了不应该扮演什么角色："对 CEO 来说，最坏的情况之一就是遇到一个消极的董事会，你说什么他们都同意，但又不愿积极配合。"与戴维斯一样，切诺尔特对 CEO 和董事会两方面的情况也都很了解。"我在其他董事会遇到过这种情况，管理层显然觉得董事会或部分董事会成员不理解他们的想法。当一场非常有见地的报告激不起任何反响时，组织的力量就会被削弱。久而久之，这会影响管理层的决心和信心。"

至于董事会应当扮演的角色，资生堂的鱼谷雅彦引用了一个很有说服力的比喻（来自一位曾担任大学教授和律师的董事）："他对我说，'鱼谷先生，你得明白，治理公司就像驾驶一列新干线列车。我们任命你为 CEO 来管理这家公司，你需要自主权，需要得到赋能。显然，你希望做你认为正确的事。你不能每做一个小决定都争取董事会的批准，这会放慢你的速度，当这样的 CEO 你也会不开心。你需要以每小时 300 公里的速度高速行驶。尽管如此，新干线列车可以在必要时立即停车。一旦我们发现你正在铸成大错，我们会立即制止你的行动'。"

卓越 CEO 大都讲述了类似的"新干线"理念，只是形式各有不同。奈飞的里德·哈斯廷斯的说法是："我们不希望董事会制定战略，因为他们一旦出错将产生致命后果。那样他们就会失去判断力，对于自己制定的战略，他们没法秉公评断。董事会要能真正理解管理团队的工作，对结果做出合理判断，并推进必要的改变，让管理层负起责任。"艺电（Electronic Arts）的安德鲁·威尔逊（Andrew Wilson）也有类似理念，他和董事会的健康关系根植于对具体职责的默契。"董事会不是来提供方向的，"威尔逊说，"而是来提供视角的。鉴于董事会成员的背景和意见五花八门，他们的反馈本身就会存在冲突。作为管理团队，我们的职责是接收反馈，并利用所有可用信息，做出最佳决策。董事会提供视角以后，他们的作用就是支持我们。"

微软的萨提亚·纳德拉也曾以类似方式指导董事会成员："你们的工作是对我的判断做出判断，这是你们真正的工作。因此你们不必费心地认为需要理解我们所做的每一件事。"财捷的布拉德·史密斯认为："董事会在公司战略方面的作用就是确保公司拥有不错的战略，睁大眼睛，但不要插手。董事会成员如果想移动主页上的按钮，那就是越俎代庖了。"百思买的休伯特·乔利在欢迎新的董事会成员时特意对他们说："我当然需要你们的意见，但话要说清楚，我的工作不是对你们言听计从。"此类协议通常会在董事会和管理层的年度讨论中正式敲定，有些 CEO 甚至会要求董事会提供书面谅解函，明确列出双方职责。

除了明确界定董事会和 CEO 的关系外，卓越 CEO 还会在可能出现争议的领域确立基本规则。例如，杰米·戴蒙在并购方面与摩根大通董事会签订了明确协议。"为了避免与董事会发生冲突，我立即明确了关于收购工作的程序，"他解释说，"CEO 可能会因为在未通知董事会的情况下参与合并谈判而被解雇。但同时，如果有人口风不严，会把一切搞砸，所以我跟董事会明确表示，如果我只是进行非常初步的谈话，比如刚开始接触某个人，我不会告诉他们。如果谈话推进下去，我会给首席董事打个电话，告知我们目前所处的阶段，然后让首席董事决定是否需要召开董事会会议。我永远不会让他们蒙在鼓里。"

当然，有些工作只能董事会来做。戴蒙认为："董事会应该在没有 CEO 在场的情况下，讨论继任问题、CEO 薪酬以及整个董事会的运作方式。当危机发生时，他们需要推进流程来明确 CEO 是否存在疏漏。"

善用矩阵，组建多元化的董事会

在古希腊城邦，长老议事会是倾听人民的呼声投票选出的，一群人在另一栋楼里评判哪个候选人的呼声最高，而不知道呼声对应的是哪位候选人。在大多数司法体系下的现代治理中，这一过程虽然不再涉及呼声，但本质并无太大区别。董事会成员的最终任免由股东投票决定。董事会或董事会的提名小组委员会负责挑选董事会成员候选人。对于 CEO 而言，最重要的是，董事会通常会就此类提名征求管理层的意见。卓越 CEO 不会被动应付，而会积极提出候选人需具备哪些技能和经验，从而帮助推动公司业务的发展。

在美国教师退休基金会，罗杰·弗格森分享道："我们想要更多具备数字、资产管理和零售咨询技能的董事，还需要加强多元化，所以才做出了这些改变。今天我们能在董事会里找到求助对象。我们想做的每一件事，都能找到对应的专家。董事会对我们大有助益。"威科集团的董事会原先完全由荷兰人组成，但南希·麦肯思基推动其转型成一个非荷兰籍占多数的董事会。她还引进了科技人才，以及在该公司的法律、税务和医疗业务上经验丰富的老客户。她说："这么做的目的是让董事会反映公司的真实情况，并在一定程度上反映出客户构成。"百思买的休伯特·乔利为董事会引入了对公司具有重要战略意义的医疗领域的专家。桑坦德银行的安娜·博廷渴望吸收更多国际人士，以彰显该行的跨国属性。在 Equity Group，詹姆斯·姆旺吉确保了 9 名董事中有 4 名女性，因为"她们对于银行里的年轻女性是一个重要鼓舞，让大家知道自己能走多远"。这样的例子还有很多。

董事会矩阵是吸收合适的董事人才的一个工具。财捷的布拉德·史密斯解释说："我们采取了一些系统性方法来影响董事会的构成，但并未僭越董事会的职责。其中一个工具是能力矩阵。它列出了董事会推进公司战略（成为一家具有设计思维的云平台公司）所涵盖的技能和领域，下面列出了每位董事的名字。"史密斯分享道："然后，董事需要自我评估是否带来了相应的技能或经验。在那之后，我们可以在空白处画圈，锁定欠缺的能力。"通用汽车的玛丽·博拉表示："我们每年都会对董事会技能进行矩阵评估。随着公司的发展，我们会有条不紊地调整矩阵，更新未来 5 年需要的技能。"除了矩阵本身，此类评估还能确保董事会的构成涵盖文化、性别、种族和地域等因素。

21 世纪初，伊顿的桑迪·卡特勒在商业圆桌会议担任公司治理特别工作组主席时，曾大力推动公司采用技能矩阵。当时，多数标普 500 指数成分股公司的独立董事数量都不足一半。卡特勒强调将矩阵与战略规划流程结合能产生积极影响，这就引出了一个关键问题："基于公司面临的挑战和机遇，董事会需要具备哪些技能？要'向前看'，不要'向后看'。"

如果公司没有正式的董事会，那么我们建议 CEO 组建一个外部顾问委员会，并可采用上文讨论的众多方法。迈克尔·菲舍尔执掌辛辛那提儿童医院前，曾是全球汽车行业供应商 Premier Manufacturing Support Services（该公司最终被 ServiceMaster 收购）的 CEO。"我组建了一个外部顾问委员会，成员包括一位退休的 COO、一位人力资源主管、一位成功的企业家、一位卓越的销售和营销主管，以及一位劳动经济学家。我们虽然雇不起这些人，但我们需要借助他们的专长和经验来挖掘公司的潜力。"

力求上进，引导董事会持续学习

让合适的成员进入董事会很重要，但要让其真正发挥成效，奈飞的哈斯廷斯认为："董事会必须了解业务，而帮助他们了解业务应该是 CEO 的职责，董事会成员需要了解市场、机遇、威胁、内部因素和外部因素。"

研究显示，只有 10% 的董事会成员自认为非常了解公司所在行业的动态，只有 21% 的董事会成员自认为完全了解公司如何创造价值。[3] 即使董事会成员确实了解所在行业，他们的认识也常常基于对过去的认识，他们认为未来 20 年将延续过去 20 年的成功，但实际情况并非如此。基于上述情况，董事会需要花时间持续学习，及时了解公司内外的动态。卓越 CEO 会辅佐董事会持续学习，从而为公司创造更大价值。

2013 年，星展银行的高博德决心让该行在商界的数字化转型中一马当先。在与阿里巴巴创始人马云就大数据、人工智能和分析技术的潜力进行对话后，高博德深受启发，他希望星展银行成为银行界的阿里巴巴—— 一家提供金融服务的科技公司，而不是提供科技服务的金融公司。同年 8 月，他带领董事会前往韩国考察，因为当地的银行正在开展一些先进的数字实验。他们还参观了 T.um 科技体验博物馆，该馆是 SK 电信（SK Telecom）打造的展示未来社会将如何利用科技的场所。他们还到访了三星等大型科技公司，了解了这些公司当前的工作。

这次学习考察归来后，高博德向团队介绍了他的新战略计划："这就是我想做的。我认为我们应该加大技术投资，努力建立起自己的技术栈①。"董事会听罢提出了一个问题："如果你明年的计划都能一一落实，我们能追上阿里巴巴吗？"高博德笑道："恐怕不行。阿里巴巴领先我们足足 10 年。这需要很长一段时间。"接着，董事会说："这样的话，你的愿景就没法实现了。我们建议你再大胆一点。"然后，董事会又给了高博德数亿美元，让他在已经投入近 10 亿美元的基础上，继续

---

① 指某项工作或某个职位需要掌握的一系列技能组合的统称。——编者注

加大对技术的投资。高博德说："董事会发出了信号，愿意向我们认可的方向大举下注。这张支票充分展示了董事会的信任，鼓励我们放手去做。"

为了拓宽董事会的视野，CEO 还可以更换开会地点，并围绕会议规划学习活动。通用磨坊的肯·鲍威尔指出："我们的董事会去过上海、巴黎等地，我们会参观工厂，了解当地的监管事项、消费者偏好、经济情况和其他影响业务发展的问题。出差不仅有助于董事会更好地了解业务，也有助于巩固关系。"

不过，持续的学习也不一定非要出差。辛辛那提儿童医院的迈克尔·菲舍尔讲述了不出远门的学习方法："我成为 CEO 后，开始邀请外部演讲嘉宾，每个季度通过晚宴的形式与董事会分享观点，这让大家受益良多。我们还请来了其他医疗系统、大型医疗保险公司、大型行业合作伙伴和大客户的 CEO。我们甚至请来了投资银行家，请他们从更广泛的层面分享对医疗行业的见解。这确实加深了董事会成员的理解和知识储备，我们不能想当然地认为他们和我们一样熟悉公司的业务。"

对于新的董事会成员，好的迎新项目也可以成为有效的学习工具。此类项目不仅能帮助新董事了解技术变革、新出现的风险、新崛起的竞争对手以及不断变化的宏观经济形势等话题，还能通过明确职责和预期，正式向他们介绍如何才能成为一名合格的董事会成员。虽然这听上去似乎很容易，但实际情况是，仅有33% 的董事会成员自称在上任之初得到了"足够的引导"。[4] 卓越 CEO 不允许这种情况发生。

壳牌集团（Shell）的彼得·沃瑟（Peter Voser）会带领新上任的董事参观海上平台、气制油厂和炼油厂。"我们要认清现实，多数人对石油公司到底在做什么一无所知，"沃瑟分享道，"我们请来了技术人员，他们解释了机器人如何在海面以下 2 500 米修补漏洞，董事们听得目瞪口呆！他们说，'我们居然这么厉害！'"董事会要明白，如果完不成这项维护，就会面临像电影《深海浩劫》（*Deepwater Horizon*）中那样巨大的风险。他们还需要彻底明白一件事情：在很大程度上，勘探是一场概率游戏，能有 60% 的成功率就不错了。来自零售业或工业领域的人可能很难接受这一点。这需要时间来消化。"

定期轮换，鼓励董事会自我更新

良好的公司治理十分重要，但数据可能会让许多 CEO 惊讶：只有 32% 的董事会成员自称会定期参与对自身绩效的正式评估，仅 23% 的董事会成员称董事长会就会议效果向他们寻求反馈。[5] 如果缺少此类反馈，董事会的绩效管理将难以实施。多达 82% 的高管认为至少应该更换董事会中的一名成员，理由包括高龄导致难以胜任工作、在太多董事会任职，以及不愿挑战管理层等。[6] 设定任期和年龄限制有助于缓解这些问题，但董事会仍然很容易臃肿僵化。万事达卡的彭安杰一针见血地指出："必须保持一定的轮换频率，否则会缺乏新鲜血液。如果有人一待就是 14 年、18 年或 22 年，董事会难免会运转失灵。"

卓越 CEO 会鼓励董事长定期评估董事会的表现。布拉德·史密斯讲述了财捷的评估流程："董事会设立了一套年度评估流程，由外部顾问负责实施。我们都要填写同样的表格，回答各种问题，'你认为委员会表现如何？你认为董事会整体表现如何？哪些方面有待改进？'我们也会匿名给出 360 度反馈。这能为一些问题提供洞见，诸如'某位董事会成员带来了哪些与公司高度相关且能推动公司业务发展的东西？如何能让这位董事会成员发挥更大效力？谁是超级明星，谁在滥竽充数？'这个流程可以促使我们就更换董事展开讨论。"

有时可以引入一名协调员来协助董事会，但这需要每个参与其中的人都保持成熟的心态。百思买的休伯特·乔利解释道："我们会邀请一名外部顾问来评估 CEO 和董事会的有效性。第一次实施的时候，顾问提出了改进董事会的各种建议。身为肩负振兴重任的领导者，我的第一反应很傲慢，'这些人以为自己是谁？公司发展很好，我们应该相互感谢，彼此祝贺。'我花了一两周才接受这一切，我意识到我得到的不是'反馈'（feedback），而是'前馈'（feedforward），是我们未来可以努力的方向。**接受批评，虚心改进，需要巨大的勇气。但最终，这确实给公司注入了活力。**"

在理想情况下，董事会的成员应当具备有益的技能和获胜的意志，这一点与任何团体都别无二致。但与大多数团队不同，董事会成员通常只有不到 10% 的时间在一起工作。[7] 卓越 CEO 不仅会与董事会主席或首席董事合作，寻找合适的董事人选，还会通过各种方式为集体成功创造条件，包括明确界定董事会与管理层的职责，确定所需的董事会成员，辅佐董事会持续学习，以及想方设法鼓励董事会自我更新。

除了建立信任基础和促使董事会吸纳合适的人才外，还有一项更重要的措施可以协助董事辅佐公司，那就是充分发挥董事会会议本身的作用。

第12章

会议管理，
引导董事将目光投向未来

THE SIX MINDSETS
THAT DISTINGUISH THE BEST
LEADERS FROM THE REST

CEO
EXCELLENCE

如果董事会一味抱着防止失败的思维，讨论往往就会围绕失败展开。关键是关注未来。

别让过去绑架现在。

————威尔·罗杰斯（Will Rogers）

与很多满怀抱负的喜剧演员一样，金·凯瑞（Jim Carrey）的职业生涯起步并不顺利，前途看似非常渺茫。1990 年的一天，他给自己提前开了一张 1 000 万美元的支票，并说明兑现期限是 5 年后。他一直把那张支票放在钱包里，每天早晨拿出来看一看，思考用什么办法、付出多少努力才能赚到 1 000 万美元。差不多在那张支票开出 5 年后，他发现自己真的凭借热门电影《阿呆与阿瓜》（*Dumb and Dumber*）[1] 赚到了 1 000 万美元。

金·凯瑞知道，只要目标明确，再集中精力，就会有好结果。马希德·弗泰伊姆集团的阿兰·贝贾尼认为这同样适用于董事会。**"管理层对于引导董事会发挥最大潜能起着重要作用。"** 他说，"怎样才能提高董事们的参与度，使之不只是合格的监督者？" 贝贾尼这个问题的潜在逻辑在于，公司治理的本质是从风险和声誉的角度防止坏事发生。"如果董事会一味抱着防止失败的思维，讨论往往就会围绕失败展开。" 他观察道，"关键是关注未来。这样才有助于抓住机遇，促进增长，推动公司向前发展，而不仅仅是控制风险。"

因此，按照星展银行 CEO 高博德的说法，卓越 CEO 应当避免董事会把时间消耗在怎么做"企业警察"上。相反，应该将董事会会议视为难得的机会，可以充分发挥一群利益一致的聪明人的才智，或者如万事达卡的彭安杰所说，把董事会当作"愿意为你做任何事情的顶级专家顾问团"。

美国运通的肯尼思·切诺尔特巧妙地借助董事会为公司塑造未来。"我们交流了看法，取得了很好的效果。"他回忆了董事会是如何帮助他制定公司战略，构思新的商业模式的，从而使公司从一家传统的信用卡和支付公司向全面的金融服务平台转型。例如，在以大规模重组降低成本的同时，董事会要求他对未来的增长做出重大投资。在遭受"9·11"恐怖袭击事件后，运通的一些董事如美国前国务卿亨利·基辛格等人，分享了对未来局势极有价值的观察。"他们提供的全球视角对我们分析局势很有帮助。"切诺尔特回忆道。

企业每年会召开 4 ～ 10 次不等的董事会会议，为了让会议富有成效和前瞻性，卓越 CEO 会采取以下 4 个方面的措施：

➤ 以闭门会议开场，把注意力放在最重要的议题上
➤ 推进前瞻性议程，充分发挥董事会议价值
➤ 换位体验，切身感受董事职责
➤ 各司其职，让董事会独立运作

以闭门会议开场，把注意力放在最重要的议题上

当谢白曼 2007 年执掌皇家帝斯曼时，每次董事会会议最后都有一个环节，讨论"一切其他业务"。他问董事长，能否把这个环节提前到会议开始时。有人感到疑惑："你想先讨论那些无关紧要的'其他业务'，然后再谈正事？"谢白曼给出了肯定的回答，然后又向董事长提出了另外一个要求："我希望您在每次会议开始时问我一个问题，'谢白曼，除了议程事项以及需要我们批准的事情，你还有什

么想法？最令你兴奋或担忧的事情是什么？'"谢白曼最后还提了一个要求："除此之外，不应该再设置正式讨论环节，也不应该事先准备好汇报材料。"

谢白曼的理由有二。其一，为董事会会议设定基调，好让他们积极参与讨论，贡献建设性意见。其二，能把尚未做出决策的事项提上日程。"我们尝试后发现效果很好。"谢白曼说，"我们就各种事情沟通一个多小时，这成了每次会议的常态。董事会和管理层之间的透明互信也得到了加强。"

在那时的董事长看来，谢白曼的要求很新奇，但这属于卓越 CEO 的常规操作。杜邦的溥瑞廷分享道："我跟新 CEO 交流时都会告知，应该把第一个小时设为闭门会议，只有你和董事会成员出席。公司其他高管不应在场。最近，有人提供给我最好的建议——让董事会成员更好地了解你在处理什么问题，从而为你提供更好的指导。"

如前文所述，闭门会议只有在完全透明的前提下才能发挥作用。马克·卡斯珀掌舵赛默飞世尔科技公司后不久，就要求每次开会以闭门会议开场。"我重点介绍我所担心的事情以及我们所面临的挑战。"他说，"我的唯一目的就是营造透明的文化，这样董事就不用花时间去寻找问题了。顺便说一下，我希望他们能发现问题，但我们也想让他们知道，管理团队的真实意图是让董事会知晓问题。这样就创造了一种新的文化：**你赢得了他们的信任，他们用很高的标准要求你。如此便可改善对话质量，发挥更大的影响力。**"

摩根大通的杰米·戴蒙则将此发挥到了极致。比如，金融危机期间，他在参加某次董事会会议时感觉到，不管讨论什么，他都无法集中精力处理当时真正重要的事情。他担心"我们会像泰坦尼克号一样，船都快沉没了，还在讨论乐队"。所以，他告诉董事会："我得去工作了。我必须紧急处理一些实际问题。你们为什么不跟我一起？"于是，董事们实地听取了交易部门报告风险敞口，并就应该出售什么和对冲什么提出了建议。

除了闭门会议，有些 CEO 还会通过其他方式与董事会直接交流。杜克能源的林恩·古德通常会每两周给董事会写一封信，"好让他们更多地参与复杂问题的讨论"。资生堂的鱼谷雅彦分享道："我总会给董事会成员发电子邮件，分享最新动态。我可不希望他们打开报纸或收到新闻推送时，看到资生堂官方宣布了他们没听说过的事情。我会尽量提前为他们提供信息。"在参加了几轮投资者会议后，鱼谷雅彦会在返回日本的航班上，热情洋溢地给董事会写一份七八页的备忘录。

推进前瞻性议程，充分发挥董事会议价值

以闭门会议开场后，在其他议程中，卓越 CEO 除了讨论受托责任，还要确保涵盖前瞻性议题。总体而言，董事会对此表示欢迎；一半以上的董事表示愿意花更多时间讨论战略、组织健康和人才等能提高公司业绩的议题。[2]而要真正发挥成效，要困难得多。阿霍德德尔海兹集团的迪克·布尔解释道："董事会成员经常会忘记你在 8 周前的会议上说了些什么。在此期间，你对公司业务越来越熟悉，每天与团队推进战略的落地。"财捷的布拉德·史密斯指出了一个更复杂的问题："如果你不明确告知在哪些方面需要帮助，董事会成员们就会在你不需要的地方给出各种想法。"

为了克服这些挑战，卓越 CEO 需要与董事会一起制定战略框架，使之成为所有会议的基调。例如，布尔为阿霍德德尔海兹集团制定的框架，包含旨在重塑零售业务和促进增长的 6 大支柱。重塑零售业务的支柱包括建立客户忠诚度、推动创新和进入新市场。促进增长方面则聚焦内部，重点是简化业务、树立企业责任感和培养人才。布尔兴奋地说："一旦确立了框架，向董事会汇报的时候就容易多了——我收到的反馈也更有价值。"

每位 CEO 的战略框架各不相同，但只要包含战略、文化和人才等元素，董事会议程中自然就会涉及最重要的前瞻性主题。虽说未必需要每次董事会会议都讨论这些主题，但也不能每年只讨论一次。比较好的做法是，每召开三四次董事会会议讨论一次，具体多久应与管理层的运营节奏保持同步。通用电气的拉里·卡尔普解释道："如果董事会与公司同频共振，为董事会会议做准备就会很简单。"

以董事会会议讨论战略为例。第一次会议需要审议整体战略框架的每一项调整，并做出决议。下一次会议是表决和通过董事会的提议，然后就具体方案进行讨论和表决。此后的会议则根据市场或竞争格局的变化评估进展——不只是财务结果，还包括关键绩效指标。至于人才问题，董事会可能会在第一次会议上讨论公司的人才计划，接下来可能会对级别最高的 30～50 名高管的绩效情况进行评估，然后在下一次会议上可能会讨论领导团队的整体改进计划。这些议题会与受托责任、董事会持续学习和董事会评估等一起列入议程（我们在第 11 章已经讨论了后两项）。

有一个与人才相关的议题尤其值得注意，CEO 往往不会向董事会提出（特别是在上任初期），但实际上应该被提出讨论，那就是他们自己的继任计划。尽管现任 CEO 不参与选聘下一任 CEO，但卓越 CEO 可以在培养潜在候选人方面掌握主动权。无论从广度还是深度上看，现任 CEO 对公司战略都有着独到见解，因此知道什么样的继任者是最合适的。实际上，为了避免偏见，CEO、人力资源主管和董事会相关成员应定期评审内部候选人的遴选标准、评估或再评估入围人选、向候选人提供反馈意见，并制订和实施相应的培养计划。

彭安杰出任万事达卡 CEO 的第一年就做了这样的事，此后固定每年 12 月实行。他表示，这件事对他和董事会很有帮助。"我给 CEO 最重要的建议是，思考你认为继任者应具备哪些品质，越早越好。"他说，"跟董事会讨论这个问题时不要紧张。要倾听他们的想法，这样可以帮助你了解他们给你的工作打了多少分。"

在董事会会议上探讨前瞻性议题时，事先阐明管理层对董事会的期望，可以取得很好的效果。布拉德·史密斯分享了他在财捷所用的好办法："每次为董事会准备汇报材料，我们会附上一份执行摘要，并在右边的方框中列出需要他们提出建议的两三件事情，引导董事会分配 90% 的精力来帮助我们。"

务必在寻求建议时态度真诚，否则就无法充分发挥这种对话的积极作用。百思买的休伯特·乔利举了一个反例："在我职业生涯的早期，我自视聪明过人，自认为可以单枪匹马搞定一切，所以在我看来，向董事会汇报工作不过是走个过场。

我总是表现得胜券在握，如此一来，他们对我所说的便不置可否。难道我胜利了吗？随着年龄增长，我变得谦逊，经验越来越多，更有智慧。所以我慢慢地改变了我的做法。"

换位体验，切身感受董事职责

对 CEO 而言，想要理解董事会成员，最好的方法就是担任其他公司的董事。以董事会成员的身份参加董事会会议是一次很好的学习机会，可以帮助 CEO 择善而从，避免问题的产生。

怡安集团的格雷格·凯斯对此详细阐述道："加入别的公司的董事会是因为我想了解董事会的运作方式，加深对董事们的理解。当你是 CEO 时，你坐在董事会会议室里跟大家愉快交谈，感觉很好。但当你离会后，之后发生的事情只能由别人汇报给你。而在其他公司的董事会里，当 CEO 离开后，你可以亲眼见证对话。这种学习过程是无法复制的。"

有的 CEO 在掌舵之前就曾担任过其他公司的董事，美国运通的肯尼思·切诺尔特就是其中之一。"我在担任运通 CEO 之前，就曾担任 IBM 的董事。"切诺尔特说，"就我个人而言，在董事会任职使我更好地理解了后来担任 CEO 时面对的一些问题，以及应该如何应对。反过来，当我出任 CEO 后，也能运用董事会成员的领导经验做出更大贡献。"

大多数卓越 CEO 的建议是，任期头几年就加入某家公司的董事会。通用磨坊的肯·鲍威尔指出了原因："我的前任曾在 3 个董事会任职，这对那个时代的 CEO来说很常见，也很容易把控。但鉴于如今的 CEO 越来越忙，而且坦率地说，担任董事付出的时间也越来越多，我认为 CEO 兼任多家公司的董事是错误的。但只任职于某一家公司的董事会还是很有价值的。没有什么比换位体验更有价值了。"

除了获得新的视角外，担任另一家公司的董事还能了解其他公司的运作方式。杜克能源的林恩·古德解释道："这是件很有意思的事，既能深入了解公司治理方式，又能了解战略运作方式、人才运作方式、巨额资本决策的制定方式。这一切对我的公司都很有价值。加入董事会，就能近距离观察其他公司的运作方式了。"

各司其职，让董事会独立运作

我们在本章探讨了卓越 CEO 与董事会互动的各种方式，读者可能因此以为经营董事会得花大量时间。事实并非如此。正如摩根大通的杰米·戴蒙所说："我见过一位 CEO，他告诉我，他分配了 30% 的时间跟董事会打交道。我感觉不可思议，我花在董事会的时间要少得多。当然，我现在跟董事会已经很熟，但即便在早期，我也无法想象在董事会身上花那么多时间，同样无法想象任何一个董事会希望我花那么多时间跟他们打交道。"

怡安集团的格雷格·凯斯强调了这个观点："我很幸运，因为我们的董事会纪律严明。他们会认真阅读所有材料，讨论都是围绕问题展开，从来不走过场，而且只在我们有需要的时候才召开董事会。我跟一些同行沟通过，他们会把 20% 的时间花在董事会身上。但我认为四五次高质量的董事会会议，好过十次低质量的会议。最好集中讨论最重要的问题，细节问题可以交给委员会去讨论。如果你有出色的高管对接委员会会议，CEO 就不必每次都出席。"

除了把细节工作交给委员会，卓越 CEO 也不会在前几章讨论的范围之外插手其他公司的治理事宜。美国合众银行的理查德·戴维斯强调道："切记，千万不要插手董事会的工作。如果董事会问你应该让谁管理这个委员会，比如，'我要把这个问题交给你来决定。'那没有任何好处。我会说，'您知道，每个人都有资格。您比任何人都更了解董事会，还是由您来做决定吧。'CEO 插手董事会的任何工作都是极不明智的，因为之后或许有人会认为你的推荐带有偏见或出于私心。我见过好几次这样的情况：CEO 做了善意的回应后却引火烧身。"

摩根大通的戴蒙分享了在前文探讨的范围之外，避开董事会治理工作的重要性："举个例子，当'伦敦鲸'（一起导致摩根大通损失逾 60 亿美元的交易事件）

发生时，我只是对董事会说，'你们最好准备一份方案来处理这个问题，因为我也要接受调查。作为 CEO，我也要展开自己的调查，但你们必须启动独立调查程序，确保我没有做错任何事情，董事会也没有做错任何事情。我的工作是解决、分析问题，并告知你们，我们在其他地方是否也存在这个问题。'"

即便是在继任问题上，除了前文提到的培养内部候选人外，CEO 也应该尽量与董事会保持距离。艺康的道格·贝克选择让董事会成员面试候选人，并让一个外部小组对每位候选人进行评估。"在他们掌握所有数据前，我不会给出自己的建议。"贝克回忆道，"我希望他们能看到外部评价，能了解其他董事会成员在面试候选人之后给出的评价。在此之后，我才会把我的观点告诉他们，因为我不想破坏这个流程。无论最终决定是什么，我都可以接受，并且全力支持，因为这最终要由董事会来做出选择。这是我理智上的感受，也是我在任何情况下的行为方式。当然，从情感上讲，我希望最终结果能符合我的选择。这是人之常情。"

如果不多加注意，董事会会议就会把过多的目光投向"仪表盘"和"后视镜"。但卓越 CEO 会确保董事会也关注"地平线"，这样就能充分利用自己的专业知识为未来的道路导航。为了做到这一点，卓越 CEO 通常以闭门会议作为董事会会议的开场，以便先行了解重要议题。他们还会确保战略、文化和人才问题也被列入议程，而不只是讨论受托责任问题。此外，通过兼任其他公司的董事，CEO 能切身感受董事会成员的职责，换位思考董事会的运作方式，同时切身洞察其他公司的运作方式。除此之外，出于实践（时间投入）和理论（确保独立性）层面的考虑，CEO 会尽可能避免插手董事会的工作。

　　我们探讨了百思买的休伯特·乔利所说的新任 CEO 面对的"最大的变化和挑战"：经营董事会。星展银行的高博德总结了卓越 CEO 与其他 CEO 的思维差异。"大多数人和大多数董事会其实都把他们自己视为公司治理机制的一部分。"他说，"我采取了截然不同的方式。从第一天起，我就认为董事会是业务上的合作伙伴。"

　　以下总结了 CEO 经营董事会时，如何将"协助董事辅佐企业"这一思维嵌入 CEO 应当施加影响的三大维度——董事关系、董事会治理、会议管理。让董事会发挥应有的作用极有价值：研究表明，富有成效的董事会与更优秀的绩效和更高的市值高度相关，甚至还能击退不友好的激进投资者。

经营董事会

思维：协助董事会成员辅佐企业

董事关系　　　　　　**信任为重，赢得行动灵活性**

- 主动分享，对董事会保持极致透明
- 步调一致，与董事长建立牢固关系
- 坦诚相待，让董事为你提供助力
- 同频共振，加深管理层与董事会之间的了解

董事会治理　　　　　　**构建对企业最有益的能力组合**

- 划定界限，明确董事会和管理层的职责
- 善用矩阵，组建多元化的董事会
- 力求上进，引导董事会持续学习
- 定期轮换，鼓励董事会自我更新

即使你不是大型上市公司的 CEO，从这些卓越 CEO 身上学到的许多东西依然适用。请自问：谁是既为我提供建议，又让我对自己的承诺负责的独立顾问委员会（即使是非正式的）？这些人所拥有的哪些技能对我很重要？哪些技能我没有？他们是否与我所处的背景有联系，是否足够了解我面对的具体情况，以便为我提供言之有物的指导？关于"我处在什么阶段"以及"我需要什么"这两方面，我对他们保持了多高的透明度？我们是否深入讨论了管理风险和把握机遇的问题？我是哪个公司的顾问委员会成员？我从中学到了什么？

CEO
EXCELLENCE

第五部分

要素五，
连接利益相关者，
从企业宗旨出发

每个人都很重要，关键是找出背后的
原因。

——埃默里·弗里
（Emory R. Frie）

经营企业和管理董事会已经够难的了，但如今的领导者发现，他们与利益相关者还得进行极为密切的沟通。微软的萨提亚·纳德拉说："这份工作要满脑子想着客户，想着合作伙伴，想着员工、投资者、政府。随时随地，每时每刻。"事实上，一家公司业绩的好坏与领导者处理这些互动是否得当有很大关系。研究显示，与外部利益相关者的关系好坏甚至可能影响公司 30% 的利润。[1]此外，与利益相关者互动还会以意想不到的方式对公司的命运产生重大影响。当危机来临时，不同公司的境遇大相径庭，这不仅取决于领导者如何应对危机，还取决于他们事先采取了哪些措施，与各种利益相关者群体建立了怎样的信任和信誉。

多数领导者了解这一现实，因此反过来会要求公关部门帮助他们与利益相关者保持良好关系。重点通常是跟谁谈、谈什么、什么时候谈。但卓越领导者往往会先问"为什么"，我们经营公司给社会带来了什么价值？我们对每一个利益相关者的价值是什么？我们的每一个利益相关者对我们的价值是什么？他们为什么选择做某些事情？卓越领导者会深入理解利益相关者的动机、希望和担忧，从而与外部世界建立牢固的纽带，帮助企业基业长青。

在接下来的章节中，我们将探讨在与利益相关者打交道时，如何在以下三大维度上将"为什么"的思维转化为具体行动：拥抱社会使命、建立牢固关系和领导公司度过危机。

第13章

社会使命，深入企业运营的核心

THE SIX MINDSETS
THAT DISTINGUISH THE BEST
LEADERS FROM THE REST

CEO
EXCELLENCE

使命永远无法完全实现，这恰恰
说明了组织永远不能停滞不前，
永远要追求变革和进步。

清晰的使命是一切成就的起点。

——克莱门特·斯通（W. Clement Stone）

1946 年，维克多·弗兰克尔（Viktor Frankl）在《活出生命的意义》（*Man's Search for Meaning*）一书中记录了他被关在纳粹集中营的经历。他想探讨在令人绝望的环境下，为什么有些人能活下来。他的结论是，这些人拥有强大的使命感。他回忆起有些人走进一间间棚屋，为他人送去安慰，送出他们的最后一片面包。弗兰克尔写道："这样的人或许不多，但充分证明了一点，即你可以夺走一个人的一切，但有一样东西你永远夺不走，就是在任何情况下选择自身态度和行为方式的自由，这也是人类最后的自由。"[1]

70 多年后，弗兰克尔的书已卖出逾 1 000 万册，被翻译成 24 种语言，并被美国国会图书馆评为史上最具影响力的十本书之一。它之所以如此受欢迎，产生如此大的影响力，是因为它点明了一个深刻的人生哲理：意义对于人的生存和发展至关重要。

人如何在工作中寻找意义呢？研究表明，员工的使命和动力至少有 5 个方面的来源。[2] 第一是他们自己：自身发展、经济及其他回报，以及行动的自由。第二是同事：

归属感，彼此关心，以及为团队做正确的事情。第三是公司：通过创造最佳业绩，打败竞争对手，获得行业领先地位。第四是对客户的影响：通过提供优质的服务或产品，使客户的生活更轻松、更美好。第五是对社会的影响：让世界变得更美好。

多数人或多或少会从上述 5 个方面来寻求意义，只不过其中某一个方面的作用可能更大。研究还表明，无论在哪个特定的人群中，将其中某个方面作为工作中的主要能量来源的人大体相当：20% 的人受自身发展的激励影响最大，20% 的人受同事的激励影响最大，以此类推。因此，领导者应确保公司在这 5 个维度上都匹配强大的"使命"，即说清楚每一个维度的行事准则。举个例子，如果一场演讲只谈论公司如何击败竞争对手，那只能让 20% 的受众产生共鸣。领导者必须阐明所有 5 个维度的宗旨，才能鼓舞公司的每一个人。

社会使命和其他 4 种意义来源的界限正变得越来越模糊。今天，87% 的美国消费者表示，如果一家企业能对他们关心的事情提供支持，就会得到他们的偏爱；[3]94% 的职场新人希望自己的才能可以造福于某项事业。[4] 如前文所述，社交媒体的兴起也提升了公司商业行为的透明度，因此，大众能够监督企业对社会和环境的影响并追究领导者的责任，这在 21 世纪之前是绝不可能看到的。

商业圆桌会议是美国一个由 181 名 CEO 组成的游说团体，其董事会成员包括摩根大通的杰米·戴蒙、通用汽车的玛丽·博拉和杜克能源的林恩·古德等。2019 年，该团体改变了对公司使命的定义，将几十年来的资本主义目标（不惜一切代价实现利润最大化）转变为更全面的目标，即维护受公司行动影响的一切人、事和物的福祉。

这一决定受到了全球媒体的广泛关注。随后，几乎每一家大公司的领导者都面临舆论压力，要求明确公司的社会使命。而卓越领导者早已先人一步。研究表明，过去 20 年，社会使命清晰的公司，其财务业绩远高于标普 500 指数的平均水平。[5]出色的财务业绩是由利益相关者资本主义的多重利益驱动的。由于更贴近受众，这些公司拥有了更高的客户忠诚度、更高的效率（通过减少资源使用）、更高的员工士气、更低的资本成本，以及比其他公司更早发现和降低风险的能力。华尔街也看到了这一策略的优势，1995 年以来，可持续投资规模增长了 18 倍。

　　然而，尽管所有证据都表明社会使命能让公司受益良多，但多数公司并未落实到行动上来。虽然 82% 的公司明确承认使命十分重要，但只有 42% 的公司表示其宣称的"使命"收到了良好成效。[6] 与此同时，超过一半的消费者认为各大品牌并不像所宣称的那样致力于造福社会，仅三分之一的人信任购买的商品品牌。[7]

　　总部位于内罗毕的 Equity Group 是东非和中非最大的金融服务公司，资产负债表近 10 亿美元，拥有 1 500 万名客户，该公司是使命必达的典范。它明确宣称社会使命是改善人们的生活、赋予他人尊严并提供创造财富的机会。作为完成这一使命的众多努力之一，Equity Bank 创立了"飞翔的翅膀"计划，为 3.6 万名孤儿提供四年制中学全额奖学金。自 2005 年起担任 CEO 的詹姆斯·姆旺吉说："这意味着成千上万的村庄里会有一个有文化的人，他会说，'要不是 Equity，我们这些孩子恐怕会过得很苦'。我们承担了为社区孤儿提供教育的责任，社区则会通过购买我们的产品和服务，给予我们支持和回报。因此，**我们分享得越多，就越能践行我们的使命，同时提高我们的利润。这是一种共生关系；我不再称之为企业的社会责任，而称之为共同繁荣。**"卓越领导者会采取以下 4 个方面的措施来打造姆旺吉所说的"共同繁荣"：

➤ 明确社会使命，激发企业变革和进步
➤ 表里如一，将社会使命嵌入公司内核
➤ 发挥企业自身优势，激发改变
➤ 勇敢发声，必要时表明立场

明确社会使命，激发企业变革和进步

　　为企业确立社会使命并不是什么新概念。1960 年 3 月 8 日，惠普联合创始人、日后成为 CEO 的戴夫·帕卡德（Dave Packard）在惠普开展团队培训时发表讲话："首先，我想讨论一家公司到底为何而存在，换句话说，我们为什么会在这里？许多人可能错误地认为，公司存在的目的只是赚钱。这虽然是公司存在的一个重要结果，但我们必须更深入地挖掘成立一家公司的初衷。"帕卡德进而分享了他的观点，即公司的存在是为了"为社会做贡献"。他接着阐述了惠普为何有责任为科学进步做出重大贡献。他说："使命不应与具体的目标或商业战略混淆。你可以实现一个目标或完成一个战略，但你无法完成一个使命；它就像远处的指路明灯，我们永远在追寻，但永远无法触及。使命本身不会改变，但它能激发改变。使命永远无法完全实现，这恰恰说明了企业永远不能停滞不前，要一直追求变革和进步。"

像帕卡德这样的卓越领导者都会向企业传达清晰的社会使命感。据通用磨坊前 CEO 肯·鲍威尔介绍，员工们在"用消费者热爱的产品服务世界"。在弗莱明·奥恩科夫掌舵的高德美，员工们"专注于通过皮肤健康的科学解决方案来提高人们的生活质量"。我们采访的所有卓越 CEO 都清晰而又明确地说明了公司存在的理由和它如何为社会增加价值。

有些公司的社会使命非常清晰，如巴塔哥尼亚（Patagonia）、汤姆斯布鞋（TOMS）、Warby Parker、七世代（Seventh Generation）、班杰瑞（Ben & Jerry's）等。如果一家公司的社会身份不够突出，卓越领导者便会在重塑公司愿景时用相同的视角，这也解释了为何许多卓越领导者认为愿景、使命和宗旨这几个概念可以互换。有些人在公司的发展历程中找到了可以进一步升华的社会使命，正如第 1 章所述，布拉德·史密斯追溯了财捷"支持弱者"的创始理念，萨提亚·纳德拉追溯了微软早期"创造技术，以帮助他人创造更多技术"的理念。

2012 年，亨里克·波尔森（Henrik Poulsen）接管了公用事业巨头沃旭能源（Ørsted，原丹麦石油和天然气公司）后，完成了数十年来最激烈的以使命为导向的企业变革之一，令人颇感意外。当时，这家丹麦最大的公用事业公司停滞不前，波尔森认为必须想办法为业务注入新的活力。寻找新方向时，波尔森及其团队自问："世界需要什么，我们有何优势？"

他们认为这一行业即将迎来从化石燃料转向清洁能源的重大变革。"我们必须表明立场，相信科学是正确的，相信世界终将直面全球变暖问题。"波尔森还说，"我们必须做出正确决定，事不宜迟。"这位 CEO 决定押注于沃旭能源业务组合中的海上风能项目，尽管这项技术当时的成本高于化石燃料发电技术的成本，但他认为该技术有望带来最佳的长期增长机会。当时海上风能还未产生经济效益，很小众，需求也存在不确定性，但波尔森相信自己已把握住了正确的宏观趋势。

转型之初，他采取了一系列大胆举措来剥离沃旭能源的化石燃料资产，其中之一便是在 2014 年将该公司 18% 的股份出售给高盛的私募股权部门来筹集资金。当时丹麦政府持有沃旭能源多数股权，波尔森急需资金来实现计划，他曾试图通过政府筹集资金，但未能如愿。当他宣布与高盛的交易后，一时之间引发强烈的反对，许多丹麦人认为他在贱卖资产。68% 的国民反对出售，许多重要官员因此辞职，其中包括 6 名内阁成员。尽管如此，波尔森并未动摇。他利用从高盛筹集的资金赢得了英国、德国等地的一系列项目。如今，沃旭能源已成为全球海上风能的领军者。

2016 年，丹麦石油与天然气公司（Dong Energy）以 160 亿美元的估值成功上市，次年逐步淘汰了煤炭业务，后以 10 亿美元的价格将石油和天然气业务出售给英力士（Ineos），并把公司改名为沃旭能源，以体现它的可再生能源转型。新名字取自发现电磁场的丹麦科学家汉斯·克海斯提安·奥斯特（Hans Christian Örsted）。如今，该公司90%的能源来自可再生资源。强大的社会使命（气候变化）使公司转型的战略得到了回报。2021 年波尔森退休时，这家前丹麦公用事业公司被评为全球最可持续的公司，市值突破 800 亿美元，自他上任以来增长 9 倍。他任职期间，沃旭能源海上风电装机容量增长逾 5 倍。

"回顾过去 8 年，"波尔森回忆道，"深植于企业中的使命感对我们来说至关重要。人们对我们正在从事的事业坚信不疑。这一切都转化为生产力，转化为执行力，最终提高了竞争力。随着我们信念的增强，外界也愈发相信我们在做对的事。**如果你拥有一个真正与市场基本需求契合的使命，而且它是人们真正关心的东西，**

你就掌握了最大的资产。"

　　并非每家公司的社会使命都像沃旭能源那么醒目。既然如此，领导者怎样知道他们公司的使命正确与否呢？关键要看它是否具有情感影响力，能否激励员工直面挑战，以及它是否合情合理，与公司的愿景、战略、能力、文化和品牌相得益彰。高德美的弗莱明·奥恩科夫分享了他之前领导生物科技公司夏尔时是如何做到这一点的："我遇到了一个曾在夏尔为我工作的人。她对我说，'我的新公司有一个不足——在夏尔，我始终知道我们为什么要开展目前的业务，我们很清楚使命是什么。回到家，我可以跟家人谈论罕见病，谈论治疗这些疾病的重要性，谈论公司和我自己是如何贡献力量的。'"

表里如一，将社会使命嵌入公司内核

　　一些批评人士对领导者谈论社会使命不屑一顾，认为这不会给公司带来实利。这种看法并非没有道理。面对阐述公司社会使命的舆论压力，更多领导者选择"口头觉醒"，声称他们已改变了初衷，有了更好的目标，行动上却继续伤害弱势群体。相比之下，微软的萨提亚·纳德拉谈到了卓越领导者看重的东西："有人说过，你只能信任那些言行和思想一致的人。同样，你也只能信任那些言行和思想一致的公司。这种一致性是必要的。"

　　例如，在艺康，道格·贝克致力于让可持续发展成为企业增长的结果，而不是将二者割裂开来。"如果你的方法是，'我的增长造成了更多污染，所以我会补偿'，你自然就站在一个对立的立场上，"贝克说，"我们力求通过项目设计，减少资源的使用，同时提供世界级的成果，借此消除这种业务矛盾。如此一来，我们在发展壮大的同时，会节约更多的水和能源，这就带来了积极影响。"贝克让可持续发展不再是一种公关宣传，而是艺康运营不可或缺的一部分。

　　贝克担任 CEO 之初，在翻阅医疗设备制造商美敦力的年报时，对使命问题茅塞顿开。"读到他们的使命宣言时，我大为震撼，"贝克说，"这是一家生产心脏起搏器的公司，它的产品可以延长和挽救人们的生命。该公司甚至会邀请患者与员工谈论美敦力如何拯救他们的生命，这是激动人心的时刻。我意识到艺康还可以做更多工作。我喜欢商业游戏，喜欢在棋盘上攻城略地，这很有趣。但生活中有比赚钱更重要的东西，在俘获团队头脑的同时，你也要俘获团队的心。"

随后，贝克让其核心领导团队更深入地思考公司的影响力和使命。当时，这家有 80 年历史的公司正在销售工业清洁剂和食品安全产品，并提供有利于节约劳动力和降低成本的服务。经过多次迭代，贝克和团队选择将使命定位在可持续发展之上：让世界变得更清洁、更安全、更健康，保护好人类和重要资源。如此一来，他说："我们更加注重节约用水和能源，这既创造了经济效益，也创造了环境效益。"艺康开始通过产品设计，提高水和能源的使用效率，并通过收购来推进能力建设，包括收购了水处理领域的纳尔科和能源服务领域的 Champion。

贝克说："我的建议是不要陷入'白天做坏事，晚上六七点做好事'的恶性循环，以为这样就能抵消罪恶感。这不是一种成功的模式，你没法自圆其说。长远来看，这种模式行不通，你需要将两者结合起来，也就是我们卖得越多，节省的水和能源就越多。你要让工作和价值观契合起来。"这是一条宝贵的建议。在贝克带领下，艺康的市值从 2004 年的约 70 亿美元增长到 2020 年的逾 600 亿美元，跻身美国市值最高的 100 家公司之列。贝克本人也入选《哈佛商业评论》的"百强 CEO"榜单。该公司还确立了一个重要指标：客户每年节约的用水量为 2 060 亿加仑（约 7.8 亿立方米），到 2030 年，这个指标要达到 3 000 亿加仑（约 11.4 亿立方米）。

与贝克类似的卓越领导者都会将企业的社会使命嵌入核心运营中，将两者间的矛盾降至最低。他们会检视公司的战略、产品与服务、供应链、绩效指标及激励措施，确保与公司使命相符合。他们还会经常自问："公司在哪些领域的表现会被最关键的利益相关者认定为表里不一？"以及"有什么是目前公司没有评估或报告的内容，但将来社会各方可能因此追究我们的责任？"

百思买的休伯特·乔利发现，根据使命（借由科技丰富生活）来验证公司战略，可以开辟新的增长机会。"它极大地拓宽了思路，让我们可以重新思考能为客户做些什么。"他分享道。比如，该公司进入了医疗领域，把握了全球人口老龄化的趋势，了解到老年人想在更舒适的家中住得更久的愿望。"因此，我们开展了一系列收购，现在我们能在老年人家中安装传感器，并使用人工智能监测他们的日常活动，比如饮食和睡眠情况。"乔利说，"如果出现任何问题，监测中心便会发出警报。这项服务是通过保险公司销售的，后来成为我们的一个高增长点。如果只用传统方式看待自己的业务，我们永远不会想到这一点。"

发挥企业自身优势，激发改变

即便有了清晰、令人信服和强有力的社会使命，仍然有太多公司难以履行利益相关者要求的企业社会责任（Corporate Social Responsibility，CSR）。这项最严格的审查通常涉及围绕环境、社会和治理因素（Environment, Social and Governance，ESG）的企业社会责任风险和商业机会。环境因素包括能源效率、污染、森林砍伐和废料管理等。社会因素与人们受到的待遇有关，诸如多样性和包容性、工作条件、人权保护、公平的薪资和良好的社区关系等。治理因素包括风险管理、高管薪酬、捐款、政治游说、税收策略和透明度等。卓越领导者会关注所有这些因素，并寻找能发挥公司优势、取得超额绩效的领域。

在美国发生呼吁种族正义的示威后，摩根大通宣布在 5 年内投资 300 亿美元，为服务水平低下的社区（特别是非裔拉美裔社区）提供经济机会。这笔投资将涵盖抵押贷款、再融资、经济适用房股权投资和小企业贷款等一系列让该公司大展拳脚的领域。杰米·戴蒙宣布投资时说："种族主义是美国历史上的污点。我们应该采取更多更好的措施，打破导致种族主义蔓延的体制和普遍存在的经济不平等状况，特别是对于非裔和拉美裔。社会早就该以更切实、更有意义和更可持续的方式解决种族不平等问题了。"

新冠疫情暴发时，卓越领导者纷纷带领公司伸出援手。通用汽车清理了印第安纳州科科莫市的一家工厂，把制造汽车零部件的生产线替换为呼吸机生产线，目标不是盈利（美国政府以成本价采购这些呼吸机），而是为了帮助美国将全国战略储备增加 3 倍。奈飞为电影和电视制作行业失业的技术工人设立了 1 亿美元的救济基金，这些人包括电工、木工和司机等，因为他们只有接到活才有收入。在辛辛那提儿童医院，迈克尔·菲舍尔对董事会说："如果社区需要我们将一些设施用来为新冠危重患者服务，我已做好准备。"

在环境、社会和治理问题上发挥优势，做出改变，不只在危机发生时才有用。肯·鲍威尔讲述了他在通用磨坊的做法："我们专注于世界各地的粮食安全和可持续农业，考虑到我们所在的行业，这对我们意义重大。在这些领域，我们已经在全世界取得了一些非凡的成就，如果通用磨坊的员工自愿花点时间去帮助非洲的小型食品初创公司，这是件充满成就感的事，还会带来忠诚与承诺，这对我们来说是一个非常独特的机会。"

同样，拉尔斯·雷宾·索文森在诺和诺德任职初期认识到，制药业尚未找到两全的方法来降低药品获取门槛。公司需要保护知识产权，发展中国家则需要以低成本的方式为弱势群体生产药品。"我们最终决定以成本价向最贫穷的国家出售胰岛素，"索文森分享道，"更重要的是，我们创建了一个名为世界糖尿病基金会的独立组织。我们每销售一瓶胰岛素，就有一部分收入流入该基金会，这笔资金将会推进发展中国家的产能建设。"如今，该基金会已成为全球最大的慢性病资助机构。

就像社会使命声明一样，CSR 或 ESG 报告引发了许多人的质疑。卓越领导者欢迎监督，因为使命已嵌入公司的灵魂。皇家帝斯曼的谢白曼解释说："我们放弃了企业社会责任报告，转而将公司的所有活动和立场整合进了年报。我们的核心业务是通过为更美好的世界做出贡献来赚钱。我希望将使命（也可称之为企业社会责任）嵌入我们的能力和业务内核。如此一来，可持续发展不仅是我们的使命，也成为我们的商业模式，可持续发展真正成了可持续的发展。"谢白曼的信条使帝斯曼凭借在企业可持续发展方面的领军地位连续 3 年登上《财富》杂志的"改变世界的公司"榜单，他本人担任 CEO 期间也被授予"联合国年度人道主义者奖"。

勇敢发声，必要时表明立场

不论领导者喜欢与否，都有可能被置于当今社会问题的聚光灯下，哪怕这些问题与公司的社会使命相距甚远。卓越领导者通常会做好心理准备，许多人甚至选择主动出击。马希德·弗泰伊姆集团的阿兰·贝贾尼观察到："现实情况是，许多员工希望看到公司领导者对当今世界的主要议题积极发声。当今的社会问题和全球性挑战大到政府无法单独应对，因此政府、企业和公民社会之间的合作极其重要。领导者可以发挥重要作用，推动叙事，参与讨论，贡献建设性意见。**改变始于言语和思想，然后才能转化为行动。**"

艺康的道格·贝克回顾了他在超过 15 年的 CEO 任期内的角色转变："我认为企业现在已经明白，必须在一些过去保持沉默的议题上发表更多意见，比如社会正义问题和治安问题。过去我从不会对这些指手画脚，虽然我有自己的观点，会向朋友表达我的看法，但作为 CEO，我会告诉自己，'那可不是我的地盘，人们不想听到我的发言'。至少过去我是这么想的。现在，当我直言不讳时，即使是对一些理所应当要反对的负面事件，也会有非常多的人说，'我们很高兴你表达了立场'。这令人难以置信。时代真的变了。"

贝克并不孤单。2021 年初，Twitter 时任 CEO 杰克·多西（Jack Dorsey）和 Facebook 的 CEO 马克·扎克伯格做出艰难决定，封禁了时任美国总统唐纳德·特朗普的社交账号，以杜绝其在社交媒体上传播美国总统大选存在舞弊现象的谣言。许多公司相继采取行动。在为认证全美 50 个州的选举人投票结果而举行的联席会议上，有 147 名国会议员质疑选举结果。随即，美国运通、百思买和万事达卡等公司宣布将不再向这些议员提供政治捐款。摩根大通、微软和怡安等公司则宣布暂停所有政治捐款，因为议员们企图颠覆选举结果的行为与公司价值观不符。

卓越 CEO 不会将个人追求与公司的原则混为一谈。对于 CEO 而言，听取高管团队、董事会和普通员工的意见至关重要，比如什么时候应该以个人身份发言，什么时候应该代表全公司和利益相关者发言。如财捷的布拉德·史密斯所说：

"2016 年总统大选后，我被施压给员工写一封信，就特朗普获胜一事安抚许多人的失望之情。我拒绝了，并告诉他们，'请帮我个忙，标出所有分公司的位置，告诉我哪些位于红州（倾向于共和党），哪些位于蓝州（倾向于民主党），再标出所有 TurboTax 客户和 QuickBooks 客户都在哪里。'猜猜结果如何，有的在红州，有的在蓝州。虽然我有我的投票立场，你有你的投票立场，但不应从公司层面阐述个人立场。"

史密斯继续表示："我们必须说出要坚持的东西，所以我们写下了一系列原则。很简单，'我们坚持自己的价值观，主张保护人权，主张公民自由和法律面前人人平等，主张在所有开展业务的州和其他国家或地区遵守当地法律。如果其中任何一项原则受到挑战，我们将以我们认为合适的方式采取行动，首先要做的就是发挥影响，激发改变'。这很重要，我认为许多领导者都没有做到这一点。"史密斯称在其任期的最后 3 年，是否表达自己的立场成为他工作中最困难的部分。他说："这可能会让许多公司内部撕裂，因为一些员工希望你为某些事挺身而出，成为他们理想的领导者，另一些员工则有不同意见。这很难，但你必须想办法驾驭它。"

有时候倾听比诉说更重要。史密斯说："你必须准备好迎接一场也许不太舒服的对话。在员工大会上开门见山，'我不知道怎么处理这件事。我们能帮什么忙？我们能做什么？你们需要什么？'让大家对最后的解决方案有参与感。"在美国发生因种族歧视而爆发的警察抗议活动后，美国合众银行的理查德·戴维斯正是这么做的，他要求该行 25 个地区的领导者举行聆听会，他亲自参加了其中几场。"这与银行业务没有任何关联。股东们不在意我们做不做这件事。"他分享道，"归根结底，倾听非常重要，聆听会让我们收获了很多感谢。"

百思买的休伯特·乔利进一步阐述了这一观点：**"领导者不能只靠大脑来领导企业，更要用心、用灵魂、用胆识、用耳朵、用眼睛来发挥领导力。这与 20 年前的标准截然不同。"**

相比以往，今天的社会使命蕴含了更多的商业使命。卓越的公司缔造者早已明了利润和使命密不可分。与维克多·弗兰克尔在 1946 年的观察一致，社会使命的影响远超它所能带来的高额利润。那些相信自己在工作中"践行了自身使命"的人，其幸福感是其他人的 5 倍，潜心工作的概率也是其他人的 4 倍。这种好处并不局限于职场：研究表明，心怀使命的人也更长寿、更健康。[8]

　　卓越领导者首先会在社会层面详细阐述公司存在的原因（使命），以充分激发公司全部潜能。其次，将公司使命嵌入企业运营的内核。再次，发挥公司优势应对当下的环境、社会或治理问题。最后，当情况需要时，卓越领导者会利用他们的平台勇敢发声，表明立场。

　　清晰的社会使命感能为与利益相关者建立关系打下坚实基础。如要建立良好的关系，领导者须得像关心公司使命一样，密切关注利益相关者的使命。

第14章

外部沟通，推开别人推不开的门

THE SIX MINDSETS
THAT DISTINGUISH THE BEST
LEADERS FROM THE REST

CEO
EXCELLENCE

不要夸大其词，要坦率地阐述问
题，不要侥幸。

唯有换位思考，才能真正相互理解。

——哈珀·李（Harper Lee）

有一幅漫画流传甚广，上面有两个人，各自指着地上的数字。一个人站在数字这边，说是 6。另一个人站在那边，说是 9。漫画下面是这样解说的：你对，不代表我错。这幅简单的漫画揭示出了一个深刻的道理：角度不同，同一件事情会有不同的解读。若以此来形容领导者面对不同利益相关者时的复杂性，可谓非常贴切。

与利益相关者搞好关系，领导者责无旁贷，否则风险非同小可。马希德·弗泰伊姆集团的阿兰·贝贾尼说："公司的'商业许可证'是谁授予的？是那些受到你影响的个人、社区或社会。你可以制定最好的战略，开发最好的技术，保持强劲的资产负债表，但当这些利益相关者发生某些变化时，无论是否在你的掌控之下，都会对你的组织产生巨大的（直接或间接）影响。我们经常看到这样的情况，某件事情起初看似无关紧要，后来却几乎变成一场灾难。如果领导者不能妥善加以处理，企业声誉也许会遭到毁灭性的打击，领导者的职业生涯也许会终结，企业也可能会就此止步。"

正是考虑到贝贾尼列出的这些原因，管理学大师彼得·德鲁克曾经表示："在任何组织，无论其使命是什么，领导者都应该是联系内部（即组织）与外部（即利益相关者）的纽带……内部只有成本，结果都在外部。"[1] 德鲁克所说的"外部"包括股东、债权人、投资者、分析师、监管机构、立法机构、客户、供应商、分销商、地方和国家社区、公众（全球社区）、媒体、工会、行业贸易团体、专业协会、游说组织、竞争对手等。许多利益相关者之间也有着错综复杂的关系，有的相互竞争，有的相互依赖。

为了最大限度地把握好与利益相关者的关系，卓越领导者有如空中飞人，一有需要就飞往世界各地，为公司业务争取支持。在彼得·沃瑟就任壳牌集团 CEO 的那个时期，像壳牌这样的跨国石油公司日渐式微，而本国的石油巨头日益壮大。沃瑟知道必须与大型国有石油公司以及控制它们的政治人物建立更好的关系。壳牌为文莱和阿曼分别贡献了约 80% 和 65% 的 GDP。"除了 CEO，你认为这两个国家的领导人会跟别人谈吗？"沃瑟说，"不会！我们对他们负有重大责任，必须兑现承诺。"

"我坚信，"沃瑟说，"我既是壳牌的 CEO，也是品牌大使。我代表着壳牌的近 10 万名员工、零售点的近 35 万名工作人员，以及为项目施工的近 50 万名工人。"沃瑟估计自己有一半时间都在跟外部利益相关者打交道，这还不包括跟股东的互动。他总是在出差，挨个拜访不同的国家或地区，解释壳牌如何与之共享长期繁荣。

与我们交谈的所有 CEO 都认同沃瑟的观点，尽管与利益相关者打交道很辛苦，但确实成就满满。"最令人感到欣慰的是我能推开别人打不开的门。"他说。然而，并非所有的 CEO 都像卓越 CEO 那样在外面如鱼得水。整体来看，只有不到 30% 的 CEO 自认为与外部利益相关者的互动是有效的。在这方面游刃有余的领导者都有以下 4 个方面的共性。

➤ 优化日程安排，控制花在"外部"的时间
➤ "知其然"，更要知其"所以然"
➤ 积极互动，让灵感在交流中涌现

➤ 统一叙事，保持合适的"言行比"

优化日程安排，控制花在"外部"的时间

管理学大师彼得·德鲁克将 CEO 定义为内外联结的纽带，还强调了优先级的重要性："CEO 的首要任务是给组织界定有意义的'外部'。"2004 年他在《华尔街日报》发表的一篇社论中写道："界定绝非易事，更非显而易见。"他还阐述道，**没有一家公司能让每个外部利益相关者都满意，而决定利益相关者的优先级是"一项风险极高的决策，一旦确定就很难改变或推翻。这样的决定只有 CEO 能做，也必须由 CEO 来做"。**[2]

那么，领导者究竟应当如何确定优先级呢？最简单的办法是参照一些标准对利益相关者进行识别和排序。然而，卓越领导者会更进一步。他们知道与利益相关者打交道该花多少时间。财捷的布拉德·史密斯解释道："首先，启动一个'时间容器'——随便你怎么叫它，然后确定自己会对外部投入 20% 的时间。任何想要动用这 20% 的人，都必须证明为什么他们比其他人更能让我的时间有意义。我的助理会用颜色标注每一件事情，到了月底来衡量我有没有正确利用时间。比如，我需要有一个合理的理由说明，为什么要牺牲与股东沟通的时间去接受《财富》杂志的采访。理由必须充足，得让我相信这种取舍是有意义的，并且所投入的时间绝对不能超过 20%。"

我们发现，本书采访的卓越 CEO 在与利益相关者打交道上平均投入的时间占全部时间的 30%，但如何分配时间差异很大。例如，阿霍德德尔海兹集团的迪克·布尔与外部互动只投入 10% 的时间。奈飞的里德·哈斯廷斯则会投入大约 30% 的时间跟政府、公关公司和股东打交道。除此之外，他还要与客户互动，了解焦点小组的建议，以及用户喜爱的节目和原因。如果把这些也计算在内，他投入了 50% 的时间。尽管比壳牌集团 CEO 彼得·沃瑟还是稍逊一筹，这也不是个小数字了。需要强调的是，随着领导者所处环境的变化，时间分配往往也会有所

调整。"我在上任之初更关注同事和内部事项。"美国合众银行的理查德·戴维斯分享道,"当组建好我信任的内部团队后,我花在外部利益相关者身上的时间就多了起来。"

当确定了时间分配后,很快卓越领导者就根据哪些互动有助于公司实现使命、落实战略和管理长期及短期风险来确定各自的优先级。威科集团的南希·麦肯思基将绝大多数时间放在客户身上。杜克能源的林恩·古德则很重视与监管者和政治人物打交道。美国合众银行的理查德·戴维斯选择把大量时间花在"社区事务"上。IDB 的里拉奇·亚瑟-托普利尔斯基则重视与工会建立良好关系。Equity Group 的詹姆斯·姆旺吉选择在联合国和其他顾问委员会任职。诸如此类,不一而足。

对任何一家上市公司的领导者而言,无论公司的使命和战略如何,投资者的重要性都不言而喻。卓越CEO通常会抽时间与公司最重要的15～25个最有见识、对公司最关心的投资者互动,并安排 CFO 和投资者关系部门接待其他投资者。同时他们每年会参加一两次投资者会议,但仅此而已。

皇家帝斯曼的谢白曼刚出任 CEO 时,就带着他的投资者关系团队拜访股东。据他回忆,有几个股东"专门问了我一些问题,因为他们想知道短期内,甚至下个季度会发生什么事情。他们不太关心公司的未来"。谢白曼建议,如果他们以此为目标,那最好卖掉股票。他的投资者关系团队质疑这种做法欠妥,但他认为"这样做对极了,尤其是在我们转型的过程中"。

谢白曼知道自己在做什么。"我们列了一份公司的理想股东名单,但其中有很多人尚未持有我们的股票。人们通常这样说,'你不能决定谁买你的股票;他们会自己决定买谁的股票。'我说,'没错,钱是他们的,我不能替他们做决定,但我们可以主动吸引理想的投资者。'我们在这上面花了很多时间。股东不是一成不变的,可以努力争取。与他们加强沟通,就能让他们与你同行,建立信任。"格雷格·凯斯也在怡安集团采取了同样的措施。"大约 10 年前,我们对自己的投资者不太满意,他们过于重视短期利益,所以我们开始着手做出改变。"他分享道,"我们分析

了 '根据现有战略，应该让谁入股'。我们跟现有的股东沟通，确定了尚未入股的投资者，然后主动接触他们。"

一旦明确了利益相关者以及应该投入多少时间，卓越领导者就会优化日程安排，以充分利用每一分钟。西太平洋银行 CEO 盖尔·凯利的做法在澳大利亚传为美谈：每个季度视察各大区市场时，她都会拜访尽可能多的利益相关者，包括社区、员工、客户、地方政府和媒体。"我在这方面对自己要求非常严格，甚至有些苛刻。"她说。另一位 CEO 认为，尽管制订严格的计划很重要，但也应该保持灵活性。她说："每年 9 月，我们都会展望来年，并制订计划和时间表，比如投资者电话会议、客户拜访、航展、会议等。如果有新的事情出现，我们要么放弃，要么就得取消一些事情。当然，计划并没有严格到不能调整，但你必须知道来年的重点是什么。"

"知其然"，更要知其"所以然"

在第 13 章中，我们阐述了让利益相关者明确理解企业使命的前提下与之互动的重要性。同样，卓越领导者在与利益相关者互动时也会突破"知其然"，上升到知其"所以然"。这样便可建立更深刻的联系，还能解决冲突，至少能让对方感到被倾听、被理解，为相互尊重打下基础。

里德·哈斯廷斯透露了他对奈飞部分利益相关者的看法："以媒体为例。我对媒体的主要看法是，其初衷是传播事实，却不得不走向泛娱乐化。如果你理解这个矛盾，就能理解媒体在为大众提供娱乐功能时，也在传播某些事实。而政治人物最重要的是得到社会上绝大多数人的支持。这个挑战非常困难，一旦你理解了这一点，那么当他们做了一些看起来似乎不理性的事情，你就能原谅他们，因为你尊重政治人物引导公众情绪的独特能力。这些例子说明你在努力真正理解对方。"

要在与利益相关者互动时知其"所以然"，未必要暗自揣度——在多数情况

下，你可以直截了当地问，也应该这样。 当耐思特（Neste）前 CEO 马蒂·列沃宁（Matti Lievonen）决定提高这家炼油公司的可持续发展水平时，他发现这绝非易事。该公司想要使用更多可再生原料（比如城市垃圾、回收木材和塑料）生产燃料，进展却很缓慢。2011 年 10 月的一天，当列沃宁开车去办公室参加公司的季度财报电话会议时，抬头一看，发现公司总部四周的外墙上悬挂着绿色和平组织的横幅。激进人士甚至想封锁大门，翻墙而入。耐斯特的对外沟通总监非常紧张，员工也深感震惊。绿色和平组织抗议耐斯特使用棕榈油作为炼油原料。"经过艰苦而具有开创性的工作，我们确保与棕榈油有关的一切都做到了可持续发展。"列沃宁说，"但我知道，鉴于此事对运营和声誉产生的影响，我们必须倾听和回应他们的担忧。"

列沃宁邀请环保人士来到耐斯特总部大楼的礼堂会谈，约有 500 人亲眼见证了整个过程。他承诺，只要对方坦诚相待，他一定会回答他们的问题，消除他们的疑虑。"透明是相互的，"列沃宁说，"我们无法在第一次会谈就给出所有答案。但开启对话，将使耐斯特成为一家更好的公司。即使我们无法就所有事情达成一致，倾听一个环保组织提出的强烈批评也是很重要的。"当员工目睹了管理层的坦诚态度后，公司内部氛围也发生了变化。耐斯特改进了研发和可持续发展措施，并且研究了新的原材料。到列沃宁任期结束时，耐斯特已经大幅扩展了可回收原材料业务组合，并且成为全世界最大的从废物和残留物提取可再生柴油和航空燃油的生产商。

"我认为必须将批评当做一次改变的机会，"他说，"我们必须站到利益相关者的角度来思考问题。这不仅是为了赢得他们的信任，也是为了提升我们自己。我们如今有了长足进步。"

积极互动，让灵感在交流中涌现

多数领导者与利益相关者互动时目标明确，通常是为了制定决策、达成协议或获得谅解。卓越领导者的目标总会更进一步，且贯穿于与利益相关者的所有互动中：收集促进企业发展的新想法。例如，弗莱明·奥恩科夫掌舵夏尔和高德美期间，就通过与客户的频繁互动为多笔并购开辟了道路。"我们在夏尔至少有两三笔交易是我从认识的医生那里得到的灵感，他们对我说，'你们真的应该考虑一下这件事情'，'我参与了这款产品的开发'，或者'我见过这个临床试验的病人'。"

怡安集团的格雷格·凯斯也经常从与客户的互动中获得产品开发的灵感，保障网络安全和防范知识产权被盗风险这两款产品就是例子。凯斯解释了他的理念："你与客户互动当然是为了真正服务于他们，但也是为了探索变革方式。"

不过，灵感未必都来自客户，也可能来自其他利益相关者。供应商、合作伙伴甚至政治人物都可能激发出好点子。令人惊讶的是，当卓越领导者与那些想从他们那里获取信息的投资者和分析师互动时，还能反客为主。通用磨坊的肯·鲍威尔回忆道："我花了很多时间与大股东沟通。他们中确实有些人急于求成，但还有一些人秉持建设性态度，长期以来都很了解我们的行业。我从对话中汲取了许多能量，我感到这有助于完善我们的思维体系，强化我们已经在思考的东西。"

杜邦的薄瑞廷在与激进的投资者互动时也采取了同样的措施。"我会与激进的投资者对话。如果你认真倾听，会发现这些人往往有一些好想法。我同意他们在白皮书中所说的 80% 的内容，我不认同的是他们解决问题的思路。他们的观点是，'如果薄瑞廷有更好的办法，那很好，赶紧落实吧'。他们只想着解决问题。我发现，如果积极地与他们互动，他们往往会成为你的盟友。"

对于道达尔的潘彦磊来说，特殊利益集团通常是灵感来源。例如，在一次联合国气候会议上，他听取了数百家公司的领导者畅谈碳中和问题。"现场没有石油或天然气公司的老板，"他回忆道，"会后我意识到必须切实采取一些措施。"这样的互动使潘彦磊产生了触动，他因此投资了数十亿美元加大可再生能源发展力度，以落实道达尔在能源领域有志成为全球领导者的使命。

有的时候，外部合作也能贡献好想法。当雀巢与迪士尼合作改进沟通战略时，雀巢前 CEO 包必达（Peter Brabeck-Letmathe）专门去洛杉矶的迪士尼工作室待了一段时间。在那里，他了解到迪士尼在构思每部动画电影时，已经开始思考如何在未来 10 年还能充分发挥其价值。他们的首要做法是定义角色，然后思考日后如何"变现"这些角色。电影上映结束后，会被制作成 DVD 或其他媒介形式。接下来的 10 年，他们将利用影片中的元素成倍放大这部电影的价值。换言之，迪士尼思考的不只是如何制作一部电影，而是怎样完善和带动"周边经济"。

回到雀巢后，包必达也运用了上述做法。他要求研发人员开发出一种能够形成品牌效应的营养成分。第一个就是 LC1，这是一种添加到许多产品中的益生菌。包必达说："如果只为一种产品开发一种成分，价值很有限，所以我们考虑如何将一种营养成分转化成一个品牌，如何在未来 10 年将它的价值最大化。**无论你身在何处，扮演何种角色——人们行事的方式总是不同的，你肯定能从中学到一些东西，然后把它应用到自己的公司。**"

统一叙事，保持合适的"言行比"

卓越领导者深知，由于利益相关者数量众多，想要为每一方一一定制信息完全是徒劳。他们发现，与外部利益相关者互动时，统一叙事既能提高效率，又能减轻负担。这不仅适用于公司的社会使命，也适用于跟公司各方面业务相关的各种话题。雅克·阿申布瓦在与法雷奥利益相关者互动的过程中践行了这一理念："我提交给董事会的内容与提交给股东的内容完全一样，与提交给管理者和工会的内容也完全一样。我不想在沟通方面有什么区别，必须统一起来。"

IDB 的里拉奇·亚瑟－托普利尔斯基强调了保持开放、诚实和一致的重要性，尤其是在股票市场。"你提出愿景，然后展示如何持续推进这个愿景。当事情发生时，无论是对内还是对外，你都要继续以同样的方式沟通，并对他们说，'这是我们了解到的情况，目前发生了这些事情，因为某些原因导致符合预期或者不符合预期。'不要夸大其词，要坦率地阐述问题，不要侥幸，这样你才不会被市场反噬。因为一旦'你夸大其词了，人们就会高估股价'。"

这样的坦诚虽然会打破领导者的舒适区，但却是真正建立互信和信誉的唯一方法。美国合众银行的理查德·戴维斯解释了他遇到一些负面新闻时是如何应对投资者的："我经常对他们说，'瞧，我提供了未经粉饰的真相。这就是我们正在努力的事情。你们应该知道真相，我们应该得到你们的信任。所以，当我们说一切顺利时，你们会记得曾经在不顺利的时候我们也坦诚相告，因为我们始终开诚布公。'"

格雷格·凯斯出任怡安集团的 CEO 后不久就意识到，对外保持清晰、一致的叙事十分重要。当他在 2005 年接管这家专业服务公司时，他被要求在一个月后的投资者日上做汇报。当时，怡安已经有许多年没有举行过投资者日了。凯斯回忆道："如果我经验更丰富一些，我就会说'很好，我们要把它取消了。'但我当时没什么经验。所以我说'好的，我们会准备好。'一个月的时间，我能针对怡安的战略说出什么有意义、有吸引力的内容呢？什么也说不出来。就算一个月内有了方案，也不宜去跟投资者聊，应该先跟同事讨论。我们要打好基础，做出一些好东西，然后才向投资者展示。但我当时并不知道这些，所以我在一个月后还是做了汇报，那简直是一场噩梦。"凯斯吸取了深刻教训："你必须制订好计划，然后确保所有人都明白你想干什么。"

对所有利益相关者都保持统一叙事可形成良性循环，通常能让领导者在利益相关者身上投入更少的时间，却仍能保持一致性。百思买的休伯特·乔利解释道："**与利益相关者互动的关键是保持合适的'言行比'，即我们说要做的事情与实际做到的事情的比例。**这事关信誉，如果说到做到，他们就不会老盯着你。他们会希望你把时间都花在业务上，兑现你的承诺。"

维护与利益相关者的关系是管理企业的重中之重。"与政府、经销商、供应商、工会和社区等利益相关者建立良好的关系并不是锦上添花，"通用汽车的玛丽·博拉说，"而是经营好公司必不可少的部分。"我们发现，与利益相关者互动需要开展许多工作，相应地可能消耗领导者的大量时间。这无疑也是一项艰巨的任务。领导者可以直接向员工下达指令，但对于许多影响公司命运的利益相关者，却无法发号施令。此外，利益相关者对于企业的关注也远超以往，激进人士也在开发越来越复杂、巧妙的工具来攻击管理层。

尽管如此，就像溢达集团的杨敏德所说，卓越领导者"会避开'对外沟通过多，对内沟通不足'这个常见的陷阱"。他们会启动一个"容器"，确定与利益相关者互动的上限，并充分利用与利益相关者互动的时间，通过尽可能理解并感受对方的"所以然"，让每一次互动卓有成效。此外，卓越领导者还会充分利用每一次互动来收集新想法，推动公司更好地发展。最后，卓越领导者对所有利益相关者始终保持一致的叙事——这不仅能提高声誉，还可以更加从容地应对复杂的外部环境。

与利益相关者建立牢固的关系极其重要，尤其是当危机来临时，这种关系可能攸关成败。

第15章

危机管理，将危机后的公司业绩推向新的高度

千万别等到危机来临再做准备。
应该在危机发生前加强韧性。

抱最好的希望，做最坏的打算。

——斯蒂芬·金（Stephen King）

　　2015 年，富国银行（Wells Fargo）CEO 约翰·斯顿夫（John Stumpf）获得晨星授予的"年度最佳 CEO"称号。10 个月后，他因公司为客户建立虚假账户丑闻黯然辞职。波音公司 CEO 丹尼斯·米伦伯格（Dennis Muilenburg）被《航空周刊》(Aviation Week) 评为"2018 年度人物"。11 个月后，受到波音 737 MAX 事件影响，他被董事会辞退。英国石油公司（BP）的唐熙华（Tony Hayward）在深水地平线钻井平台发生漏油事故后不久辞职。由于担心公司的文化受自己影响，优步（Uber）的特拉维斯·卡兰尼克（Travis Kalanick）迫于几名董事会成员的压力而辞职。很遗憾，这种"从天之骄子到过街老鼠"的 CEO 故事一次又一次地上演着。

　　显然，管理危机的最佳方法是预防危机。无论公司经营得多好，无论 CEO 多么卓越，也难免遭遇危机，这只是时间问题。过去 10 年，在《福布斯》"全球企业 2 000 强"榜单上，排名前 100 的公司与危机一词同时出现在新闻标题中的频率，比 10 年前高了 80%。[1] 鉴于科技和全球供应链催生了日益复杂的产品和服务，这似乎在情理之中。然而雪上加霜的是，第一，利益相关者的期望越来越高；第二，Twitter 和 Facebook 等社交媒体平台会急剧地放大担忧；第三，许多地区的政府愈发愿意代表选民进行干预。我们在前面几章已讨论过这些方面的问题。

危机可能发生在任何地方。比如，2017 年，美国联合航空（United Airlines）因超额订票强行将乘客从机舱拖走，导致乘客受伤。此事被媒体广泛报道后，时任 CEO、后来担任执行董事长的奥斯卡·穆尼奥斯（Oscar Munoz）遭遇了危机。再比如，一次大面积的网络入侵使信贷机构 Equifax 的前 CEO 理查德·史密斯（Richard Smith）陷入危机。事实上，代价高昂的安全问题、道德问题、敌意收购均有可能引发危机，导火索无处不在。更麻烦的是，并非所有危机都来自企业本身。宏观经济事件、疫情、国际冲突、自然灾害、社会冲突、恐怖袭击等大量的外部因素都可能将领导者卷入危机。

2014 年 1 月，玛丽·博拉刚接任通用汽车 CEO 几周，该公司就因为点火开关问题不得不召回数百万辆汽车，因为这一安全问题引发了多起致命车祸。她后来回忆道："危机降临时，你不会马上意识到它的严重性。当你听到一些坏消息，你不会马上想，'哦，天哪，这是一场大危机'，但随着点火开关召回事件持续发展，我们很快意识到了事态的严重性。"她向通用汽车的股东之一沃伦·巴菲特寻求建议，巴菲特与她分享了自己接管陷入困境的所罗门兄弟公司（Salomon Brothers）时的一条 5 字真言：快刀斩乱麻。

为了处理危机，博拉从 15 人的领导团队中指派了 5 人，让他们每天会面处理危机。在危机的早期阶段，团队遇到的问题往往比解决办法多，博拉不断催促他们去寻找解决办法。他们有时会面 2 小时，有时 20 分钟，博拉也始终与他们保持密切联系。与此同时，她还要求领导团队的其他成员维持日常运营，推动每日销售，避免汽车项目脱离正轨。

有趣的是，她反而在危机中看到了机会，可以借此加速必要的文化变革。"陷入危机时，"博拉说，"我们说，'这是我们的价值观，别光知道把它贴在墙上，要勇于践行，度过这段艰难时期。'通过秉持'客户至上'的价值观，我们说，'我们将提高透明度，将尽一切可能为客户提供支持，尽一切可能避免重蹈覆辙。'"

那年春天，博拉出席了国会听证会。面对严厉质询，她有时不得不承认自己目前没有解决方案，恐怕调查完成前都不会有。博拉回忆道："我因此受到了严厉批评，但我很高兴我没有试图猜测问题的根源，因为我会猜错，而且这会让问题雪上加霜。大家会说，'你之前那样说，现在却这样说。'"博拉的团队渐渐了解到更多信息，他们会立即与公众分享，并尽力帮助客户。最终，通用汽车召回了逾 260 万辆汽车，并解决了数千起伤害索赔，还在一项集体诉讼中支付了 1.2 亿美元和解费，主要用于赔偿召回点火开关问题车辆给车主或承租人造成的经济损失。

得益于此次危机处理，博拉在 2014 年被《财富》杂志评为"年度最佳危机管理者"。当她反思自己学到的东西时，除了继续为相关的悲剧深感歉意之外，她说："我最大的感叹是，作为一名领导者，有时你认为你必须做决定，但实际上并非如此，因为只有一件正确的事可做。没错，你得全盘考量，但你真的别无选择。很多时候，人们会说，'我们遇到了这个问题。这会对我们产生这样的经济损失。'我会说，'究竟怎么做才好？经济损失当然不好，但究竟怎么做才好呢？'"

一场危机可以让原本优秀的领导者黯然离职，但卓越领导者却可以巧妙地利用危机，将公司业绩推向新的高度。危机能否带来转机取决于领导者能否做好以下 4 件事。

> ➤ 进入风暴前要做好充足准备
> ➤ 创建指挥中心，让危机处理更有序
> ➤ 保持长远眼光，才能全速前进
> ➤ 坚韧不拔，找到自己的舒适点

进入风暴前要做好充足准备

卓越领导者遵循着一句老话：预防为主，治疗为辅。艺康的道格·贝克说："千万别等到危机来临再做准备。应该在危机发生前加强韧性。"溢达集团的杨敏德打了个颇有启发意义的比方："遇到危机就像一艘帆船遇到风暴。必须在进入风暴前就做好准备，千万别指望临场应变。"

基本每家公司都会采用某种方法来预测未来。较好的公司会基于"最好"、"中等"和"最坏"的情景进行预测。通过对比极端情况，公司可制定应急预案，减轻不利因素的影响，最大限度地发挥有利因素的作用。最好的公司会更进一步，对公司应对少数"黑天鹅"事件的能力开展压力测试。"黑天鹅"事件看似是一种罕见的非常严重的危机，但事后看往往有迹可循。

例如，为了发现问题，奈飞的里德·哈斯廷斯开展了压力测试："假设 10 年过去了，奈飞变成了一家失败的公司。根据这一假设来评估导致失败的各种原因。"其中一个原因是一场飞机失事摧毁了奈飞的总部，据推测，发生这种情况的可能性只有 0.001%。以此类推，哈斯廷斯和团队逐一研究了其他原因，评估了相应的概率。"想不到评估这些情景这么难，"他说，"有的时候，讨论主题会转向我们能做些什么来应对其中的风险。但很多时候，只需要明确我们面临的风险，就能促使大家明智地调整行为，加强公司韧性。"

多方面的压力测试可以揭示不同情景下的模式，领导者及其团队可以利用这些模式来制作危机应对手册。正如财捷的布拉德·史密斯所说："虽说每一次危机都独一无二，但退一步看，它们都有 70% ～ 80% 的相同特征。可以使用同一份手册，但必须根据具体情况进行调整。"

好的危机应对手册能够明确危机发生时的领导行为规范、"作战室"配置、行动计划及沟通方法。它还会定义一系列主要指标来评估威胁的严重性。正如通用磨坊的肯·鲍威尔所说："危机管理的一个秘诀是预判危机的来临。那些危机未必像疫情那么明显，但你必须敲响警钟，因为它可能比较隐蔽。危机可能来自一家非常有前途的初创公司，它可能对你造成严重冲击。如果某家公司拥有 1 000 名狂热用户，你就必须多加小心，关注动向，及早响应，否则危机会在不知不觉中降临。"

卡特彼勒公司的吉姆·欧文斯分享了对早期预警的响应如何改变了该公司的发展轨迹："2007—2008 年，团队中的每个人都坚信我们需要将采矿设备的产能提高一倍。我在纽约和华盛顿待了一段时间，虽然人们对卡特彼勒的增速保持乐观态度，但我能看出我们正在有迅速下滑的趋势。我们担心全球经济，所以选择不增加产能。与此同时，矿业公司称我们的产量满足不了他们的需求。第二年，他们砍掉了一大半的订单！"

为了避免应对手册过时，领导者应该要求管理者以定期模拟的形式"进行演习"。如此一来，当危机真正到来时，大家才能知道如何应对。欧文斯称他每年都要敦促领导者在卡特彼勒开展压力测试。他说："我让所有部门告诉我，如果面临 25 年来最严重的周期性衰退，他们将如何保持盈利。每个人每年都要进行一次这样的'演习'。在连续 5 年实现创纪录的增长和盈利之后，他们开始认为这个'演习'很蠢。但到第 6 年，它的价值终于显现了出来。2008 年 11 月，在全球金融危机期间，我说，'好吧。把大家的深度衰退预案拿出来吧。'"

压力测试也帮助丹格特集团安然度过了此次疫情危机。"疫情暴发前，我们加强和改进了业务流程、公司治理和组织架构，"CEO 阿里科·丹格特说，"例如，在这次演习中，我们建立了强大的风险管理职能，确保为此类情况做好准备。"尽管面临疫情挑战，丹格特仍能主动监测业务的关键维度，减轻财务的负面影响。"拥有一套运转良好的业务连续性框架，帮助我们维持了整个集团的业务运转。"丹格特说。

即使没有危机，定期的压力测试也能帮助企业发现加强韧性的机会。比如剥离表现不佳的业务，削减额外成本，加大对高增长地区的投资，加强并购计划，提高核心领导团队效率，以及开展必要的技术投资等。艺康的道格·贝克解释了此类行为的重要性："公司永远存在着问题。你必须解决那些显而易见的问题，才能腾出手来应对那些无法预见但终会降临的问题。强大的韧性能确保你在问题发生时有解决问题的能力。切勿让业务挑战堆积如山。"

除业务挑战外，压力测试还会凸显彼得·德鲁克所说的管理"有意义的外部"

的重要性,我们在第 14 章讨论了这一点。正如贝克所说:"不能等到有需要的时候再去培养与利益相关者之间的友好关系,平日里就应该加强这方面的工作。这就好比攒钱以备不时之需。我曾是美国合众银行的董事会成员。金融危机前,他们通过赢得监管机构的信任和信誉积累了大量货币。具体方式是保持透明度,不参与次级贷款,总体上做个好公民。这改变了人们对他们的看法,也影响了危机降临时人们对待他们的方式。建立起友好关系后,你将享受无罪推定的待遇,而不是有罪推定。"

老话说得好:凡事预则立,不预则废。能在危机前加强韧性的领导者在应对危机时会轻松得多。尽管如此,计划也不是万能的。正如前重量级拳王迈克·泰森所说:"嘴巴挨拳之前,人人都有自己的计划。"现在我们将目光转向领导者在危机期间的行动,如果处理得当,这些行动能够极大地改变他们自己和公司的命运。

创建指挥中心,让危机处理更有序

危机降临时,领导者应该想到:它可能会对社区、客户、投资者的生计和环境造成严重损害。投资者会怒气冲天,董事会和监管机构会追究责任,死敌们会抓住公司的把柄不放,激进人士可能会动员起来,消费者可能会发起抵制,竞争对手会伺机挖走客户或员工,黑客可能会攻击公司系统,媒体可能会悉数列举公司过去犯下的每一个错误。与此同时,真相少之又少,而关于危机严重性和公司复杂性的流言蜚语却甚嚣尘上。核心领导团队可能会受到牵连。其他人由于欠缺经验而难以提供帮助,或者性格使然,无法应对太大的压力。

面对乱局,公司往往只会一边向外部世界发布隐晦的声明,一边等待更多事实浮出水面,并期望事态没有看起来那么糟。随着危机的加剧,领导者经常因为应接不暇的负面新闻而陷入恶性循环。例如,在通用汽车的点火开关召回事件中,玛丽·博拉说:"我们领导团队的一些人认为,只要发布新闻稿,危机就会消失。我只好说,'危机不会消失的。我们必须多做点事,不能保持沉默,也不能只通过发布新闻稿进行沟通。'因此,我们不顾一些人的反对,召开了新闻发布会。"

就像博拉在通用汽车所做的那样，卓越领导者会立即创建一个跨职能的"指挥中心"团队，该团队有权应对主要威胁（错综复杂的法律、技术、运营和财务问题）和次要威胁（关键利益相关者的反应）。团队的规模通常不大，行动敏捷，有一名全力投入其中的高层领导，可获得充裕的资金支持，并且拥有足够的决策权，原本需要几天才能制定和实施的决策，团队只要几个小时就能完成。如果缺少这样的指挥中心，哪怕计划再周密，组织也会很快陷入运转失调的局面：不完整或不准确的信息会导致管理者的行动无法协调一致，而动辄需要数十人签字的执行机制，也会拖慢顶层的决策速度。最坏的情况是，不同团队会开始争权夺利和相互指责，导致事态陷入僵局。

指挥中心的一个关键作用是协调行动和实现良好的内外沟通。当新冠疫情暴发时，辛辛那提儿童医院的迈克尔·菲舍尔大幅加强了与内外部利益相关者的沟通。他让危机应对团队创建了一个线上"常见问题解答"页面。他和高管团队制作了一系列视频，向员工传达高管团队的想法。每周一，高管团队都会与公司的800名经理进行一小时的交流。他分享道："重点是让经理们知道'大家都需要知道的事'，同时让他们告诉我们'迈克尔，这是你和你的领导团队应该知道的事'。"在菲舍尔看来，这是一个机会，"这种做法不仅能维护与利益相关者之间的信任，还能加强这种信任"。

菲舍尔的经验说明，组建优秀的危机应对团队有许多好处。它能帮助组织深刻理解危机的规模、范围及背后的原因。这些信息将帮助领导者防范偏见，冷静评估解决危机所需的时间，确保不会做出可能进一步侵蚀公司和领导者信誉的承诺。该团队将采取行动平息利益相关者的极端反应，为更好地理解和化解威胁争取时间。例如，该团队可为商业合作伙伴提供紧急财务方案，向消费者支付善意赔偿，还可以召回产品，也能在必要时对监管部门做出紧急回应。

创建指挥中心的最大好处或许是，在上述必要甚至生死攸关的工作得到处理的同时，又不会占据领导者的所有时间。

保持长远眼光，才能全速前进

如果你是一艘战舰的舰长，当战舰被鱼雷击中时，你会怎么做？最好的做法是派一部分船员去修补破裂的船体，自己则驾驶船舰全速前进，同时部署其余船员继续战斗。公司遭遇危机时也可采取类似的方案。许多危机会直接影响到组织中的一两个环节，此时，CEO 需要让其他人继续专注于业务发展，要让大家镇定下来，并提供一种全局视角，让所有员工继续做好自己的本职工作。即使影响波及整个组织，"人们在危机中需要的也不仅仅是持续的沟通，"美国运通的肯尼思·切诺尔特解释说，"还要 CEO 设定背景，即如何界定短期、中期和长期预期。"

疫情期间，保持长远眼光令帝亚吉欧大为受益。随着世界各地的酒吧和夜店纷纷关门，孟轶凡和团队决定投入数千万英镑回购所有闲置不用的和即将到期的啤酒桶。"那两个季度我们的收益有所下降，但我不担心财务数据恶化。"孟轶凡说，"扛住短期压力是我们权衡之后的最佳决策。这向团队传递了信息：支持品牌、支持客户、做正确的事。后来，我们在各大市场的份额都有所增加。"

"反思职业生涯遇到的危机，我脑中会浮现领导者需要注意的 3 个教训，"皇家阿霍德德尔海兹集团的迪克·布尔分享道，"首先，不要主持或领导你的危机小组，要让他们向你汇报工作，这样你才能有足够的空间和时间来顾及企业的方方面面，而不是只盯着危机。其次，在组织内展现出信心，展现出你在掌控一切，知道自己在做什么，你会照顾好你的员工和客户。最后，在风暴中思考后续发展，因为危机可能会带来你未曾想过的机会，或其他必须面对的后果。"

布尔的见解与约翰·肯尼迪做参议员时的观点不谋而合："在中文里，crisis（危机）由两个字组成。危代表危险，机代表机遇。"[2] 在危机应对团队努力化解危险的同时，领导者也需要寻找机遇。例如，通用汽车的玛丽·博拉就利用危机加快了公司所需的文化变革。阿迪达斯的罗思德进一步阐述了这一观点："**人们常说永远不要浪费一场危机，这确实是一家公司推进变革的最佳时机。**这种时候你可以力排众议，宣布改革。例如减少不必要的差旅，把握数字渠道机会等。危机能帮助你提前两三年采取行动。"

除了利用危机推动组织变革以外，卓越领导者有时还会借机为企业确立新的方向。财捷的布拉德·史密斯扩展了这一思路："要认识到危机将加速哪些长期趋势。金融危机期间，平台、移动设备和全球化的普及速度超出了所有人的预期。同样，新冠疫情也有望加速虚拟协作、全渠道商务的普及，并提升优质金融知识和资金管理的需求。作为 CEO，你需要弄清楚有什么趋势加快了，而你必须迅速适应和跟进。"史密斯还认识到危机期间的一些尝试可能优于过去的做法。"列一份随时更新的清单，加入一些当前的实际表现好于危机前的项目，看看哪些能进入新的运营模式中。"他建议，"例如，疫情期间，Zoom 成了伟大的平权工具，人人都可以享有平等的发言权。也许我们再也不用去办公室工作了。"

通过保持长远的眼光，卓越领导者可帮助组织避免饮鸩止渴的解决方案。遭遇经济衰退冲击时，伊顿的桑迪·卡特勒对高管团队说："我们不想裁员。因为当我们恢复增长时，这些人的技能又将为我们所用，所以我们必须想出更好的办法。"他们启动了自愿裁员，并询问员工是否愿意休假，以保住其他同事的工作。高层团队放弃了所有奖金，削减了基本工资。

"大家的反应出人意料，"卡特勒说，"我们想向大家表明，'我们每一个人可以稍微勒紧一点裤腰带，相互扶持，未来我们会发展得更好。'这些决定很艰难，我们也受到了很多批评。华尔街希望我们给出数据，比如裁员 3 万或 4 万人。但我们说，'我们不打算这么做。我们认为这是陈旧的思维方式。新的思维方式是保护资源，让支出更加灵活。'"对于批评其决定的投资者，卡特勒把话说得很清楚："你们可以抛售我们的股票，但你们将犯下大错。因为我们会比那些大幅裁员的企业更快恢复元气。"

董事会往往是领导者在危机期间容易忽视的一个群体，这样不对。杜克能源的林恩·古德解释道："陷入危机时，新闻媒体可能会对公司进行严厉审查和批评。你需要让董事们了解媒体报道的背景，当然还有你为了应对当前状况所采取的措施。"而且这不只是一条"单行道"；我们在前几章说过，董事会也可以辅佐企业。

古德继续说："有时董事会也会指定一个小组委员会，专注于一个具体问题，利用其特定技能，进行更频繁、更深入的讨论。陷入危机时，你不能干等着下一次的董事会会议，而应该灵活行动，随机应变，积极沟通，对董事会的所有技能加以利用。"

当危机的初步冲击消退后，卓越领导者不会把它抛在脑后，除非确信团队已经找到了造成危机的根本原因。这些原因很少是技术问题，更多涉及人员（文化、决策权、能力）、流程（风险治理、绩效管理、标准制定）、系统和工具（维护程序）方面的问题，这些问题可能需要好几年才能完全解决。此外，公司的利益相关者会要求 CEO 追究一切相关人员的责任，并要求拿出严肃而持久的姿态，以作出补救，还会要求 CEO 在未来几年，直面媒体和议员针对这场危机提出的非议和责难。

坚韧不拔，找到自己的舒适点

危机不仅是一家机构的关键时刻，也是其领导者的关键时刻。当灾难袭来，卓越领导者知道，利益相关者的怒火很可能冲他们烧来，而且会影响到他们的家人和朋友。因此必须做好心理准备，直面片面的新闻报道、社交媒体上的恶搞、家门外可能出现抗议者以及家人可能遭遇网暴等情况。这种状况通常不会在几天、几周或几个月内结束，往往会持续数年。

2014 年，运动服装制造商阿迪达斯受到一系列事件的冲击，业绩暴跌。首先是高尔夫业务崩溃了。当时，泰勒梅（TaylorMade）和 Adidas Golf 同属于一家公司，也组成了全球最大的高尔夫公司，规模是 Callaway 的两倍。受某些事件影响，阿迪达斯一个月内利润蒸发了 3.5 亿美元。该公司发布盈利预警，股价应声下跌。席卷而来的负面情绪直接涌向赫伯特·海纳。"我成了投资者的眼中钉，"他坦承，"他们说，'经济这么好，你们怎么了？他太老了，已经江郎才尽，CEO 当了 13 年，实在太久了。'"

海纳陷入深思。"那是我最艰难的时刻之一。我只是个凡人。为了喘口气，我不得不在午餐后出去散步一小时。"他慢慢镇定了下来，"一开始，我在心里说，'这些家伙在胡说什么？他们不知道过去 13 年我做了什么吗？就没人承认我的功劳吗？为什么都在抱怨？'然后我想，'哦，好吧。一个个都疯了。我受够了。既然他们不想要我，就另请高明吧。'最后，我对自己说，'好了，别气馁。我会向全世界，尤其是向那些批评者证明，我能再次搞定一切。'"然后，海纳回到公司，赞扬员工非常有才华（因为他们一向表现出色），并保证公司会挺过这场风暴。一年内，阿迪达斯的股价翻了一番，从 55 美元涨至近 110 美元，公司重回正轨，并一直延续至今。

海纳能够在困难时期振作起来，正是因为他在任职期间提升了个人韧性。当阿迪达斯赞助的运动员遭到抨击时，海纳也并未退缩。"过去经常有人对我说，'你们在干吗？你惩罚了那些人吗？阿迪达斯怎么能允许这种事情发生？'"他回忆道，"这是我上任之初最具挑战性的工作，我意识到我要在一线直面外部利益相关者，包括财务投资者、媒体和其他一般利益相关者。"作为冲在最前面的角色，海纳逐渐意识到："无论局面多艰难，危机过后，太阳照常升起。哪怕情况再糟，永远要相信你自己和团队，保持积极的心态。别让自己或公司过分受制于不可控的情况。"

艺电的 CEO 安德鲁·威尔逊利用自己练习巴西柔术 16 年的经验，在危机中保持韧性。他表示："柔术带来的一个重要教训是，一个 78 公斤的小个子，和我差不多，与 136 公斤重的人搏斗，不论水平多高，总有落于下风的时刻。柔术会教你在不舒适的环境里寻找舒适点。它会让你明白，只要你能呼吸，就能继续下去。即使面临最困难的局面，被 136 公斤重的人压住，你需要做的就是找到回旋空间，让自己可以呼吸，然后计划下一个动作。与其打一场必输的仗，不如把战斗引向自己擅长的领域。"

在商界，威尔逊也经历过多次仿佛被 136 公斤的对手压制的困境。"当我们难以招聘和留住顶尖人才，难以在竞争激烈的市场上推出优质产品时，我们都会陷入这种让自己不舒服的境地。这种时候，不能惊慌，而要找到舒适点，找准自己的呼吸，计划下一个动作。我们总会想办法在自己擅长的环境中竞争或工作。我们会将竞争对手拉出他们的舒适区。我们会找到自己的呼吸，找到舒适点，然后找准有利位置，坚定而积极地采取行动。"

芬兰耐思特石油公司的马蒂·列沃宁上任仅 3 个月，就被该国一份顶尖经济杂志评为"芬兰最差 CEO"之一，并建议解雇他。"现实是，"他说，"你不能在低潮期受到太多负面因素的影响，也不能在春风得意时被冲昏头脑。这个角色具有公共属性，你必须脚踏实地，尽你所能。我过去经常被压力压倒，但患病的经历让我学到了另一条路。我很幸运，有一个支持我的家庭，家人提供了平衡，充当了我的共鸣板。我与团队和公司一起庆祝成功，但并未忘记我们更大的使命。我认识到在 CEO 职责之外，我还有另外的生活。"几年后，耐思特因为从石油向生物燃料转型而受到推崇，这位 CEO 也因此赢得了赞誉。

一位 CEO 回忆起她在这个岗位上的起起伏伏时说："有时我会收到一些我认为很过分的批评。"面对此类状况，她会把自己与岗位分开来看。"我从不会把这些批评当作是针对我个人的，"她说，"这些评论冲着我来，可能是因为我是公司的代言人。他们并不是把我作为个体来看待。"美国运通的肯尼思·切诺尔特指出，坚守组织的使命也是一种保持定力的有效方法。"一切都应建立在公司所代表的理念之上，"他分享道，"例如在金融危机期间，我不得不重申，服务业务是美国运通的核心支柱。我们要把重点放在这上面，要深刻理解为用户服务的内涵。"

通过足够的韧性消除岗位的个人色彩，以深思熟虑和有节制的方式回应个人批评，同时坚持公司的价值观——要做到这些并非易事。卓越领导者明白，睡眠、短暂休息（海纳示范了如何通过散步保持定力）、补充营养、锻炼以及与所爱之人共度美好时光对此大有助益。桑坦德银行的安娜·博廷的座右铭"心情舒畅，事半功倍"呼应了这一理念。下一章我们将重点讨论时间和精力管理行动，也会进一步讨论卓越领导者如何在危机来临前提升个人韧性。

罗纳德·海菲兹（Ronald Heifetz）和马蒂·林斯基（Marty Linsky）在《火线领导》（*Leadership on the Line*）一书中建议领导者定期离开舞池，走上阳台。[3] 危机自然会吸引领导者来到舞池，让他们直面现实，解决紧迫问题，推动运营变革。而卓越领导者则会想办法走上阳台，以看清形势，在远处的地平线上探寻希望和机会。他们会定期对公司开展压力测试，从而在危机降临前尽可能做好准备，同时会创建一个全职指挥中心来明确事实、指挥人员和解决手头问题。与此同时，这些领导者也会保持长远眼光，凭借强大的韧性来对抗人身攻击，深思熟虑地回应批评，在决策一线坚守公司使命。

我们讨论了卓越领导者如何驾驭与利益相关者打交道这一棘手甚至危险的职责。在众多的洞见和示例中，我们了解到壳牌集团的彼得·沃瑟如何不遗余力地与关键利益相关者接触，包括临时接到通知，立刻飞赴千里之外。我们也看到了玛丽·博拉如何通过保持对利益相关者的透明度，巧妙地带领通用汽车度过了点火开关危机。

下图总结了如何将"为什么"的思维（研究表明，该思维可影响公司营收的30%）转化为连接利益相关者的实际行动的 3 个主要维度：拥抱社会使命、建立牢固关系和领导公司度过危机。

连接利益相关者 思维：从企业宗旨出发	
社会使命	**深入企业运营的核心** ● 明确社会使命，激发企业变革和进步 ● 表里如一，将社会使命嵌入企业内核 ● 发挥企业自身优势，激发改变 ● 勇敢发声，必要时表明立场
外部沟通	**推开别人推不开的门** ● 优化日程安排，控制花在"外部"的时间 ● "知其然"，更要知其"所以然" ● 积极互动，让灵感在交流中涌现 ● 统一叙事，保持合适的"言行比"

　　即便读者不是领导者，这些经验对于帮助一个组织或项目化解"外部危机"也具有宝贵价值。请扪心自问：我是否充分认识到我们的事业将对社会产生重大影响？有哪些切实证据表明我们正朝着这一目标迈进？我们如何利用自己的优势回馈社会？我们有没有就对我们很重要的社会问题发声？我们是否将与利益相关者互动的时间限制在合理范围内？谁是我最重要的利益相关者？他们所做的事情背后的使命是什么？通过与利益相关者互动，我收获了哪些新想法？我针对不同利益相关者的说辞是否一致？我们是否针对终将发生的危机开展了压力测试？我是否制订了适当的提升个人韧性计划，使我能在危机中保持定力并做出理性判断？认真思考和回答上述问题，能让每一位领导者受益。

　　目前为止，我们已经讨论了 5 项让卓越领导者脱颖而出的思维和行动。上文谈到如何在关键时刻保持个人韧性，下面，我们将无缝衔接进入另一个话题：领导者如何管理个人成效，专注于分内之事，从而同时转动多个"盘子"。

CEO
EXCELLENCE

第六部分

要素六，
管理个人成效，
专注于分内之事

世界上最没用的事情是卓有成效地完成
一件本就不该做的事情。

——彼得·德鲁克

本书探讨了领导者的各项职责，做好这些事需要付出巨大的体力、精力和脑力。为了妥善加以应对，卓越领导者必须竭尽全力保持身心健康，而这绝非易事。正如马希德·弗泰伊姆集团的阿兰·贝贾尼所说："领导自己是最艰巨的任务，也是最需要勇气的。"

这个任务究竟有多艰巨？艰巨到好些领导者认为自己提不出好的建议。一位领导者对我们说："我感觉每天都在穿越雷区。我算不上多成功，只是没被炸死而已。做领导确实很难。"话虽如此，他们也都承认，个人成效似乎更易于管理和掌控。万事达卡的彭安杰指出："身为领导者，如果你都不知道什么对你最重要，都不愿为重要的事投入时间，那就是你的问题。没人能帮你。"事实上，许多我们采访的 CEO 都建议把管理个人成效作为本书的第 1 章，可见其重要性和艰巨程度。但我们决定把它放在最后，因为我们认为，首先应深刻理解领导者的各项职责。毕竟，接近 50% 的 CEO 声称，这个角色"与我之前预期的不太一样"。[1]

虽然卓越领导者在管理个人幸福感和成效方面的做法有很强的个人风格，但仍有一些共性。用高德美的弗莱明·奥恩科夫的话来说："通往成功的道路千千万万，但那些我尊敬和交好的领导者有一个共同之处，就是非常自律。"那么，他们在哪方面自律？许多领导者这样回答："我的工作是处理需要我处理的事情。"但卓越领导者会这样回答："我的工作是专注于分内之事。"卡特彼勒公司的吉姆·欧文斯解释道："提高个人成效的关键在于，优先处理只有领导者才能解决的关键问题，其他任务交给下属。"

卓越领导者将"专注于分内之事"的思维厚植于管理个人成效的三大维度：时间管理、行事信条、德行配位。

第16章

时间管理，优先处理只有领导者才能解决的关键问题

THE SIX MINDSETS
THAT DISTINGUISH THE BEST
LEADERS FROM THE REST

CEO
EXCELLENCE

为时间设定上限，你才明白什么
是更重要的。

支配时钟，而不是被时钟支配。

——果尔达·梅厄（Golda Meir）

一杯 500 毫升的水有多重？答案或许不言而喻。只要端起这杯水，就能估摸出它的重量。如果端一小时呢？你的胳膊可能会酸疼，感觉到可能远超它本身的重量。如果端一整天呢？你可能要被救护车拉走了。因此我们可以总结出一个道理：你感受到的重量并不取决于水本身，而取决于端水的时间。

这个道理在大多数人类活动中同样适用。例如，健身的关键在于能量消耗与身体恢复之间的循环。研究表明，在网球比赛两个发球之间，优秀选手会通过精准的恢复手段来大幅降低心率，最高可降低 15%～20%。杰克·尼克劳斯（Jack Nicklaus）是史上最伟大的高尔夫球手之一，他在《高尔夫文摘》（*Golf Digest*）中写道："我开发了一种养生法，它让我从注意力最集中的高峰进入最放松的谷底，然后在需要时返回高峰。"[1] 当达·芬奇被要求多花些时间创作《最后的晚餐》（*The Last Supper*）时，他毫不谦虚地答道："最伟大的天才干得越少，成就越大。"

卓越领导者知道这同样适用于他们。正如财捷的布拉德·史密斯所分享的："我的高管教练经常说，'没人能干完所有工作，你休想干完。无论你认为靠辛勤工作能取得多么大的成就，工作都不会有干完的那天。'"辛辛那提儿童医院的迈克尔·菲舍尔也认同这一点："如果我不能照顾好自己，不能始终让自己感觉舒服，我不可能在这个位置上坚持 10 年。"阿迪达斯的罗思德表示："我认为，当你花了太多时间投入某项工作以后，回报会递减。作为 CEO，你很容易被牵扯进一些与你无关的事。但如果为时间设定上限，你才明白什么是更重要的。"

在实际工作中，罗思德将这一套时间管理理念转化为一种清晰有序的模式。他经常在下午 6 点离开办公室，保证自己有跑步和锻炼的时间，以保持健康体魄。他还热爱滑雪。周末，他会坚持同妻子和 4 个孩子共度时光。"不是我不喜欢同事，"他说，"但我不想因为和一些人去烧烤，而冷落另一些人。"这让他既秉持了老板的客观态度，也能保持公正："在团队中区别对待某些人，我认为很不合适，这将人为制造出两个'阵营'。"他还会拒绝一些 CEO 的应酬，除非有明确的业务理由。"如果接到参加奥斯卡颁奖典礼的邀请，我不会去，"他分享道，"我对那个没兴趣。"

为了确保时间只花在优先事项上，他通常需要提前至少 3 个月计划好一切，但也会灵活安排，以便应对突发事件。他确保每天下班前已经处理完了电子邮件，不让问题堆积。他会公正、科学地安排工作优先顺序。只要公司各级管理者工作出色，计划明确，他认为没有必要花太多时间管他们，不如把时间用在更有价值的地方。"只要他们尽职尽责，我就不会干涉他们。"他说。

罗思德遵循的模式效果显著。他执掌汉高（Henkel）的 8 年里，公司股价上涨了两倍。到阿迪达斯后，这种模式依然效果显著。在他上任头 3 年里，股东回报率翻了一番，他本人也登上了《财富》"年度商业人物"榜单。

罗思德的方法固然不适合所有人，但通过观察卓越领导者如何掌控自己的时间和能量，我们发现了 4 个方面的共性。

➤ 张弛有道，把时间花在对的地方
➤ 擅长区隔，在公共生活和私人生活之间划清界限

> ➤ 积蓄能量，适时为自己充电
> ➤ 善用助手，组建专属支持团队

张弛有道，把时间花在对的地方

卓越领导者在时间利用方面条理性极强。如万事达卡 CEO 彭安杰所言："时间是最宝贵的资源，而且它是有限的。坦率地说，当 CEO 的头两年真的很难。我在时间管理方面遇到了困难。一开始很糟，因为我在沟通、社交、领导变革方面事必躬亲，忙着寻找能与我建立新关系、给我传达消息的人。"他讲述了一旦失控，生活会变成什么样子："我也去旅行，但很难放松入睡。晚上 11 点我回到亚洲酒店的房间，有上百封来自美国的邮件在等待我回复。我向团队承诺会在 24 小时内回复每一封邮件和每一个电话。"

为了掌控自己的日程表，在不同的业务优先领域之间取得平衡，并在会议与会议之间、特别是旅行时腾出时间思考，彭安杰在日历上标注出不同的颜色，旅行、客户、监管者、内部事务等分别对应不同的颜色。"扫一眼日历，马上就知道我有没有把时间花在对的地方，"他分享道，"我的办公室主任的一大工作，就是确保会议安排平衡有序。"

为了跟上繁忙的日程安排和工作要求，一些领导者会使用传统做法，比如列清单。艺康的道格·贝克说："时至今日，我仍手写自己的季度目标，比如我需要做些什么，可能只是物色一名高管。我的目标来自公司的年度目标，基本上就是实现战略所需要做的事情。这是我对自己负责的方式。"贝克会在目标清单一旁画不同记号：星星表示正在推进的事情，圆圈表示快要完成的目标，划掉表示已完成。"这当然是比较初级的，但当很多目标尚未启动的时候，我对自己说，走出这扇门前必须完成 3 件事。"

Check Point 的吉尔·舍伍德将待办事项清单分为 3 类：首先是只需小幅调整或改进的事项；其次是仍需投入大量精力的更大的问题；最后一类是旨在推动业

务朝着正确方向前进的大胆举措。舍伍德解释说："如果你每天做的每一件事都属于第一类，即琐碎的事情，要么说明一切顺利，要么说明你不被需要，或没有为公司增加足够的价值。"

尽管领导者的日程安排非常紧密，但他们也十分注重灵活性。一位领导者说："我每个月都会回顾自己的时间安排，确保做的事是实现目标所必需的。与此同时，你必须明白领导者每天的工作都不一样，有各种事情'从天而降'。如果没有一个框架，你会因为眼前的危机或不必要的事务而应接不暇，如果把握不好节奏，你只能事事亲力亲为。但如果你收到通知，'我们希望你下周来白宫一趟'，这意味着你必须快速行动起来，把事情安排妥当。"

一些卓越领导者在日程中安排了足够的留白时间。马希德·弗泰伊姆集团的阿兰·贝贾尼为无固定安排的时间设定了目标："我其实希望有 70% 的时间是自由的，这让我可以思考、反省，并有时间处理突发的重要事件。做到这一点并不容易，但我没有放弃！"他继续说道，"如果我变成多余的人，比如即使我不在场，绝大多数事情也能以我所期望的方式做好，那我这个领导就成功了。这表明我们培养出了组织蓬勃发展所需的力量、大脑和肌肉。"

领导者的事务实在太多，而让工作机制有效运行的前提是，学习掌握说"不"的时机和技巧。高德美的弗莱明·奥恩科夫解释了他的理念："对我来说，不能把一整天的时间都给公司，这一点很重要。我不认为这样就能成为卓越领导者。你需要保持平衡的生活，保持健康的体魄，因为领导者的工作既劳累又耗时，对精神和身体都是挑战。"为了达到这种平衡，他说："你必须学会说不。当有人打来电话说'我想请你做一场主题演讲'，或者'你想参加这场团建吗'，抑或是'我们一起吃饭吧'时，因为大家都很友好，一开始你不好意思拒绝，但你必须学会如何礼貌地拒绝别人。关键在于，对于那些你接受邀请的事，你必须让自己尽可能地获得成效。"

关于如何管理耗时的外部活动，西太平洋银行的盖尔·凯利分享了她的终极建议："当我不得不参加一场公司的晚宴时，我要求自己到每张餐桌前或餐厅里转一圈，时机一到，我就离开。"她的团队早已训练有素，要么催促她去见下一组人，要么协助她低调离场。"第二天又是忙碌的一天，我知道得保存能量，"凯利说，"我要求自己上车，回家去。"

时间管理必不可少，但也相对机械。而管理心理状态和情绪对于有效利用时间至关重要，要想做到这一点，你得擅长区隔。

擅长区隔，在公共生活和私人生活之间划清界限

在心理学中，"活在当下"对于保持良好状态至关重要。具体来说，它是指一个人不过于专注过去和未来，或被其他事分心，而是做当下最好的自己。简而言之，如高德美的弗莱明·奥恩科夫所说："人在哪里，心就要在哪里，不能心不在焉。"领导者有太多事情要做，从情绪的角度来说，这份工作最具挑战性的是在参加一场场会议的过程中，不让前一场会议发生的事波及和破坏下一场会议。

美国合众银行的理查德·戴维斯进一步解释了这个理念："区隔十分必要。如果你带着所有负担参加会议，如果一天的负担都堆积在你身上，如果大家都觉得你在下班前比刚上班时更强硬、更易怒，那就说明你不知道如何区隔。你要接受每件事的本来面目，隔离它、管理它；再隔离、再管理。卓越领导者在一天结束时应该能做到既不忽略任何事，也不徒增负担。要让大家看到的你总是聚精会神、井井有条。"

全身心投入当下也适用于家庭生活。考虑到这份工作可能对家庭产生巨大影响，区隔可谓至关重要。正如怡安集团的格雷格·凯斯所说："这个岗位对家庭的影响比你以为的更大，因为太多事情都会被公开。人们对你的评价有时会不太正面。"通用磨坊的肯·鲍威尔讲述了他的亲身经历："我的女儿们既不兴奋也不喜欢，你登上报纸，工资被公开，或者在搞砸时别人对你指手画脚。孩子们可能会很难适应。这是不愉快的经历，如果你有伴侣，你需要和伴侣好好聊聊。就我而言，我和妻子达成了共识，'没办法，有好就有坏'。"

卡特彼勒公司的吉姆·欧文斯谈到了平时是如何在公共生活和私人生活之间划清界限的："我会把我的生活和工作区隔开来。具体而言，我可能提着一个满满的公文包走出办公室，把它扔在车的后座，然后再也不想工作的事。回家后转换成家庭模式。"万事达卡的彭安杰也采用了类似方法："下班后我会步行回家。不是为了健身，而是为了'排毒'，把工作抛在脑后。到家时，我一身轻松。"

有一些方法可以避免在家时被非紧急工作打扰。杜邦的溥瑞廷多数周末选择居家办公，因为"这是减压和思考更重要事情的好时机"，他也会采取一些措施，避免家庭生活被工作挤占。"我不太好意思承认，但团队知道，我也不打算隐瞒，我的主要技巧就是不用手机收发邮件。如果有急事，他们会直接打我电话。因此，如果我周六晚上出去吃饭，就不会一刻不停地看手机，查看新信息。"

卓越领导者努力不让休假时间被打扰。万事达卡的彭安杰分享了他的做法："度假时，我的下属知道，我只会在每天的两个时间段收发邮件，一次是早上 7 点半左右，这时家里没人搭理我。另一次是下午 4 点左右，大家喝了几杯酒，正在泳池边小憩，也没人理我。我妻子把电脑锁进保险箱，设了密码，如果我想用它，就得请她打开保险箱把电脑还给我！"

彼得·沃瑟谈到壳牌集团的休假时间时说，高管团队成员通常选择不同时间休假，以便有人能顶替工作。有一年，他们决定让同级高管同时休假，所以工作只能交给下属。沃瑟分享道："你知道发生了什么吗？我的邮件数量大减，其他人也一样。没有比这再好的了，我们放手给员工，他们则使命必达，处理得都很好。只要不是危机，他们一般不会打来电话。"

区隔也包括屏蔽来自媒体或华尔街的指责。当楷登电子的陈立武刚被任命为CEO 时，社交媒体上七嘴八舌，称他不是合适人选。因为陈立武是一位成功的风险投资家，有人猜测他会卖掉公司，然后卷钱跑路。有人质疑他对公司核心的芯片设计软件业务缺乏真正了解。"我有些气馁，"他回忆道，"当时，我的小儿子坐在办公室，听我念了一些对我的评论。然后，他给了很好的建议：'爸爸，做好你的工作就好，别老看这些。'事实证明，这是最好的建议。我再也不看大家对我的评论了。

积蓄能量，适时为自己充电

长期以来，能量管理的主要研究者断言，能量管理与时间管理同等重要，且前者产生的回报更大。如百思买的休伯特·乔利所指出的："物理学让我们了解到能量（精力）守恒。但这不适用于人，人的能量生生不息。"

卓越领导者知道什么会积蓄能量，什么会消耗能量，他们也努力避免跌入低谷，即长时间工作后的疲惫和沮丧。财捷的布拉德·史密斯讲述了他是如何保持能量的："你要评估的第一件事是你每天的高峰期和低谷期是什么时候，恢复是什么时候。我喜欢早起，晨会时我精神百倍。到了下午晚些时候，我可能就有点精神不振。因此，我会将最重要、最具战略意义的会议安排在早上。"

"每个人的方法不同，"高德美的弗莱明·奥恩科夫说，"如果开始出现不堪重负的迹象，赶快去休息，因为过度疲劳或反应过度会伤害你的身体和声誉。"西太平洋银行的盖尔·凯利会在日程表上的会议之间留出"空白时间"。"我得展现最好的一面，做到对每一项任务全力以赴。为此，我们在两个会议之间留出 10 ～ 15 分钟专门放松。"凯利还说，工作日里应该安排时间走出办公室。"这不意味着停止工作，但我会走出去，"她分享道，"比如，与家人共进晚餐，获得一些喘息空间，或去散个步，保持精神焕发。"

一些领导者通过与员工互动来积蓄能量。赫伯特·海纳解释说："对我来说，与员工互动能提振精神。我会去 5 000 人的大食堂，走到某一张餐桌开始闲聊，'嘿，你在哪个部门？你做哪一块工作？你感觉如何？'"安联集团的奥利弗·贝特也从与员工的互动中获取能量，但他指出互动并非只有一个结果，有些能产生能量，有些会激发思考，但也有些会浪费能量。"我在努力寻找带来能量的人，我更愿意与这些人互动。"他说。

除了在工作日管理自身能量之外，卓越领导者也会在工作之余寻找充电方法。

如史蒂夫·塔平在其《CEO 的秘密》一书中所述："CEO 的主要负面情绪包括沮丧、失望、恼怒和不知所措。"当这些情绪持续太久，CEO 很可能会崩溃。就像在体育界一样，打破这一链条的关键是确保高强度训练与"恢复期"（帮助运动员恢复元气的低强度活动）穿插进行。

一位领导者介绍了她的恢复方法："你要具备一些基本元素，包括健康的饮食、充足的睡眠和适当的健身。几年前，有人称 CEO 为'企业运动员'。从这个角度说，你得照顾好自己，得有时间陪家人。我会提前规划好假期，携家人共度。你得腾出时间，让自己焕发精神。"同样，桑坦德银行的安娜·博廷也会精心安排日程，包括首先保证睡眠和弹钢琴的时间。"我佩戴 Fitbit 智能手环，监测自己的饮食、睡眠和健身情况，"她说，"一些朋友多少觉得我有点无聊。我倒不觉得，我只是比较自律。"

卓越领导者明白，恢复期对其他人也很重要。财捷的布拉德·史密斯举了一个例子："有人在周末发来一份 15 页的幻灯片让我看。我就回复了一句话，'周一告诉你我的想法。'这么做是为了让他们和家人有时间充电。划清界限使我成为平衡工作与生活的榜样。"

阿特拉斯·科普柯公司的伦尼·勒敦还提到一点，如果有人愿意加班工作，那也没问题。"作为 CEO，**你要有创造力，并鼓励一种氛围，在这种氛围中，人人都可以达到最佳状态，并与生活取得平衡，但每个人的平衡点是不同的。**有人喜欢在周末充电放松，有人喜欢踢球，有人喜欢看电影，但也有人可能更喜欢工作，那也没关系。如果能在工作中放松，或许可以帮他们减轻一些家庭压力。我欣然接受了这些差异，不强求每个人都一样，这样组织才有可能取得更大的成功。"

虽然这些恢复能量的做法相对清晰，但实施起来并不容易。乐高的袁威坦言："我当时不知道能否成功，所以我全力以赴。最初 5 年，我的健康状况糟糕极了。一次体检时，医生说我的身体状况像是有 65 岁了，但当时我还不到 40 岁。之后我开始有意识地改变。"

微软的萨提亚·纳德拉讲述道："高管是全天候待命的，有时我确实觉得工作和生活很难平衡。"他指出，"我试着将工作与生活重新定义为'和谐'，而非'平衡'，因为一说起'平衡'，我会感觉很差，因为工作和生活没法平衡。我不认为工作侵占了我的生活。归根结底，我希望将来回忆往昔时能说，这一路走来，我没有碌碌无为。无论是在微软，还是外面，我从许多人身上学到了东西，也建立了很好的人脉。"

善用助手，组建专属支持团队

要做到纳德拉所描述的，领导者的手下必须配备精兵良将。卓越领导者的专属支持，一定要有一两名才干出众的专职行政助理，负责管理出差和活动日程，处理相关后勤事务。助理的职责就是帮助领导者管理时间，保证其专注于优先事项，并在日程表中安排必要的恢复时间，助其养精蓄锐。

对于即将晋升为 CEO 的高管们来说，拥有专职行政助理本属标配，但这个岗位的确给了他们更多的自由。通用电气的拉里·卡尔普解释说："当 CEO 的好处之一是你可以掌控公司的日程安排。我总是狂热地管理时间。"他甚至到了打电话给孩子学校的体育主管的地步，为的是提前拿到比赛安排。当他的女儿代表学校打垒球比赛时，"看台上你会看到一个大声加油的父亲。"他说。

比较新鲜的做法是，许多领导者会增加一名办公室主任，以协助自己管理复杂工作。许多领导者起初觉得没有必要，但在感受到这份工作的重担后纷纷改变主意。财捷的布拉德·史密斯分享了他的经历："我当时只有一名行政助理，没有办公室主任，最终我招了一名，没想到改变了一切。办公室主任帮助我成倍提升了领导力，幅度之大超乎想象。这个职位是变革推动者，能帮助你推动转型，设法以有意义的方式推进和落实你的议题。"

有时候，CEO 上任时会接手一个"臃肿"的办公室，因此不得不精简人员。万事达卡的彭安杰上任时，CEO 办公室由 11 人组成，外加 3 名秘书。他只保留了一名办公室主任和两名助理。彭安杰简单总结了办公室主任的工作："保证我不会搞砸。"为完成这项重任，他的电子邮箱、日历和其他确保高效的东西得与人共享。"我向办公室主任分享一切，"彭安杰说，"我们之间没有界限。如果我要出差，我希望他们尽可能跟我一起去。他们和我一起开会，提醒我哪些事值得担心，帮我打理所有环节，让我成为更好的 CEO。"彭安杰接着说："最好的办公室主任总能猜透你的心意。你说了上句，他们就知道下句。他们会给你鼎力支持，能看到你看不到的事，因为很多时候，你事情太多，不可能样样记得。过去 10 多年以来，如果没有办公室主任，我不可能成为今天的我。"

彭安杰每隔一年半到两年轮换一次办公室主任。他的选人标准是：有潜力、有意开始新的职业生涯、能从这个宝贵的学习和辅导机会中获益的人。"我会尽我所能地给些支持。"他说。轮换新鲜血液还有一个好处。因为对办公室主任委以重任时，他们有可能权力膨胀，而轮换新人可以降低这种风险。

我们采访的 CEO 大多都采取了定期轮换的做法。但也不乏领导者选择让有能力的人长期担任办公室主任。例如，在辛辛那提儿童医院，迈克尔·菲舍尔放手让他的办公室主任负责许多工作，从准备战略报告到推动组织变革。"她任职时间很长，是一位多才多艺的工作伙伴，聪明睿智、诚实正直，判断力一流，且不爱出风头，"他分享道，"她为我判断每一个发来的'球'，在会议之间巧妙推进工作。一个小时的会谈，我可以处理 8 个不同的议题，并且确定所有这些议题会持续推进，而不必安排 8 场不同的会议。她还协调推进公司最重大的转型工作，担任董事会联络人，筹备与业绩考核领导小组的日常会议。在完成所有上述工作的同时，她还要领导我们的营销和公关部门。"

怡安的格雷格·凯斯为办公室主任增加了一项任务："当人们对管理团队的决定有所不满时，她是一个安全阀。大家可以找她表达担忧，她会从中筛选一些汇报给我。"杜克能源的林恩·古德补充了两点："办公室主任为我分担了大量的社区事务，使我得到行业和社区委员会的大力支持。至于员工大会的各项议程，她是我的有力助手，确保高层会在正确的时间处理正确的事情。2020 年以来，社会的动荡不安产生了重大影响，她开始带头推进公司的多元、平等和包容（DE&I）计划，并与人力资源部负责人紧密合作。她协助我让 DE&I 计划成为公司最高层的重点关注对象。"对一些领导者来说，"办公室"的下属也会帮助其处理家庭事务。溢达集团的杨敏德表示："作为一名女性董事长兼 CEO，我也需要一些工作以外的支持。需要有人来打理我的整个生活。我要照顾两个家庭，还有 95 岁的老母亲。我有一位私人助理帮我处理这些事情。"

领导者不应让自己成为满速冲刺的"永动机"，或者"一杯水端一整天"，否则，最后可能会被救护车拉走。同样，"马拉松"也不是一个恰当的比喻，因为这似乎听上去商界最高领导没有放慢脚步和平复气息的时间。恰当的类比是"间歇训练"，即在短时间的高强度运动之间加入休息和恢复时间。这才是可持续模式，让领导者可以在更短时间做更多的事。

卓越领导者的时间表"紧中有松"，它安排周密且不失灵活，可自如应付计划外的问题。卓越领导者懂得区隔，不管在公司还是在家，都会有意识地活在当下。他们巧妙积蓄能量，避免状态跌至谷底，还要确保时间表上穿插了足够的恢复时间，避免精疲力竭。最后，卓越领导者会根据自身需求和喜好组建专属支持团队，从而对公司发挥最大作用。

本章讨论了领导者如何管理时间和能量。在下一章中，我们将看到，卓越领导者非常自律，员工看到的往往是一个审慎有为的领导者形象。

行事信条，
始终如一坚守核心信念

THE SIX MINDSETS
THAT DISTINGUISH THE BEST
LEADERS FROM THE REST

CEO
EXCELLENCE

除了用头脑领导，重要的是还要
用心和灵魂领导。

做事先做人。

——埃克哈特·托利（Eckhart Tolle）

　　一位母亲带着年幼的儿子排在数百人的队伍里，等待圣雄甘地的接见。轮到他们时，母亲请甘地规劝她的儿子不要吃糖。甘地请她两周后再来，到时再跟男孩说。她很困惑，既然儿子已经在这里，为何不能现在说，但她还是照办了。两周后，两人排了几小时的队，再次走近甘地。她再次请求后，甘地立即与男孩交谈，男孩同意尽量少吃甜食。这位母亲感谢了甘地睿智而富于同情心的劝说，接着问，为何上次他没有给出建议，而要第二次来才说。甘地答道："两周前你们来时，我也在吃糖。"他解释说，如果他自己都没有尝试戒糖，就没法谈论或劝导她的儿子不吃糖。[1]

　　甘地是印度反抗英国统治的非暴力独立运动的领袖，许多类似的故事也解释了为何他被认为是历史上最伟大的政治家之一，并与果尔达·梅厄、玛格丽特·撒切尔、马丁·路德·金、纳尔逊·曼德拉、西蒙·玻利瓦尔和温斯顿·丘吉尔等人齐名。19 世纪美国废奴主义者兼神学家詹姆斯·弗里曼·克拉克（James Freeman Clarke）解释了这些人为何卓尔不凡："政客和政治家的区别在于，政客考虑的是下次选举，而政治家考虑的是子孙后代。"

就本书而言，克拉克的这番对比提供了一个有趣视角，即政治家和政客所做的事其实颇为接近，都包括沟通、说服、合纵连横等，真正的区别在于"他们的为人"。政治家不依靠民调执政，其行为建立在基本信念之上，他们坚持着一套核心价值观，不是为了升官发财，而是为了践行伟大使命。

卓越领导者很清楚做事和为人的区别，以及两者兼得带来的巨大潜力。辛辛那提儿童医院的迈克尔·菲舍尔讲述了其中的差别："我对'待办事宜'的执行极为自律，奉行'今日事，今日毕'。我总是打印并随身带着每天的日程表，做一件记录一件。我也会有意识地思考和权衡每天该展现自己的哪一面。为此，我增加了一张"待打卡"清单。例如，今天我希望展现慷慨和真诚，当然每天都应该如此，但今天这是我最想呈现的面貌。如果我和主要高管有几场重要会议，我会让他们觉得互动不只是必要的战术性质的，而是我发自内心的赞美。另一天，我可能更注重协作和激发他们之间的"化学反应"。诸如此类，我每天早上决定当天要展现哪两种品质，这是我日常安排的一部分。"

他人的评论有时会让你反思自己的为人。财捷的布拉德·史密斯分享道："受邀出任 CEO 时，我问我的前任史蒂夫·贝内特（Steve Bennett），这是大家的一致决定吗？他说，'是的，大家一致认为你是合适人选。但我们也有一个共同的顾虑。你能展现强硬的一面吗？你非常谦逊有礼，但公司目前遇到了一些困难，你能改变温和的性格吗？'"史密斯很在意这条建议，于是，他向父亲求助。父亲说："别把温和误认为是软弱。"父亲给他讲了儿童电视节目《罗杰斯先生的邻居》（*Mister Rogers' Neighborhood*）中的故事。"该节目第一周播出时的话题包括死亡、离婚和偏执。当时，有人把马桶漂白剂倒入假日酒店的泳池，原因是非裔美国人游过泳。于是，罗杰斯先生邀请非裔警官克莱蒙斯来到家中，两人把各自的脚泡在后院的小水池里。罗杰斯先生态度温和，但他设法表达了自己的立场。"史密斯分享道。

史密斯父亲讲的故事完美地解开了他的心结。"这种思维方式教会了我在展现同理心的同时做出艰难决定。"他说，"玛雅·安吉罗（Maya Angelou）的诗句呼应了我的目标。诗里说：'我明白，人们会忘记你说了什么、做了什么，但人们绝不会忘记你给他们留下的感受。'"史密斯始终遵照这样的信条。退休后，公司将他的名字刻在了大楼上，名字下面铭刻了他的一句话："勤恳做事，诚恳为人，以自己为荣。"

菲舍尔和史密斯等卓越领导者在为人方面有许多共同点。他们都会：

➤ 一以贯之，为人处事始终如一
➤ 善于应变，根据公司需求做出调整
➤ 找到"盲点"，收集反馈持续成长
➤ 保持积极，鼓舞员工永葆希望

一以贯之，为人处事始终如一

为人处世一以贯之意味着，不管在哪种情况下都要遵循相同的原则。以父母为例，当孩子看到父母违背了平时的原则，比如他们对孩子说："虽然我们要求你不能撒谎，但你不妨在电影院谎报年龄，从而拿到打折票。"孩子就会有样学样。孩子还学会预判父母的立场何时松动，并想办法绕过规则。父母很忙或很累时，可能会睁一只眼闭一只眼。做领导也有相似之处，因为所有人的目光都聚焦在掌舵者身上。百思买的休伯特·乔利在《商业的核心：新时代的企业经营原则》（*The Heart of Business: Leadership Principles for the Next Era of Capitalism*）一书中提到了这一点："除了用头脑领导，重要的是还要用心和灵魂领导。当领导者一以贯之时，他们的为人处世原则就会在组织中传播和被吸收，不是自上而下，而是自然而然地内化于心、外化于行。"

卓越领导者发现，短期内，忠于价值观未必能带来收益；但从长远来看，总是能获得回报。袁威讲述了他在乐高的经历："我不是讨好型人格。我不会走进一个房间，想着'怎么才能让所有人喜欢我'。每个人背着自己的十字架，有自己的人生故事。我的经历使我形成了敢于冒险的性格，我愿意做需要一番勇气的事，其他人可能会说，'你怎么敢从人群中站出来这么说？'"袁威35岁时，已经在这家公司做了3年高管，认为自己有义务给乐高董事会写一份备忘录，解释公司为何会陷入困境。"基本内容就是，虽然公司在过去15年的大部分时间获得了账面利润，但没有一天产生过正向的经济效益。看起来所有人都很开心，但其实我们在赔钱。"

袁威回忆道："董事会大为震惊，把我赶出了董事会会议，我记得我打电话给妻子说，'炸锅了，我恐怕得重回学术圈了。'"但在被赶出会议的第二天，董事长给袁威打去了电话，说自己看了3遍备忘录，想同他认真谈一谈。"不到一年，董事会宣布袁威将成为乐高下一任CEO。一以贯之的行事原则为他赢得了这个职位，也帮助他成功扭转了公司的颓势。他说："CEO有从众心理是很危险的。我加入时，乐高有点像一家男孩俱乐部。员工没有竞争意识，每个人看起来都很相似。我被任命为CEO时，估计很多经理在想，'喔，这个人相当古怪。'"袁威实事求是、不顾情面的做法很快改变了公司文化，带来了转型的可能性。袁威说："获得成功后，我对坚持做自己有了更大的信心。"这一点他很确信。

这不是说，所有领导者都要像袁威那样直言不讳，而是应该明确自己的信念，忠于这些信念，即使付出高昂代价或是遇到艰难险阻也在所不辞。米切尔·埃莱格贝（Mitchell Elegbe）是InterSwitch的创始人兼CEO，这是一家业务遍及非洲的金融科技公司，也是非洲大陆为数不多的"独角兽"之一。埃莱格贝分享了他的人生哲学："我学到的第一课就是区分胜利和赢。战场上，如果失去所有士兵，赢得了战斗，并成为唯一返回的幸存者，这能算是胜利吗？只有你赢了战斗，所有士兵也都平安回家，这才是胜利。因此，大部分时候，当我面对各种各样的情况，我会问自己，'我是要胜利，还是要赢？'我的结论是，单纯的赢不算胜利，赢得漂亮才是胜利。"

在实际工作中，埃莱格贝做决定时会考虑对同事、他们的家人、股东以及社会将产生什么影响。如果事实非他所愿，他就不会参与。涉及贪污受贿时更是如此。他说："很多时候，我们遇到政府人员索贿之类的事，我直接选择放弃，因为我明白这不会让我们成功。我们或许能赢得一次交易，但内心深处，我们知道自己是谁，对于这样赚到的钱，我们没法心安理得。"

澳洲电讯的大卫·托德利发现，一以贯之的行事原则对于推进一场深刻的文化变革至关重要。在他推动澳洲电讯加强以客户为中心的理念时，他要求员工尽一切努力取悦客户，在允许的范围内可不计成本。有些员工没有领会。有一天，现场工程负责人走进来说，北部发生暴雨，许多铜线出现故障，但为了不超出季度预算，只能等到下个季度再维修。对很多人而言，点头同意遵循预算或许是顺理成章的，但他对工程师说："且慢，这不就是我们的首要任务吗？"他随后解释了故障线路对北方客户的影响。工程负责人表示，维修要花掉 4 000 万美元。他的回答就一个字："修！"坚持信念，一以贯之，托德利将澳洲电讯打造成为澳大利亚最值得信赖的公司。

善于应变，根据公司需求做出调整

一以贯之并不意味着固执僵化。在不违背核心价值观的前提下，只要需要，卓越领导者既有意愿也有能力改变自己的领导方式。早在大约 50 年前，《情境领导者》(*The Situational Leader*) 一书的作者保罗·赫塞博士 (Dr. Paul Hersey) 和《一分钟经理人》(*The One Minute Manager*) 一书的作者肯·布兰佳 (Ken Blanchard) 提出了"情境领导力"的概念。大意是，如果领导者在保持诚恳的前提下，适时调整自己的风格，将会得到更好的结果。[2] 乐高的袁威总结道："弄清楚公司需要什么样的领导者非常重要。"

但善于应变的情境领导力会与为人真诚背道而驰吗？并不会。皇家帝斯曼的谢白曼几十年前的一次经历对他产生了重大影响，他至今记忆犹新："在我职业生涯之初，我认为'嘿，做个真实的人很好'。"有一次，他与整个团队以及一名顾问参加了一场活动，每个人被要求给别人提供反馈，谢白曼受够了别人给他提的一些意见。"听着，我就是这样的人，这是真实的我。"他对团队直言。有的人表明他这么想也没问题。但那位顾问看着他说："这就是真实的你？好吧，请你告诉我，为什么我们得时不时忍受真实的你带来的不快？"他陷入了沉默。结论是：你需要诚恳，但你也要修炼领导技能。他反思道："这是不大愉快的经历，但却是真实的。这对我个人产生了实实在在的影响，也对我的职业生涯大有裨益。"

西太平洋银行的盖尔·凯利分享了她的故事，她起初拒绝改变风格，但最终相信这对公司有利："我发现我讲的是面对客户时使用的话语，投资者与我没有共鸣。我使用的银行语言不足，没有像同事们那样，让自己更像一个技术型银行家。投资者给我的反馈是，'她显然在软实力方面很强，不过好在她有一位懂数字的CFO'。过去我听到这话会火冒三丈。"

凯利的董事长强烈建议她改变话语和信息传递的方式，最初她拒绝了这个提议。"我说，'不，我要做自己。'接着我意识到，'算了，我还是接受建议为好。'于是我做出了改变。我没有改变自己关心的事项，但改变了面对投资者时使用的话语，尝试在回答中引用大量数字。我回答了一些原本丢给 CFO 或首席风险官的问题。我传递的信息是，我在倾听大家的意见。CEO 可能需要在任期内做出这样的改变。"

在财捷，布拉德·史密斯最初采取了公开表扬、私下指导的领导方式。在一段时间内是卓有成效的，但他很快意识到，应尽早做出调整。他解释道："在我 11 年任期的第 6 年，对我的 360 度评估中有一条是，'布拉德在降低公司标准，他评价别人时太客气了，对谁都不愿公开批评。他有一套公开表扬和私下指导的领导哲学。但这让其他人搞不清楚他对员工的评判标准到底是什么'。"

史密斯不打算改变信念，但既然公司需要他做出调整，他愿意改变方法。"我试着在公开场合指导员工的工作，私下则对其个人表现给予评价和建议。"他透露，"我要求自己对事不对人，对人友好，对待问题毫不含糊，员工都清楚这一点。我告诉大家，'如果觉得我对于工作好坏的评判不够具体，请随时指出来。但我也告诉大家，我不会让人难堪，我将给予你们应有的尊严和足够的尊重。'"

一位卓越领导者认为，有时你需要做的不是调整自己的行为，而是解释你为何采取这种行为。"我是个较真的人，我的风格会让一些人害怕，因为我会问很多问题。我明白情境领导力很重要，但这不会阻止我发问。不过，重要的是向人们解释清楚我为什么要这么做，要让大家明白这与我的为人处世一脉相承。"

如前文所述，既要根据公司需求做出调整，又要忠于自己的信念，反馈必不可少。卓越领导者会主动征求反馈，而不会顺其自然。

找到"盲点"，收集反馈持续成长

考虑到 CEO 面对的严密监督，你可能认为他们总会收到源源不断的反馈。事实远非如此。如前文所述，CEO 是一个没有同事的岗位。虽然董事会负责监督CEO，但没有人密切观察他们的日常行为。因此，CEO 通常很少能得到直接的指导，也越来越听不到建设性的批评。星展银行的高博德说："当你大权在握时，人们在你面前总会报喜不报忧，害怕给你带来坏消息。"财捷的史密斯也证实了这一点："作为 CEO，你往往意识不到你得到的很多信息都被过滤了。众所周知，从CEO 履新那天起，我们突然像长高了 25 厘米，我们的俏皮话也突然变得更好笑了。"

当史密斯在员工大会上讲话时，他总会特意询问几名员工自己讲得如何，他们都会说："哇，你讲得真棒。"众口一词的赞扬让他不安，他问董事长这是不是实情。"不是。"董事长给出了简单而老练的回答。史密斯分享了董事长随后提出的建议："他建议我下次走下台时问他们，'我怎么才能讲得更好？我还能做些什么不太一样的事？'"换句话说，不要笼统宽泛地问，而要问你想知道答案的问题。"这样你才能得到真实的反馈。"他说。

阿霍德德尔海兹集团的迪克·布尔强调了提出正确问题以获得正确反馈的重要性。他说："我学到的一课是不断寻求建设性的批评和货真价实的反馈。你必须训练你的员工，为你提供这些反馈。我不得不追问他们。每当我们开了一个很长的会，最后我总会问，'你们有什么要跟我说的吗？'说来听听。不要拣我爱听的说，要说你觉得有待改进的地方。"

许多领导者为自己配备了一位教练，他们和教练一起收集反馈并根据反馈采取行动。百思买的休伯特·乔利解释说："几年前，如果有人告诉我，'斯科特正在和一位教练一起工作'，我会想，'哦，斯科特怎么了？他有麻烦了吗？公司要解雇他吗？'现在我明白了，高管教练能帮助成功的领导者更上一层楼。世界前100名的网球运动员，百分之百有教练，职业橄榄球大联盟球队百分之百有教练，而且是一个教练组。那为什么领导者和管理团队就不应该有教练呢？我们需要的不只是干预，而是帮助我们持续改进。"

一位卓越领导者聘请了一位教练来帮助团队收集客观的反馈。她说："顾名思义，'盲点'是你看不到的地方，所以才需要机制来告诉你，你对公司产生了哪些你完全没有意识到的影响。我聘请了一位外部教练，他向我的领导团队提出几个问题，我则根据反馈调整风格。我会和团队讨论此事，告诉他们，'你们告诉我的这件事，正是我要做的，你们要监督我。而且，我还要做出这样的改变'。"

在组织中向下寻求反馈有助于持续学习。里德·哈斯廷斯透露，在奈飞，"我向手下级别最高的50人提出了一个问题：'如果你是CEO，奈飞会有什么不同？'并让他们在一个共享的电子文档中写下几句或几段话。"财捷的布拉德·史密斯则更深入地挖掘组织力量："我每周跟比我低好几个级别的人开两次会，每次有8~10人。有时是一些刚毕业1~3年的年轻人，有时只有工程师，有时是客服人员。我对每个人提出3个问题，'哪些事比6个月前更好了？哪些没有取得足够进展，甚至每况愈下？有什么是你认为我应该知道，但恐怕还没人告诉我的？'这太棒了，你可以跳过许多层级，去掉一切过滤器，直接进入你想了解的第一线。"

你也可以从公司外部获得新的灵感。印度工业信贷投资银行的瓦曼·卡马特认为好奇心是优秀领导力的基础，他说："每一年，我都会持续充电，改造自我。我清楚明白地告诉大家，任何人都不应该因为说'我不知道'而感到羞愧。"为了跟上时代步伐，卡马特每年都会和著名的管理学教授C. K. 普拉哈拉德（C. K.

Prahalad）共处几日，卡马特称普拉哈拉德"让我对上帝产生了敬畏，并教会了我如何思考"。他也向其他企业学习。作为 F1 赛车迷，他学到了两件事："首先，在 F1 比赛中，3 秒钟内要换掉一辆赛车的 4 个轮胎。如果你理解其中的流程和学问，你的能力就会大大提升。F1 还教会了我以极限状态驾驶，但又不要超出极限，你需要头脑和眼睛，还有神经系统完美地协调配合。这让我不禁自问，怎样才能将这一点引入商业。也许我们不得不提早片刻，在车辆失去控制前踩下刹车。"

杜邦的薄瑞廷说，他会建议"新手"CEO 加入一两个小组，私下与同行聚会，讨论重要话题。薄瑞廷说："大家谈论在各自市场中看到的东西能让你获益良多，这比在《华尔街日报》上读到的内容更深入。我现在还保持这一习惯。每次离开时，我能带走六七个新想法。"道达尔的潘彦磊选择参加一些让他更好地了解全球格局的会议，因为这些会议往往会带来一些实质性的影响。"看看别人，感受变化，和他们聊一聊，能启发你思考。然后你可以建立人脉，把时间花在这些问题上。"潘彦磊就曾通过其中一个人际关系网参加了一场印度行业领袖的高峰论坛，以此为契机，道达尔在 2021 年初收购了全球最大太阳能开发商印度阿达尼绿色能源公司（Adani Green Energy）20% 的股份。

持续学习需要勇气。百思买的休伯特·乔利解释说："人们觉得 CEO 是超级明星，而比较新的观点是领导者也有弱点。**我们必须接受自己的不完美，期望自己和周围的人都非常完美的想法非常危险，那样我们将变得怒气冲天。希望某个流程完美无缺没有问题，但人毕竟不是流程，因为人无完人。**"

正如乔利所说，挑战永远存在，重要的是领导者面对这些挑战时作何表现。

保持积极，鼓舞员工永葆希望

理查德·伯亚斯（Richard Boyatzis）、弗朗西斯·约翰斯顿（Frances Johnston）和安妮·麦基（Annie McKee）在合著的《高情商领导力》（*Becoming a Resonant Leader*）一书中指出，神经学和心理学研究证明领导者的情绪具有高度传染性，能在公司内部快速传导。当问题出现时，如果领导者表现出愤怒、恐惧或不确定的情绪，此情绪将在整个公司迅速蔓延。反之，如果领导者表现出正在努力寻找机会、抱以希望并表明决心，组织内部就会竞相效仿。[3]

　　杜克能源的林恩·古德也分享了某种顿悟式的感受。她表示："领导者必须永远站在台上。有件事我过去没能完全理解，就是即便在黑暗时刻，我也必须在内部和外部传达乐观情绪，否则，团队将会怀疑公司不能渡过难关。"溢达集团的杨敏德进一步强调了展现积极乐观态度的重要性："我的工作是驱散恐惧和挫折，恐惧是所有企业的最大敌人。当我带着积极的情绪走进办公室，便可鼓舞所有人的士气。作为领导者，我的工作是对未来保持信心，并且辐射出去。"

　　保持积极乐观的心态并不意味着忽视现实。美国运通的肯尼思·切诺尔特说："我每天都在思考的领导力格言是，领导者的作用是定义现实和带来希望。我概括了拿破仑的话，但我总要多加一句，我可不想落得拿破仑的下场！这是对领导力最简洁的定义。定义现实极具挑战性，它需要一定的透明度和勇气来阐明真相是什么，事实是什么。但这还不够。你还需要明确策略是什么？战略是什么？人们为什么应该抱有希望？专注于定义现实和带来希望，这是我领导之路上的指南针。"

　　正如切诺尔特所指出的，希望不是空中楼阁，领导者的职责是找到真正值得相信的理由，否则员工就会注意到你在做事和为人之间的矛盾。"有些人看半杯水是半空的，而我总是认为它是半满的，我天生是个乐观主义者。问题多难不重要，因为总会有解决办法，"阿迪达斯的赫伯特·海纳分享道，"别聊问题了，聊聊解决方案吧。当你有了这种心态，就会感染其他人。同样，当你的高昂斗志是假装的，大家都会看出来。如果你嘴上说'嘿，我干劲十足'，精神状态却萎靡不振，你说的话就毫无意义。"

　　摩根大通的杰米·戴蒙谈到了他担任第一银行CEO的早期是如何既面对现实，又心怀希望的。在与团队交谈时，他坦率地说："你们口口声声说斗志昂扬，打着'士气'的旗号做了太多不应该做的事。但公司人人都知道我们在说场面话，搞官僚主义，输掉竞争。如果我们的士气一直低迷，我们不会成长为一家好公司。"与此同时，戴蒙也给员工带来了解决问题的合适人选从而给员工带来了希望，并让他们知道，"从现在起，我们要成为最优秀的公司"。

艺电的安德鲁·威尔逊认为，如今的组织不仅希望得到领导者的专业指导，还希望得到领导者从个人、精神和哲学层面给予支持。有时，鼓舞士气只需展现一点人情味儿就好。在疫情期间，当人们不得不远程工作时，威尔逊主持了一场7 000 名员工参加的 Zoom 会议，当时，他 5 岁的儿子走进房间，让他做一只纸飞机。他暂停了会议，开始折飞机。他回忆道："我这么做只是因为作为父亲，我平时也这样。我只花了半分钟就搞定了。之后，大家跟我说，'谢谢你。你让我们看到了作为家长该怎么做。你给我们展示了如何享受亲情。'"

威尔逊说："在这些时刻，当你顺其自然做一些事情，便可鼓舞组织，为组织赋能。当我与卓越领导者朋友们交谈时，我听到的不是他们的公司有多大，股价有多高，赚了多少钱，或者他们对全球 GDP 产生多大贡献。我听到的是他们带给员工的感受。这才是卓越领导者留下来的财富。"

美国畅销书作家库尔特·冯内古特（Kurt Vonnegut）有句名言："我是活生生的人，不是做事的机器。"没错，**当多数人静下心来回想哪些领导者让他们深受鼓舞时，答案似乎很少提及领导者做了哪些具体的事情，而是主要围绕他们的"为人"。正因如此，卓越领导者才会努力一以贯之，不断明确自己到底想要成为和需要成为什么样的领导者。**

首先要坚持自己的信念，保持诚恳。与此同时，卓越领导者应该愿意顺应公司需求，调整领导风格，前提是不违背自己的信念。为做出这样的转变，领导者总会主动寻求反馈，否则，很难得到诚实和建设性的建议。同时，他们还会设法让员工对未来永葆希望。

本章讨论了领导者如何在做事和为人这两方面对员工施加影响。在最后一章，我们将看一看卓越领导者是如何看待自身角色的。

第18章

德行配位，力保谦逊态度

THE SIX MINDSETS
THAT DISTINGUISH THE BEST
LEADERS FROM THE REST

CEO
EXCELLENCE

切莫迷失自我，而要时刻摆正
心态。

坐在宝座上的，未必是国王。

——苏丹谚语

　　传说有一天，美国总统乔治·华盛顿跟一群朋友在他家附近骑马，当跃过一堵墙时，一匹马踢掉了墙上的好几块石头。华盛顿对朋友说："我们最好把石头放回去。"其他人说："还是让农夫干吧。"华盛顿可不这样想。当聚会结束后，他原路折返，找到那堵墙后，跳下马，仔细把每块石头放回原处。刚刚跟他一起骑马的某个朋友路过，看到此情此景朝华盛顿喊道："你的地位不适合干这事儿。"华盛顿答道："恰恰相反，我的地位最适合干这事儿。"

　　我们很少看到关于公众人物谦逊待人的新闻。无论是体育明星、娱乐明星还是政治人物，他们都在聚光灯下，媒体对他们也是趋之若鹜。但谦逊的人往往带给人截然不同的印象。《韦氏大学词典》(*Merriam- Webster's Collegiate Dictionary*) 对"谦逊"的定义是：不骄傲、不傲慢。请注意，它并没有说谦逊是缺乏自信或能力。正如英国作家兼世俗神学家 C.S. 刘易斯（C. S. Lewis）所说："真正的谦逊不是看轻自己，而是少想想自己。"从定义上看，"谦逊"这个词似乎跟世界级企业的领导者毫不相关，但这恰恰是他们应该具备的品质。接受我们访谈的 CEO 都已功成名就，但每个人依然脚踏实地，发自内心地希望为同事和公司服务。

马希德·弗泰伊姆集团的阿兰·贝贾尼分享了他的见解："身为领导者，你总以为自己是公司的翘楚，认为所做的事情都很棒，很有远见。实际并非如此。切莫迷失自我，而要时刻摆正心态。归根结底，你是领导者，也是一名员工，只不过恰好坐在这个位置而已。你更需要日复一日的努力，才能德行配位。"

IDB 的里拉奇·亚瑟－托普利尔斯基则把谦逊融入日常生活的点滴。"每天早晨，我走进公司，走进房间，看到我的办公椅，然后提醒自己，人们过来是冲着这张椅子说话的。我现在坐在这张椅子上，必须保持谦逊之心。我必须记住，大家都一样。我坐在这张椅子上，是它赋予了我权力，但也许明天我就不坐在这里了。"

微软的萨提亚·纳德拉谦逊地将他的很大一部分成就归功于前任。"我的父亲是印度的一名公务员，他总对我说，制度建设者的任务是让继任者青出于蓝。我喜欢这个定义。在我看来，如果微软的下一任 CEO 比我成功，或许说明我的工作做得不错。如果下一任CEO垮台了，对我的评价可能也将随之改变。所以我认为，人们对我的评价太高，但对我的前任史蒂夫·鲍尔默评价不高，这对他不公平，毕竟他为我打下了基础。如果否认他的功劳，我不认为微软能够实现如今的成就，包括云计算的成功类型。"

卓越领导者秉持如下态度看待自己和这份工作：

➤ 谨防自大，不要被光环冲昏头脑
➤ 领导别人，先要服务他人
➤ 打造多元化的"厨房内阁"
➤ 心怀感恩，谨记自己的责任和义务

谨防自大，不要被光环冲昏头脑

当我们向怡安集团的格雷格·凯斯请教他的个人运营模式时，他本能地回答了一句："饶了我吧，关键不在于我，而是客户和同事。我的任务是照顾好他们。为他们拎包是我的荣幸。"伊塔乌联合银行的罗伯托·塞图巴尔对这个观点做了延伸："所有领导者都应该问问自己，'你希望留下怎样的名声——是让自己伟大，还是让公司伟大？'如果你想造就伟大的公司，那必须把公司放在第一位，把你自己放在第二位。我们都希望获得认可，这是人性使然，所以把公司放在自己前面并不容易。但如果你做到这一点，并且具备了支持系统、思维模式和奉献精神，就可以成就伟业。"

万事达卡的彭安杰用一个难以忘怀的比喻强化了这个观点："事实上，当你卸任后，没人记得你。这其实很好，你也不想被人们记得，你希望的是公司取得既定方向的成功。公司不是你的，除非你是创始人，能比肩史蒂夫·乔布斯或比尔·盖茨，那人们应该记住你。像我们这样的人，只是一艘航行于大海的船上的系统管理员。你必须确保你在的时候船不能沉，而且还要设法获得一些额外的船帆和新的发动机技术。你要让船变得更好，但不能用自己的名字为船命名，不能叫它'彭安杰号'。"

工作之外的人际交往有助于一个人保持谦逊。"我认为脚踏实地让我成为更好的领导者。"艺康的道格·贝克说，"你必须想方设法做到这一点。在我 CEO 职业的早期，孩子是关键。如果你家里有 3 个十几岁的孩子，你不得不辛苦工作。后来孩子长大了，朋友仿佛就变得更重要了。这时候，你有了自己的圈子，是人们眼中的邻居和朋友，地位无关紧要，重要的是你这个人。"

就像艺康的贝克所说的，与家人相处很重要。美国合众银行的理查德·戴维斯回忆道："我的孩子过去常说，'我敢肯定，你在公司讲笑话的时候，别人是在强装笑脸。说实话，它并没有那么好笑。'当你离开这个岗位，别人再也不会被你的笑话逗乐了，再也不会给你打电话了。"楷登电子的陈立武分享了他的体会："我的妻子帮助我脚踏实地。有的时候，你会被 CEO 的光环冲昏头脑，事业成功让你飘飘然。她每天早上提醒我，要照顾好与我共事的人。她对我说，'不全是你的功劳，你只是做了一部分工作。尽人事，听天命。'这让我始终脚踏实地。"

对于丹格特集团的 CEO 阿里科·丹格特来说，精神层面的落地生根非常重要。"可以说，我的精神支柱来自我对上帝的信仰。这些年来，正是这种信仰使我不断寻找各种方式来增进人类的福祉。"尽管丹格特已是非洲首富，这种道德观让他始终着眼高远。"因为我的愿景是改善非洲经济，所以我必须脚踏实地。"他说，"我始终致力于让非洲大陆变得更好。我的幸福来自我们改善了非洲人民的生活。"

毫无疑问，对于身居高位的领导者而言，在名利双收的同时保持"谨防自大"绝非易事。这或许可以解释，卓越领导者为什么会拥抱服务型领导力思维。

领导别人，先要服务他人

在 1932 年出版的《东方之旅》（Journey to the East）中，德裔瑞士籍的小说家赫尔曼·黑塞（Hermann Hesse）讲述了主人公雷欧的故事。在一次朝圣之旅中，雷欧加入了一个名叫"盟会"的教派，他被刻画成一个与其他人一样的普通信徒。朝圣之旅很有趣，也很有启发性。直到有一天，雷欧突然消失了，一切都变了，这群人陷入了分歧和争吵。这时，人们才发现，雷欧并不是信徒——他其实是"盟会"的教主。[1]

黑塞塑造的这个角色给罗伯特·K·格林里夫（Robert K. Greenleaf）带来了灵感，后者据此在 1970 年发表了《服务型领导力》（The Servant as Leader）一文。用格林里夫的话来说，服务型领导者的成功和权力来自他人的成长、为他人提供的支持和赋能。虽然在愤世嫉俗的人看来，这个定义太过理想化，但我们发现，卓越领导者确实对此身体力行。正如美国运通的肯尼思·切诺尔特所说："我坚信领导地位是一种特权。如果你想领导别人，就必须先服务他人。"

在里德·哈斯廷斯创办奈飞前，他就曾亲身感受到服务型领导力思维的力量。

"当时我 28 岁，是一名拼命工作的工程师，我热爱我的工作。"他说。凌晨 4 点左右，哈斯廷斯就来到了办公室。一个星期的时间，他的工位上就会堆满咖啡杯。"每个星期，清洁工把杯子清洗干净后再一一摆好。"有一天，当他像往常一样凌晨 4 点来到公司，看到 CEO 在洗手间清洗他的杯子。"显然，给我洗了一整年杯子的人不是清洁工。"他说道，"一直是 CEO 在给我洗杯子。当我问他为什么，他说，'你为我们付出了那么多，我为你做这点小事不算什么。'他放下身段给我洗杯子，却不让人知道。这一点让我由衷地感到钦佩。我就忠诚地追随他了。"

哈斯廷斯的经历揭示了服务型领导力思维看似矛盾的地方——领导者之所以服务他人，是因为他们是领导者；而他们之所以是领导者，是因为为他人服务。美国合众银行的理查德·戴维斯进一步解释了这种逻辑。"我相信许多领导者不理解这一点，"他说，"谦逊不只是个人修养，它比任何战略、战术或命令都能为你赢得更多的追随者。"为了践行这种思维，戴维斯尽量不摆架子。他到基层视察工作时，不会出现前呼后拥的阵仗。他直接走到柜台，与每一位柜员交谈。之后，他四处转转，然后会见管理层。"我不会坐在象牙塔里，派手下去基层视察。"他强调道。

亚萨合莱的约翰·莫林持有类似的观点。他出任 CEO 后不久，专程去了趟英国。公司在那里出现了许多运营问题，因此他到生产线与员工并肩工作，了解情况。"我原先不知道窗锁是什么，现在我知道了。"他说。在百思买，休伯特·乔利也向管理层强调了培养服务型领导力思维的决心："如果你只为自己服务，或是为你的老板或者 CEO 服务，那没关系，我没意见，但你只能走人。"他说，"如果你是为一线员工服务，希望为他们带来改变，那就好好干。"

领导者拥抱服务型领导力思维的另外一种方式，是将组织想象成一个倒金字塔，客户和一线员工在塔尖，领导者位于塔底。在家得宝，创始人伯纳德·马库斯（Bernie Marcus）和亚瑟·布兰克（Arthur Blank）最先引入了这种思维方式。但它在实践中究竟意味着什么？"这种想法促使我走出办公室。"CEO 弗兰克·布莱克说，"我一直很喜欢这句话，东西只会往下掉。但只要想起倒金字塔，我就会意识到，'我说的话没法向下传达给任何人，没有人在乎我说了什么'。所以我得花时间让不关心这些信息的人一层层地向上传达。既然如此，我需要了解他们真正关心的是什么，如何把我关心的与他们关心的结合起来，如何向上打通整个组织。这意味着我需要倾听，而且要全神贯注地倾听。"

打造多元化的"厨房内阁"

我们前文未曾提到的是，有这样一群人可以帮助领导者脚踏实地，保持谦逊，那就是"厨房内阁"。这个词来自美国总统安德鲁·杰克逊（Andrew Jackson），他在白宫的厨房与私人顾问们讨论政务。除了正式的内阁成员外，他还向顾问们寻求建议。这充分彰显了杰克逊的智慧，正是这个"影子智囊"帮助他成为美国最务实的政治家之一。同样，领导者的"厨房内阁"也可以提供谨慎、保密的反馈和建议，这是正式教练或论坛无法提供的。

卓越领导者一手组建的"厨房内阁"，成员通常应擅于思考和倾听——既能提出深刻的问题，又能分享智慧和多元的视角。他们还必须增强保密意识。只有这样，他们才能畅谈那些与管理者、同事、员工、客户、投资者及其他利益相关者有关的敏感话题。此外，他们应尽最大可能保持客观，始终以 CEO 和公司的利益为重，而不是为自己牟利。伊塔乌联合银行的罗伯托·塞图巴尔补充了一个重点："这些人必须与你很亲近，不能害怕你。"万事达卡的彭安杰则强调了多元视角的重要性："我希望这些人不要跟我走一样的路，上一样的学校，拥有一样的经历或背景，视角不要跟我一样。"他解释道。

那么，"厨房内阁"是如何给领导者带来益处的呢？杜克能源的林恩·古德解释道："作为 CEO，当你想要找人说话时，会去哪里？这是个很现实的问题，因为我不可能事事去跟核心领导团队说，尽管他们个个优秀。"在某些问题上，古德有一位银行家知己可以聊。她也依据具体情况跟其他领导者交流，但她指出："他们都很忙，所以我很少找他们。"她还有一位顾问，"当我需要找人聊聊的时候，就给他打电话。他根据情况给我批评或是鼓励，而且经常为我出谋划策。"

奥多比的山塔努·纳拉延的"厨房内阁"里是一些跟他差不多同时出任 CEO 的人，包括 eBay 的约翰·多纳霍（John Donahoe）、财捷的布拉德·史密斯和赛门铁克（Symantec）的恩里克·塞勒姆（Enrique Salem）。"这个自助小组对我意义重大。虽然有董事会，但领导者也需要一群可以放心吐露心声的人。只有两类人有能力唤醒领导者：家人每天早晨告诉我事情的真相，没有比这更好的了；我的自助小组也有这种能力，这些人见证了我的整个成长过程，他们自己也有切身经历。当我踟蹰不前或忧虑退却时，他们直言相告。我当然不能透露机密信息，但可以向他们请教其他人没有足够经验回答的问题。""厨房内阁"帮助纳拉延实践了他从父母那里学到的人生哲学——作为领导者，一定要不断进化。"随着时间的推移，我擅长的事情也发生了变化。我总是说，一家公司既需要扛旗人，也需要修路人。刚担任 CEO 时，我是修路人。因为当时我是工程师，特别关注细节，很擅长连点成线，但可能有点缺乏抱负。"

帝亚吉欧的孟轶凡也阐述了"厨房内阁"中引入其他公司的 CEO 的重要性："刚担任这个职位时，真的是高处不胜寒。我发现，在董事会、利益相关者和管理团队之外，有一群可以交心的同行是很有帮助的。对任何一位新的 CEO 而言，建立和维持一个相互信赖的团体是很有价值的。"

阿迪达斯的罗思德分享了他的一位"厨房内阁"成员是如何帮助他摆正心态的："我有一个经常交流想法的小圈子。"他说，"比如，有一段时间，我几乎每天都遭到媒体批评。周六早晨，我给一位非正式顾问打电话，跟他讨论这个问题。他说，'你太较真了。根本没人关心明天的报纸，别发牢骚了。花点时间陪陪妻子，喝瓶好酒。'他不是很善解人意，但确实对我有启发，'好吧，我或许有点自寻烦恼。'这有助于我从大局出发考虑问题。"

乐高的袁威每个季度都会跟他的一位顾问一起喝茶。他刚当上 CEO 时，那位顾问提了两个问题："公司出了什么问题？"和"公司为什么存在？"袁威回忆道："关于公司存在的原因，我当时的回答是，这是一个关于儿童和梦想的长篇故事。关于出了什么问题，我提到美元贬值、合作伙伴令人失望等外部因素。我的顾问说，'喝完你的茶，下个季度我们接着来讨论'。"

袁威的回答日臻完善。上任两年后，他的答案终于让顾问感到满意。"我又一次坐在他家花园喝茶，他说，'告诉我出了什么问题。'"他回忆了那次的回答，"好吧，其实是管理层太糟糕。"关于公司存在的理由，袁威的回答是："提供 21 世纪的系统性解决方案和创造力。"此时，那位顾问说："我觉得可以结束了。你回家去吧。"

袁威总结道："他希望我承担责任，承认问题，并对公司存在的价值以及品牌如何与时俱进形成自己的看法。"

从上面的例子可以看出，领导者很少把"厨房内阁"凑在一起，而是经常单独联系。不过也未必总是这样。有的卓越领导者选择定期召集成员们开会，楷登电子的陈立武就是其中之一。他发起成立了"责任小组"。成员是他信赖的朋友，来自不同的领域。他们每个月在其中一个人的家里碰面，时间是周六上午 10 点到中午。话题涉及最近的读书感想，以及这些感想对自己的事业和生活产生的影响。他们分享各自面临的挑战，有的来自职场，有的来自家庭。所有事情大家都完全保密。陈立武说："我成立'责任小组'的主要原因之一是希望出色完成工作。许多诱惑会分散你的精力。你必须专注于真正重要的事情，不光要关注对你有益的事情，还要关注对别人有益的事情——关注那些影响整个社区、整个社会的事情。"

心怀感恩，谨记自己的责任和义务

感恩一词通常很少跟领导者联系起来，但卓越领导者常常心怀感恩。"我们很幸运，"摩根大通的杰米·戴蒙说，"我们应该承认这一点。在近 70 亿人口的地球上，大多数人乐意跟我们交换位置。所以今天坐在这个位子上的我们很幸运——这给了我们巨大的责任和义务。"怡安的格雷格·凯斯补充道："别自欺欺人了。我们自诩为天才，但其实能坐到这个位置有很大的运气成分。不能把自己今天的地位视作理所当然，要心怀感恩。"

当通用电气的拉里·卡尔普卸任丹纳赫的 CEO 时，他立刻明白自己失去了什么。"我把这比作我在高中篮球队时的流畅进攻。"他分享道，"我们快速奔跑，相互配合，所向披靡。长期以来在丹纳赫就是这种状态，在通用电气也是这样。跟一群了不起的人一起快速奔跑——我觉得很有意思，在各个方面都能获益。"

波士顿科学公司的迈克·马奥尼的感恩之情源自他撒下的创新种子，这些种子将会在他卸任很久之后，将长成参天大树。"等到我们目前所做的创新他日收获硕果时，我可能已经退休了。"他说，"我们目前在人体临床试验的进展令人惊喜。人们倾向于放弃高风险的长期赌注，转而追求短期绩效数据。但要创造长期的差异化价值，就必须勇于承担风险，并努力维持创新引擎的运转。我为我们的坚持感到自豪，为我们促进生命科学进步的承诺感到自豪。今天早上我收到一位病人的电子邮件，他患有严重的帕金森病，身体的震颤让他无法正常生活。我们最近推出了一款新的大脑刺激装置，这极大改善了他的生活：他的震颤得到控制，他过上了正常的生活，甚至又能打鼓了。这样的故事激励着我们要加倍努力。"

通用磨坊的肯·鲍威尔讲述了一段神奇的经历："成为 CEO，你将获得很多想象不到的荣耀时刻。我最难忘的经历是某次高级别行业会议上，当时大家讨论了对海地提供震后援助。会议结束后，风度翩翩的奥巴马总统对我说，'感谢你在这件事情上的领导力，我们必须帮助这些人。'我告诉他，我的女儿在为一家非营利人道主义组织工作，她已经启程去海地帮助搭建难民营。他说，'请转告她，总统为她感到骄傲……'"那一刻，鲍威尔的声音有些哽咽，回忆起向女儿转达总统的口信的情景，他的眼里饱含着喜悦的泪水。

领导者对自己担任的职位心怀感恩不只是"感觉良好"。心理学家告诉我们，常存感恩之心有助于改善健康，提高应对逆境的能力以及增强建立牢固的人际关系的能力。这样便可形成良性循环：心怀感恩的领导者往往表现更好，而在产生积极影响后，他们就更加懂得感恩。

　　毋庸置疑，卓越领导者代表着高效、成功和自信。正因如此，人们往往认为他们狂妄自大，让人厌烦。但这与事实相去甚远。卓越领导者主动作为，力保谦逊姿态。他们明白，比起人的一生，担任领导者的时间是短暂的，即便是最成功、任期最长的 CEO 也不例外。**他们深知谦逊不是任务，为自己的谦逊感到自豪很容易。千万别把谦逊当作成功的标准，应发自内心地保持谦逊有加。**

　　为此，卓越领导者应谨防自大。他们采取切实的措施，脚踏实地拥抱服务型领导力思维。他们会组建一个多元化的"厨房内阁"，确保自己洞察真相，避免自欺欺人。最后，他们因为有幸身居高位常怀感恩之心，并且会敏锐地意识到这个职位所带来的责任和义务。

我们探讨了卓越领导者如何管理个人成效，这是多项工作以及工作和生活取得平衡的关键所在。虽然个人管理模式各不相同，但卓越领导者在以下三个维度上能够秉持"专注于分内之事"的思维：时间管理、行事信条、德行配位。

管理个人成效
思维：专注于分内之事

时间管理　　**优先处理只有领导者才能解决的关键问题**
- 张弛有道，把时间花在对的地方
- 擅长区隔，在公共生活和私人生活之间划清界限
- 积蓄能量，适时为自己充电
- 善用助手，组建专属支持团队

行事信条　　**始终如一坚守核心信念**
- 一以贯之，为人处事始终如一
- 善于应变，根据公司需求做出调整
- 找到"盲点"，收集反馈持续成长
- 保持积极，鼓舞员工永葆希望

德行配位　　**力保谦逊态度**
- 谨防自大，不要被光环冲昏头脑
- 领导别人，先要服务他人
- 打造多元化的"厨房内阁"
- 心怀感恩，谨记自己的责任和义务

卓越领导者在管理个人成效方面的经验适用于一切领导者。你最重视什么事情？你的时间有没有合理分配给这些事情？你是否把自己的日程排得太满，以至于因为意想不到的事情而心慌意乱？你能否全身心投入每一次互动，还是总免不了瞻前顾后？你如何安排日常生活中的恢复计划？哪些事情让你活力满满？你有足够的时间处理这些事情吗？什么机制可以帮助你管理时间和精力？作为一名领导者，你具备怎样的品质？你如何获取针对自己的反馈？如何处理这些反馈？你是否通过定义现实和给予希望来激发团队的士气？你有没有一个能提供坦率建议的小型顾问团？归根到底，这一切是为了自我满足，还是说，你被追求卓越的谦逊心态所驱使？

目前为止，我们介绍了让领导者成就卓越的思维模型的所有要素。然而，仅仅了解一台发动机的所有关键部件（如曲轴、连杆、凸轮轴、气门、气缸和活塞），仍然无法理解点燃空气与燃料的混合物后，是如何形成动力冲程，进而产生动力的。于是，余下的问题就变成：如何将这一切融合起来？

让领导者从优秀走向卓越，从卓越走向伟大

THE SIX MINDSETS
THAT DISTINGUISH THE BEST
LEADERS FROM THE REST

CEO
EXCELLENCE

忽视细微笔触，再大的画作也难称杰作。

——安迪·安德鲁斯（Andy Andrews）

谁是 21 世纪最伟大的运动员？我们列出了一份候选名单：阿根廷足球运动员利昂内尔·梅西、瑞典高尔夫球手安妮卡·索伦斯坦（Annika Sörenstam）、牙买加短跑运动员尤塞恩·博尔特（Usain Bolt）、德国 F1 赛车手迈克尔·舒马赫（Michael Schumacher）、巴西综合格斗运动员阿曼达·努内斯（Amanda Nunes），还有 5 个美国人——体操运动员西蒙·拜尔斯（Simone Biles）、网球运动员塞雷娜·威廉姆斯（Serena Williams）、游泳运动员迈克尔·菲尔普斯（Michael Phelps）、美式橄榄球四分卫汤姆·布雷迪（Tom Brady）和篮球运动员勒布朗·詹姆斯（LeBron James）。

这份单子可以开很长。耐人寻味的是，看起来最有资格当选 21 世纪最伟大运动员的那个人似乎被人淡忘，以至无人提及。当美国十项全能运动员阿什顿·伊顿（Ashton Eaton）2017 年宣布退役时，他依然保持着这项艰苦赛事的世界纪录。在十项全能比赛中，参赛运动员必须在两天内按顺序完成十项比赛，包括 1 500 米跑、撑竿跳高和标枪等。

伊顿多次刷新世界纪录。他在职业生涯中总共创造了 5 次七项全能和十项全能纪录，是历史上第三位两度夺得奥运冠军的十项全能选手，还曾连续 4 次赢得世界锦标赛冠军。伊顿不仅取得了每一个单项的优异成绩，还保持着某几个项目的世界最佳成绩。2012 年，伊顿在美国奥运选拔赛上打破了十项全能世界纪录，创造了当年的两项世界最佳成绩；他的跳远成绩 8.23 米，当时全球排第 14 名；10.21 秒的 100 米成绩，跻身全世界前 100 名。

这对卓越领导者有什么启示？很简单，我们认为，卓越领导者更像是十项全能运动员，而非单项赛事选手。他们在设定组织方向、强化组织协调、动员领导团队、经营董事会、连接利益相关者和管理个人成效等方面未必能做到世界第一，但他们的综合能力是世界一流的。

比利时联合银行的约翰·蒂吉斯赞同这个观点："我擅长许多事情，也许在其中一两件事情上做得很好，但未必在所有方面都做得最好。不过这不重要。对领导者而言，重要的是取得平衡。你不应只盯着整体框架的某一个维度。"亚萨合莱的约翰·莫林也强调："CEO 必须意识到，你只是人，只是一个杰出的商界'通才'，因此你不会是那个最优秀的人。你不应总想着样样精通，但你可以分享中肯的建议，助推和鼓励员工成长成材。"

我们采访的 CEO 大多具备相当的知名度，像是杰米·戴蒙、萨提亚·纳德拉、里德·哈斯廷斯等人，如果套用十项全能运动员的类比，不难理解为什么那么多顶尖商界精英在圈子外面鲜为人知。他们努力工作，娴熟运用本书讨论的思维并将它们付诸行动，管理着自己的关键职责。取得平衡很难，因此我们才对这个职位的方方面面展开深入分析。当今时代，流行在社交媒体上的管理建议要么是一知半解的药方，要么是快餐式的经验法则。经营大型跨国公司是异常复杂的工作，几条简短建议无法阐明领导者的成功法则。鉴于此，我们尽可能遵循爱因斯坦的教诲：凡事力求简单，但切莫简单过头。

下面我们将就本书提出的思维模型有多大的指导意义进行探讨。

从优秀到卓越的路径各不相同

在印度史诗《罗摩衍那》(Ramayana) 里，圣人毗湿奴为帮助神的化身罗摩，赐予他神圣的武器和知识；在希腊神话里，雅典娜给了英雄珀尔修斯一面镜子般的盾牌，让他杀死蛇发女妖美杜莎；当灰姑娘遇到麻烦时，仙女教母把她带到了舞会。这 3 个故事有一个共同之处：主人公得到了超自然力量之助。这就是"原型"，即相似的模式在看似不相关的场景中重现。

在研究中，一旦我们定义了领导者担当的角色，明确了领导者之所以成就卓越的思维模型，我们是否就可以通过全面的定量和定性分析，找出在领导者的各项职能中是否存在某种原型？是否存在与领导者优先安排时间和能量有关的模式？是否存在与转换重点有关的原型？业务状况在多大程度上决定了领导者应该专注于哪项职能——比如扭转颓势（55% 接受我们访谈的 CEO 面临这种情况），或者试图使公司从优秀走向卓越或从卓越走向伟大（45% 的 CEO 面临这种情况）？我们希望为领导者提供一些行动指南。遗憾的是，我们并未发现普遍性做法。无论身处何种境况，领导者在关注的方向和时机上做出的选择都大有迥异。

在皇家帝斯曼，谢白曼最初肩负的任务是扭转颓势，最终他将业务重点从化学制品领域转向生命科学领域。转型之初，他关注的重点在外部。"我把 25% 的时间花在投资者身上，因为我需要他们的支持。"他说，"大约 40% 的时间花在市场和客户身上，因为我要了解他们怎样看待世界以及他们重视什么。"同样面临扭转颓势的任务，亨里克·波尔森在将沃旭能源从油气公司转型成为清洁能源公司的过程中，采取了相反的做法。"我本可投入所有时间拜访全世界所有对公司转型有兴趣的人。"他说，"但我们选择着眼于企业文化，希望以此将转型战略落实到位。"

为了"从优秀迈向卓越"，万事达卡的彭安杰从深挖内部开始，投入大部分时间来设定组织方向和强化组织协调。他的目标是带领公司迈向卓越。"把时间更多地分配给外部是很困难的事。"他分享道。随着各项措施逐步确立，他开始把更多精力转向外部，进一步增加了与董事会互动的时间，同时更加注重管理个人成效。

而财捷的布拉德·史密斯从上任第一天起，基本遵循"40-30-20-10"的分配比例：40% 的时间用来提高业务绩效，30% 用来指导员工，20% 跟外部沟通，10% 用于个人成长和学习。

不过，在上任和卸任这两个阶段，我们发现了卓越领导者的一些共同特征。

善始善终，最优秀的领导者也有保质期

谈到 CEO 上任之初如何适应这个职位时，所有的 CEO 都强调了广开言路大有裨益，应专门为此投入时间。财捷的布拉德·史密斯向董事会成员、投资人、其他公司的 CEO 和员工提出了三个相同的问题："有哪些重大机会我们还没利用起来？有哪些重大威胁需要我们立刻解决？哪件事我一旦做了将把公司搞砸？"新官上任，广开言路十分重要，一位卓越 CEO 对此解释道："你初到乍来，人们才会跟你说一些事情，这些话两三年后就听不到了。"如何做到广开言路？卓越领导者分享了大量建议，包括 CEO 亲自主持会议（给大家更多发言机会）、多听少说、不给出承诺、去那些没去过的地方，而且千万别忘了客户和前员工。

另一个普遍观点是，新晋 CEO 对形势要有自己的判断。在我们向三度担任 CEO 的溥瑞廷请教有哪些成功因素时，他说："当 CEO'空降'一家公司，或者由公司提拔而来，都需要对公司的关键指标做深入而透彻的查看，包括回报指标、现金周转等，不要漏掉任何一处。然后，你就可以看出跟优秀公司的差距在哪里，这时你会问，'我们为什么达不到优秀？如果别人能做到，我们为什么不行？'总归有办法可以做到。"

高德美的弗莱明·奥恩科夫则以自己的从医经历做类比，"第一步研究病例，也就是医生所说的既往病史。"他说，"我试着去了解故事、内容和历史。第二步观察事实，包括症状和预警信号，提出一个诊断假设。一旦找到一两个关键点，我就会自问：'应该怎样治疗？'"帝亚吉欧的孟轶凡强调评估时要保持客观。"直面现实，坦诚以待。"他建议，"冷静看待市场、竞争、定位和文化，客观评价一切。"

　　诊断完成后，第三步是简明扼要地传达新方案。我们采访的 CEO 几乎都能做到用乘电梯的时间清楚地阐述战略，或者只用一页纸便可阐明全部主张。星展银行的高博德说："我们将愿景、战略、价值观、目标汇总到一页图表上，称之为 DSB House。大家统一思想后再探讨我们想做什么，更重要的是探讨不想做什么。"帝亚吉欧的孟轶凡随身带着一页用简洁英文写成的"帝亚吉欧业绩抱负"，里面没有晦涩的术语，最上头是公司的使命和愿景，接着逐一列出六大战略支柱。孟轶凡阐述了这种做法的好处："无论你是在肯尼亚做瓶装，还是在越南做销售，从这页纸上都能找到自己的定位，知道自己如何发挥作用。这对清晰阐述战略和需要做出哪些变化很有帮助。"在格雷格·凯斯领导的怡安集团也有类似的做法，他们称之为"怡安联合体战略蓝图"。辛辛那提儿童医院的迈克尔·菲舍尔则在一页纸上罗列出了该院的"4C's"战略和成功衡量标准，所谓"4C's"，指的是照护（Care）、社区（Community）、治愈（Cure）和文化（Culture）4 个领域。

　　谈到去任时，许多卓越 CEO 表示不会在这个位置停留太久。"我很清楚，就算是最优秀的 CEO 也有保质期，我最近测试了这个想法。"美国教师退休基金会的罗杰·弗格森说，"CEO 的一大风险是忽视世界发生变化的程度——我想过，现在的一切跟 5 年前或 10 年前我的设想是多么不同。我对着镜子问自己：'我是带领公司走完下一段旅程的最佳人选吗？'就我个人而言，在领导美国教师退休基金会 12 年后，我觉得是时候把接力棒交给下一任了。"

　　赫伯特·海纳选择在数字时代崛起时离开阿迪达斯，因为他相信，公司在这个时候需要比他更理解这个领域的人。类似地，在阿霍德和德尔海兹合并后，60 岁的迪克·布尔认为到了交接的时候了，因为在整合完成后，公司需要稳定下来，尽快部署卓越的运营模式。谈及为何在夏尔被武田制药收购后功成身退，弗莱明·奥恩科夫答道："很明显，我不是领导这次整合的最佳人选，在整合中我难以发挥优势，肯定有人比我更适合。"索尼的平井一夫感觉到，虽然他是带领公司转型的合适人选，但却不太适合在随后的稳定阶段继续掌舵。

　　美敦力的比尔·乔治的建议是，CEO 应定期回答下面几个问题决定自己是去还是留：你还能获得满足和快乐吗？你是否仍在学习，而且依然感受到挑战？是否有新的个人情况需要考虑（如家庭或个人健康问题）？外面是否有难得一遇的机会？继任计划制订得怎样了？公司是否有里程碑事件（如整合重大收购、发布重要新品、完成长期项目）让交接更自然一些？行业是否正在经历剧烈变化，从新的角度看，公司可否因此受益？你留下来是否只是因为你想不到能去哪？[1]

一旦决定离开，卓越 CEO 将确保无缝交接。卡特彼勒的吉姆·欧文斯描绘了一套完美的交接计划："对任何一家大公司来说，当你离职时，如果没有至少 3 个强有力的候选人，都是一种耻辱。董事会要对他们展开评估，所以最后阶段我给了候选人更大的自主权，好让他们向董事会做全面系统的战略汇报。我还让每个候选人向投资者介绍各自部门的战略。"无缝交接的其他关键元素还包括：不要把不愉快的决定留给继任者，让继任者履新前有大量时间广泛倾听各方声音，并在战略上达成共识，以及思考你自己职业生涯的"下一站"。"到最后你会发现，CEO 最困难的部分是离职。"欧文斯补充道，"你真的需要让开，让继任者评判你的是非功过，谈论哪些地方有待大幅改进。"

在布拉德·史密斯卸任财捷 CEO 前，他建议继任者萨桑·古达齐（Sasan Goodarzi）同他找史蒂夫·杨（Steve Young）聊聊，这位美式橄榄球运动员是传奇四分卫乔·蒙塔纳（Joe Montana）的接班人。"他告诉我们，他第一年一直在努力模仿乔·蒙塔纳。"史密斯回忆道，"他像乔一样留了长发，穿着打扮也跟乔一模一样。他甚至尝试模仿乔的掷球动作。事实证明，那是他表现最糟糕的半年。最后，史蒂夫决定放弃模仿乔，最终开创了伟大的事业。当时，杨看着古达齐说，'你应该成为全世界最好的萨桑·古达齐。'他又看看我说，'你得让他成为全世界最好的萨桑·古达齐'。"

划定优先级，让自己整装待发

如果原型或模式不够清晰，领导者怎么知道该在何时以多快的速度旋转哪个"盘子"？如本书序言所述，答案取决于业务状况与领导者自身能力和选择之间的相互作用。这些都不是独立变量。随着业务的变化，领导者在应对过程中能力得到了提升，应对之道也在改进，这跟骑行的原理有点像。外部地形要与内部因素（如骑行者的协调和平衡能力）结合起来。骑得越多，就越能驾驭更多样、更难骑的地形，选择的骑行地点也会随之改变。

正因如此，**大多数 CEO 相信，只有当了 CEO 才可能真正理解 CEO 这个角色。**美敦力的比尔·乔治解释道："就算你觉得自己有超群的聪明才智，也不可能为当CEO 提前做好准备。你得慢慢适应。周遭的世界在变化，你上任后也会成长。你觉得你知道如何经营一家公司，但那主要是 COO 的任务。"辛辛那提儿童医院的迈克尔·菲舍尔打了个比方："为 CEO 一职做准备就像在职业运动队做助理教练——你觉得你已洞悉主教练一职，但其实你并不了解。"

这一切都说明，确定优先级没有放之四海皆准的答案。借用骑行的类比，本书提供的建议有助于领导者"整装待发"（戴好头盔，穿好骑行服，装好反光镜等），调整合适的座位高度，给轮胎打好气。他们将知道如何蹬踏板，如何刹车，如何变速，还将学会在穿行于车流时安全地发出信号，诸如此类。书中知识可以让领导者骑得更快更好，但归根到底，只有真正骑上车，才知道在什么时候该做什么事。

一旦开始骑行，卓越领导者就会不断挑战难度更大的地形，升级装备，努力成为一流骑手。随着时间的推移，许多人将因其标志性强项而为人所知，就像伟大的骑手通常在某个领域（公路赛、小轮赛、速降赛、越野赛等）表现尤为出色。杰米·戴蒙在第一银行和摩根大通的落地执行能力堪称传奇。布拉德·史密斯通过文化激励财捷领导团队的能力也有目共睹。沃旭能源的亨里克·波尔森的战略远见令许多人赞叹不已。薄瑞廷因在众多公司重塑业务组合的能力，被《华尔街日报》誉为"分手大师"。

为切实有效帮助领导者从容踏上征程，我们设计了一组优先级排序和评估工具，力求让领导者在最重要的领域做到最好。详情可参阅附录一。我们承认，这种做法有些机械化。但不妨把它比作经典物理学——尽管牛顿方程没有把量子领域和相对论的复杂现实考虑在内，却很好地解释了人们在日常生活中遇到的种种现象。

展望未来，卓越领导者的 4 大发力点

在本书的开头部分，我们赞扬了善于把握未来趋势的杰出领导者所具有的种种优点。本书的内容则基于过去 20 年卓越领导者的思维和行动。有的读者或许会想，"看着后视镜开车很难"是否还能适用。问得好！我们深入思考过这个问题。前文探讨的领导者职责在未来 20 年是否与过去 20 年一样？过往成就卓越领导者的思维和行动未来是否还能成就新一代的商界赢家？

我们认为答案是肯定的。毕竟，商业内核并未发生变化。德国哲学家弗里德里希·尼采说过："确定价格、调整价值、发明等价物、交换物品——所有这些在人类最初和最早的思想中占据很大比重，甚至可以说构成了思想本身。"[2] 领导大型组织遵循的原则同样如此。例如，公元前 1100 年，中国一位备受尊敬的大臣授意撰写了《周官》一书，其中许多古代政治制度的理念与现代商业模式如出一辙：明确决策权，建立清晰的运营规则，绩效监督考核，领导者与员工保持富有成效的关系，打造相互尊重的文化，以身作则。[3]

这让我们联想到帆船这种古老的水上交通工具。最早对帆船的视觉描绘可以追溯到公元前 5500 年。这些船在尼罗河上航行，设计很简单，就是方形的芦苇船，桅杆上挂着一张方形的莎草纸。此后社会上涌现出了许多伟大的发明：转向桨和舵、龙骨、船用发动机、GPS 导航等。但帆船的基本原理始终未变：调帆（使帆处于最高效的位置）、调整稳向板龙骨（纠正侧向漂移）、船平衡（避免船身倾斜）、船配平（保持船的水平）以及航迹向（根据潮汐和回旋空间进行调整，以最直接的方式从 A 处到达 B 处）。

在研究领导者担当的角色以及让领导者成就卓越的思维和行动时，我们特别研究了哪些是永恒真理，哪些是新生事物。无论人类历史新近出现的趋势，比如

全球化、互联网和社交媒体兴起、消费者行动主义、数字化转型、社会动荡、大流行病、经济危机、新一代进入劳动力市场等是不是有利，领导者都需要设定组织方向、强化组织协调、培养领导团队、经营董事会、连接利益相关者以及管理个人成效。**我们相信，只要领导者做到果敢行事、刚柔并济、关心团队心理状况、协助董事辅佐企业、从企业宗旨出发、专注于分内之事，就能无惧风浪、扬帆远航。**

　　尽管领导者的角色及其成功思维并未改变，但重点事项和相应策略发生了变化。20 世纪 70 年代，臃肿的老派组织面临全球化竞争纷纷解体，股东的价值与日俱增。20 世纪 80 年代，有线电视新闻的出现将领导者推到镁光灯下，使得他们倍加关注自己在外部的形象。世纪之交的科技变革推动实物资产向数字资产和知识资产流动，使得领导力中的人性层面越来越受到重视。有助于提高个人效率的工具层出不穷，比如曾经无处不在的黑莓（BlackBerry），它让全天候"在线"成为可能，这虽然节约了领导者的时间，但也耗尽了领导者的精力。2008 年金融危机之后，董事会在各方呼吁之下开始加大对公司的干预力度，也改变了 CEO 在公司治理中的角色。

　　由此引出了我们对卓越领导者的最后一项观察成果，**他们都拥有出众的过滤能力，足以识别周边的信号和噪音。未来，在汹涌奔腾的趋势、思想和信息的裹挟下，这种能力将变得越发重要。**如本书所述，卓越领导者面临的挑战包括：数字化转型、员工的健康和福祉、种族多样性和包容性、气候变化、未来的工作、员工再培训问题、数字货币的潜在增加和利益相关者资本主义的日渐盛行。此外，虽然深知"敏捷性"和"使命"这类流行的管理词汇，但领导者尽力避免将其当作包治百病的灵丹妙药。

　　展望未来，这些问题（以及更多目前还无法想象的问题）将会继续吸引组织领导者的注意力。无论未来如何演变，我们坚信，卓越领导者将在以下 4 个方面加码发力。

　　● **道德责任感：**在社交媒体的实时监督下，企业和领导者的一举一动变得更加透明，加上激进主义泛滥，领导者必须提高自己和公司的行为标准，推进公司的多元化和包容性议程，重视公益事业，坚守领导原则，打造一流的企业文化。

- **多样性**：在性别、种族、民族和阶层方面更重视多样性的领导者，最终将打破"领导者是英雄"的过时形象，将服务型领导力、可持续增长和良好的德行视为身份标签。

- **韧性**：领导者需要付出的时间和精力成倍增加，加之公众的审视与监督日益严苛，领导者难免感到身心俱疲。这时，处事不惊的性格和卓有成效的个人管理不再是成功的筹码，而是生存的必须。

- **影响力**：在各界呼吁下，领导者承担起了领导社会的责任，运用他们的影响力频频发声，呼吁出台有利于利益相关者的各种政策。这一角色的影响力将不断增强，领导者将更有成就感，也更具挑战性。

当今领导者肩负的重任越来越多，有人认为，这些艰巨任务已无法由某个人来承担。还有人认为，人工智能的快速崛起将淘汰领导者的许多工作（好比为可远程操控的飞机配备飞行员）。我们相信，当越来越多的机器在技术层面为领导者赋能时，那些抱有远大志向、善于鼓舞人心、持续激发组织创造力和重视协作的领导者将更具竞争优势。

我们从 21 世纪的 CEO 入手，逐步缩小范围，最终筛选出为数不多的卓越领导者。我们发现，筛选所使用的各种指标，无非是为了衡量领导者在多大程度上为他人赋能，帮助他人达成不曾想象过的成就。这是每一位领导者心向往之的事。我们由衷地希望，无论你身处何种领导职位，都能经由阅读本书提升这项能力。

卓越领导者的思维工具箱

麦肯锡卓越 CEO 业务覆盖 CEO 任期的前、中、后 3 个阶段。前期主要聚焦 CEO 对岗位职责的适应，中期重点关注 CEO 的表现，后期则协助 CEO 评判并确定离任的时间和方法。为了帮助领导者厘清工作的优先次序，并评估工作成效，我们开发了一系列实用的工具来帮助他们进行深度反思。下文列举的三张清单得到了所有领导者的青睐，被公认为领导者职业生涯中的"得力助手"。

第一张清单着眼于卓越领导者思维模型的六大要素，并逐一评估他们想要推行的变革深度。通常，CEO 都会听取董事会等利益相关者的建议，并结合自身评判来做出这项决策；第二张清单列出了每项要素中至关重要的三大子要素，并帮助 CEO 反思自己的领导方法；基于上述两项实践，领导者会对自己的回答进行总结，在最后一张清单上写明改善潜力最大的要素，并将洞见付诸行动。

在许多领导者看来，这些清单至关重要，因为它们在帮助他们进行"内省"的同时，还能获得来自团队成员和董事会成员的洞见。领导者可以针对清单上出现的新话题，或是与其他成员存在的认知差异来让"厨房内阁"建言献策（详见第 18 章），并据此制定改进方案，推动公司进一步发展。

清单 1
我的使命

评估你想要推行的变革深度

		0 —— 1 —— 2 —— 3 —— 4	
设定组织方向	愿景 战略 资源配置	缓慢前进, 谨小慎微	推动重大转型
强化组织协调	文化 组织 人才	微调现状	做出全面调整
动员领导团队	团队组建 合作 运营	分工明确, 团队合作愉快	大幅调整 团队构成
经营董事会	董事关系 董事会治理 会议管理	董事会卓有成效, 与 CEO 联系紧密, 无需过多调整	董事会"才不配 位"且难以共事, 亟需做出改变
连接利益相关者	社会使命 外部沟通 危机管理	与外部利益相 关者关系牢固	需与诸多利益相 关者重建关系
管理个人成效	时间管理 行事信条 德行配位	当前的工作状 态无需调整	需要彻底改变 领导方式

清单 2
反思自身的领导方法 (1/6)

下面哪一行字最能描述你当前的领导方法？逐一评估第一列用黑体字标出的关键词。相关思维模式以 "*" 号展示，供参考。

	普通领导者	优秀领导者	卓越领导者
设定组织方向	开辟丰富的业务条线，使之并行发展 *	朝着明确的方向，有重点地推进 *	不拘泥于组织原有的赛道，果敢行事 *
愿景	🔲 我倾向于**赋能业务部门，由员工来设定组织愿景**，而非像布置任务般，自上而下设定组织目标	🔲 我以**击败竞争对手为愿景**，并借此提振员工士气	🔲 我为**组织带来了新视野**，不仅设定了雄心勃勃的目标，还重塑了胜利的内涵
战略	🔲 我们已经有**成百上千个自下而上**的倡议	🔲 我们兼顾独立自主与合作：**业务部门既有各自的战略需要实现**，也在为着同样的目标而努力	🔲 我们拥有**早冒险、多冒险**的精神
资源配置	🔲 我们坚守企业发展的大方向，**缓慢调整预算和资源配置**	🔲 我们**每年都会调整资源配置**，在稳步发展与开拓进取之间求平衡	🔲 我以**独立清醒的第三方视角**来定期调整资源配置

清单 2
反思自身的领导方法 (2/6)

下面哪一行字最能描述你当前的领导方法？逐一评估第一列用黑体字标出的关键词。相关思维模式以"*"号展示，供参考。

	普通领导者	优秀领导者	卓越领导者
强化组织协调	赋权他人开发组织软实力 *	自己主导软实力的开发 *	协同发展组织软实力与硬实力 *
文化	人力资源部门负责捍卫我们的价值观和工作方法	**我的思维核心与组织文化一致**，并会在 HR 的指导下，采取相关行动捍卫组织价值观	**我会锁定公司的头号发展要务**，确保公司采取协调有序的策略
组织	为了解决运营痛点，我们每一两年就会**调整一次组织设计方案**	我们在全球扩张和本土深入发展之间**进行了必要的取舍**	我们**紧抓稳定和敏捷**，以负责任的态度敏捷应对组织转型
人才	我们依靠**为数不多的人才**来领导重大项目，并让他们担任重要职位	我鼓励、**支持强大的绩效考核制度**，并会对绩效不佳的员工采取行动	我**不以人定岗**，而是以岗定人，在最能创造价值的岗位选派最合适的人才

清单 2
反思自身的领导方法 (3/6)

下面哪一行字最能描述你当前的领导方法？逐一评估第一列用黑体字标出的关键词。相关思维模式以"*"号展示，供参考。

	普通领导者	优秀领导者	卓越领导者
动员领导团队	在团队中斡旋以推进工作 *	协调团队成员，高效执行任务 *	关注员工心理健康，兼顾团队效率与个人价值实现 *
团队组建	我选择不改变现状（不值得为了变革而破坏现有结构）	我致力于确保团队成员都能各司其职，且值得信任	我们注重团队合作与协同效应（1+1=3），并邀请员工共同领导变革
合作	团队开会时采用合议方式，平时基本各自为政	团队的工作模式十分高效，能够良性沟通	决策基于对话，通过提升数据、对话的有效性来提高团队效率，让员工尽情展现个人风采
运营	虽然大家公认开会占据了过多时间，但仍旧愿意维持现状	企业会议日程清晰、连贯，会议安排合理有序	我们的会议日程、内容和规范让我们可以把握好战略的制定和执行的节奏

清单 2
反思自身的领导方法 (4/6)

下面哪一行字最能描述你当前的领导方法？逐一评估第一列用黑体字标出的关键词。相关思维模式以"*"号展示，供参考。

	普通领导者	优秀领导者	卓越领导者
经营董事会	和董事会保持距离 *	支持董事会的受托责任 *	鼓励董事参与公司发展 *
董事关系	我对董事会有求必应，并**定期汇报公司情况**	我与每位董事会成员都**建立了良好的关系**	我邀请董事会成员坦诚分享自身观点，与他们**构建互信**
董事会治理	董事会相关问题全部交由**董事长**处理	我会**提名新的董事人选**，确保董事会持续学习	我**虚心向前辈学习**，积极协助调整董事会人员的构成，与董事开展互动并确保董事会持续学习
会议管理	**由董事会决定会议议程**，我会据此调整自身工作安排	我致力于确保董事会议能够**高效开展，并取得有效成果**	我与董事会知无不言，共同**打造公司未来**（话题不只限于各自的职责）

清单 2
反思自身的领导方法 (5/6)

下面哪一行字最能描述你当前的领导方法？逐一评估第一列用黑体字标出的关键词。相关思维模式以"*"号展示，供参考。

	普通领导者	优秀领导者	卓越领导者
连接利益相关者	专注业务发展 *	灵活调整利益相关者关系 *	将社会使命嵌入企业内核 *
社会使命	越来越多的企业都在承担社会责任，但我的**重心仍是为股东创造价值**	我确信我们已经践行了社会责任，有引人注目的**企业社会责任故事**	我们追求**社会使命**，并将这种观点融入组织发展的方方面面
外部沟通	公司运营是我的首要任务，因此**我尽可能避免非必要的接触**	我们**重点明确**，与关键利益相关者互动时，也都清楚地知道自身想要实现的目标	通过不断优化调整，与利益相关者实现**双赢**
危机管理	鉴于危机往往**无迹可寻**，我们只能兵来将挡，水来土掩	我们拥有一套**清晰的流程规范**，能够迅速应对危机	我们始终**保持大局观**，不断提升组织韧性，强化预警机制，并致力于化危机为机遇

清单 2
反思自身的领导方法 (6/6)

下面哪一行字最能描述你当前的领导方法？逐一评估第一列用黑体字标出的关键词。相关思维模式以"*"号展示，供参考。

	普通领导者	优秀领导者	卓越领导者
管理个人成效	为通盘兼顾，保持 24 小时"在线"*	有条不紊，保持高效 *	专注于分内之事，发挥卓越领导力 *
时间管理	我有服务意识，会基于**他人的需求**调整日程安排	我的时间都花在了公司的**发展要务**上	在员工的支持下，我会**精细化管理**自己的时间和精力
行事信条	**我会基于公司需求扮演不同角色**	我很真诚，**不虚伪不做作**	我会**践行自己的理想清单**，既忠于自己的信念和价值观，又会根据需要调整行为方式
德行配位	我肩负重责，**外界因素**时常左右我的情绪	我会尽最大的努力帮助公司走向成功，但我也知道**许多因素不受我的控制**	**我谦逊待人**，始终致力于帮助他人走向成功

清单 3
识别亟待改进的关键要素，并制订相关行动计划

结合前两个清单中的内容，给出下述问题的答案

假设你想针对上述六大要素（见清单 1）推动深度转型，那么，你有望在哪些子要素上实现卓越（见清单 2）？

在这 18 个子要素中，哪些是你需要改善和提升的（见清单 2）？

有些变革的范围可能较小（见清单 1），因此，在哪些方面可能做到"优秀"就够，你却已经做到"卓越"（见清单 2）？

作为一名领导者，你最亟须改进的三大方面是什么？

你接下来将通过哪些切实步骤来验证这些结论，将改进计划付诸实践，并亲自把关具体进展？

那些改变世界的卓越领导者

　　本书深入剖析了 CEO 这一角色，通过挖掘他们的过人之处，解读"卓越"背后的底层逻辑。在撰写本书的过程中，我们对这一角色有了更为深刻的认知，尊敬和钦佩之情也油然而生。众多杰出的公司领袖仿佛领路人，带我们见证了一路上的旖旎风光。我们有幸阅读了他们跌宕起伏的人生故事，了解了他们惊心动魄的决策瞬间和胜负无常的悲喜，他们积累的经验教训和超凡智慧都是宝贵的财富。可以说，每位 CEO 的故事都值得汇编成册，其中不少更是已经出版过自传或人物传记。下文是所有受访 CEO 的传略，有些 CEO 曾在多家公司任职，但如同引言章节指出，我们在筛选过程中纳入了诸多考量因素，因此会重点凸显部分工作经历。此外，为了剔除新冠疫情这一"非正常"影响因素，下文列举的公司营收和员工数据均截至 2019 财年，市值数据则是截至 2019 年年底。

里德·哈斯廷斯

平井一夫

奈飞

营收：200 亿美元，市值：1 420 亿美元
员工：9 000 人，分布在 17 个国家 / 地区

职业亮点

奈飞：联席 CEO（2020 年至今）、联合创始人兼
CEO（1997—2020 年）
Pure Software：创始人兼 CEO（1991—1997 年）
加州教育委员会（California State Board of Education）：主席（2000—2005 年）
KIPP、Pahara 等教育组织董事会成员

CEO 成绩

他人眼中的挑战对哈斯廷斯而言却是机遇。在他
的领导下，奈飞从一家 DVD 租赁服务提供商成
为拥有两亿会员的全球流媒体公司。他在公司打
造了一种高度透明、倡导反馈和以创造力著称的
企业文化

引以为傲的事情

3 次跻身《财富》"年度商业人物"榜单
2 次登上《时代》杂志"全球最具影响力的百人"
榜单
3 次登上《哈佛商业评论》"全球百佳 CEO"榜单
9 次登上《巴伦周刊》"全球最佳 CEO"榜单
2014 年荣获阿斯彭研究所（Aspen Institute）颁
发的"亨利·克朗领导力奖"
奈飞在《哈佛商业评论》2019 年评选的"过去
十年全球 20 大转型企业"中排名第一

索尼

营收：770 亿美元，市值：870 亿美元
员工：11.2 万人，分布在 70 多个国家 / 地区

职业亮点

索尼：董事长（2018—2019 年）、总裁兼 CEO
（2012—2018 年）

CEO 成绩

平井一夫突破了日本一贯的企业管理文化，通过
大幅精简业务组合，扭转了这家媒体和消费电子
巨头的颓势，公司营业利润率提升逾 900 个基
点，从而扭亏为盈

引以为傲的事情

2015 年第 66 届年度技术与工程艾美奖终身成
就奖

萨提亚·纳德拉　　　　　　　　山塔努·纳拉延

微软

营收: 1 260 亿美元，市值: 1.2 万亿美元
员工: 14.4 万人，分布在 190 多个国家 / 地区

职业亮点

微软：董事长兼 CEO（2021 年至今）、CEO（2014—2021 年）
福瑞德哈金森肿瘤研究中心（Fred Hutchinson Cancer Research Center）、星巴克和芝加哥大学董事会成员；美国商业委员会主席

CEO 成绩

为了扭转微软掉队的颓势，纳德拉带领公司进军了一些新领域，开辟了新的收入流。他将企业文化从"无所不知"转变为"无所不学"。在他的领导下，公司 EBITDA 几乎翻一番，市值增长了 4 倍，微软也成为全球市值第二的上市公司

引以为傲的事情

登上《金融时报》2019 年"年度人物"榜单
登上《财富》2019 年"年度商业人物"榜单
登上《时代》2018 年"全球最具影响力百人"榜单
2 次登上《哈佛商业评论》"全球百佳 CEO"榜单（一次进入前 10 名）
4 次登上《巴伦周刊》"全球最佳 CEO"榜单

奥多比

营收: 110 亿美元，市值: 1 590 亿美元
员工: 2.3 万人，分布在 26 个国家 / 地区

职业亮点

奥多比：董事长（2017 年至今）、CEO（2007 年至今）
美印战略伙伴关系论坛副主席（US-India Strategic Partnership Forum）（2018 年至今）
奥巴马总统管理咨询委员会成员（2011—2017 年）
辉瑞（Pfizer）董事会成员

CEO 成绩

他率先推出云会员订阅服务，推动公司的商业模式从出售成套产品向软件即服务转型，在他的领导下，公司营收增长了逾 3 倍，市值增长了逾 6 倍

引以为傲的事情

印度总统授予他莲花士勋章
3 次登上《财富》"年度商业人物"榜单（一次进入前 10 名）
4 次登上《巴伦周刊》"全球最佳 CEO"榜单
被《经济时报》（The Economic Times）评为 2018 年"年度全球印度英杰"

吉姆·欧文斯

卡特彼勒公司

营收：540 亿美元，市值：820 亿美元
员工：10.2 万人，分布在 27 个国家 / 地区

职业亮点

卡特彼勒：董事长兼 CEO（2004—2010 年）
彼得森国际经济研究所（Peterson Institute for International Economics）董事会成员；阿斯彭经济战略小组（Aspen Economic Strategy Group）成员

CEO 成绩

基于明确的战略愿景，他一改公司停滞不前的发展局面，以地域为基础，聚焦于终端细分市场、业绩目标、产品和服务及卓越运营，致力于提升员工参与度和满意度。在他的领导下，公司市值几近翻倍，成本结构也得到优化。这家与周期性终端市场需求高度相关的公司，即便在金融危机期间也依旧实现了盈利

引以为傲的事情

2007 年荣获美国全国对外贸易理事会颁发的"世界贸易奖"

桑达尔·皮查伊

Alphabet

营收：1 620 亿美元，市值：9 230 亿美元
员工：11.9 万人，分布在 50 个国家 / 地区

职业亮点

Alphabet：CEO（2019 年至今）
谷歌 CEO（2015 年至今），CapitalG 顾问

CEO 成绩

在他的领导下，这家科技公司将业务拓展到了核心产品之外，实现了高速增长。他富有同理心，推崇团队合作且积极乐观，这种领导风格为他赢得了诸多赞誉。自他接任谷歌 CEO 以来，母公司 Alphabet 的股价翻了两番

引以为傲的事情

登上《时代》杂志 2020 年 "全球最具影响力百人"榜单
2016 年获得纽约卡内基基金会（Carnegie Corporation）颁发的 "伟大的移民：美国的骄傲" 奖
2019 年获得美印商会颁发的 "全球领导力奖"
登上 Comparably 评选的 "2020 年最佳多元化 CEO" 榜单

鱼谷雅彦

彼得·沃瑟

资生堂 ───────────

营收: 100 亿美元, 市值: 290 亿美元

员工: 4.5 万人, 分布在 120 个国家 / 地区

职业亮点 ───────────

资生堂: 总裁兼 CEO (2014 年至今)

日本化妆品行业协会 (Japan Cosmetic Industry Association) 会长、日本商业联合会 (Japan Business Federation) 理事

CEO 成绩 ───────────

他将日本传统文化与全球营销能力相结合, 助力这家老牌日本化妆品公司转型成为全球美妆创新巨头。公司营业利润率提高逾 600 个基点, 市值增长了逾 4 倍

引以为傲的事情 ───────────

资生堂 142 年历史 (1872—2014 年) 上的第一位外部空降的 CEO

日本 30% 俱乐部首任主席, 该组织成立于 2019 年, 致力于提高公司董事会中的女性占比

壳牌集团 ───────────

营收: 3 450 亿美元, 市值: 2 310 亿美元

员工: 8.3 万人, 分布在 70 个国家 / 地区

职业亮点 ───────────

壳牌: CEO (2009—2013 年)

ABB: 董事长 (2015 年至今)、临时 CEO (2019—2020 年)

IBM、淡马锡 (Temasek) 和 Catalyst 董事会成员; 圣加仑研讨会 (St.Gallen Symposium) 主席; 亚洲商会 (Asia Business Council) 成员

CEO 成绩 ───────────

他精简了这家油气巨头的企业架构, 打造了问责机制, 培养了企业家精神, 并进一步投资建立合作伙伴关系。基于上述举措, 壳牌的营收、EBITDA 和市值均增长了约 50%

引以为傲的事情 ───────────

2011 年被授予文莱最杰出功勋勋章

雅克·阿申布瓦

里拉奇·亚瑟 - 托普利尔斯基

法雷奥集团

营收：220 亿美元，市值：80 亿美元
员工：11.5 万人，分布在 33 个国家 / 地区

职业亮点

法雷奥：董事长（2016—2022 年）、CEO（2009—2022 年）
法国内阁成员（1987—1988 年）
威立雅（Veolia）和法国巴黎银行（BNP Paribas）董事会成员

CEO 成绩

雅克·阿申布瓦在任期间，法雷奥从一家法国汽车零部件的"百货商店"，转变为一家专注于电动汽车和自动驾驶技术等业务的全球科技公司。通过业务的有机增长，公司 EBITDA 增长了 2 倍，市值增长了 10 倍以上

引以为傲的事情

6 次登上《哈佛商业评论》"全球百佳 CEO"榜单（3 次跻身前 10 名）
被授予法国荣誉军团勋章和法国国家荣誉军团骑士勋章

以色列贴现银行

营收：30 亿美元，市值：50 亿美元
员工：9 000 人，分布在两个国家 / 地区

职业亮点

以色列贴现银行：CEO（2014—2019 年）
Fimi Opportunity Funds ：高级合伙人（2019 年至今）
G1、Kamada 和 Rimoni Industries 董事长
阿米亚德（Amiad）和特拉维夫大学（Tel Aviv University）董事会成员

CEO 成绩

她调整了 IDB 的发展轨迹，银行净利润增长了 2 倍，成本收益比削减近 20%，与多个工会重新建立了良好的关系

引以为傲的事情

凭借在银行业的杰出贡献，于 2019 年获得《耶路撒冷邮报》（The Jerusalem Post）"以色列银行业最年轻的 CEO"奖项

道格·贝克

艺康集团

营收：150 亿美元，市值：560 亿美元
员工：5 万人，分布在 100 个国家 / 地区

职业亮点

艺康：董事长（2006—2022 年）、CEO（2004—2020 年）
妙佑医疗国际（Mayo Clinic）、塔吉特（Target）和圣十字学院（College of the Holy Cross）董事会成员

CEO 成绩

他将艺康从一家工业清洁品公司转型成以保护人类和珍贵资源为使命的全球性组织。开展逾 100 笔收购，使艺康市值增长了 7 倍

引以为傲的事情

5 次登上《哈佛商业评论》"全球百佳 CEO"榜单
登上《巴伦周刊》2020 年"全球最佳 CEO"榜单
2018 年获哥伦比亚商学院德明杯卓越运营奖
艺康连续 14 年登上 Ethisphere"全球最具商业道德企业"榜单，仅有 7 家公司拥有同样佳绩

彭安杰

万事达卡

营收：170 亿美元，市值：2 980 亿美元
员工：1.9 万人，分布在 66 个国家 / 地区

职业亮点

万事达卡：执行董事长（2021 年）、总裁兼 CEO（2010—2020 年）
国际商会（International Chamber of Commerce）主席；陶氏和威尔康奈尔医学院（Weill Cornell Medicine）董事会成员

CEO 成绩

通过重新界定目标市场，他营造透明和责任明确的企业文化，帮助这家总部位于美国的全球支付公司实现了大幅扩张：营收增长了 2 倍，市值增长了 13 倍

引以为傲的事情

6 次登上《哈佛商业评论》"全球百佳 CEO"榜单（一次跻身前 10 名）
4 次跻身《财富》"年度商业人物"榜单前 10 名
被印度总统授予莲花士勋章
在美国前总统奥巴马执政期间，任职于总统贸易政策与谈判顾问委员会（Committee for Trade Policy and Negotiations），以及美国网络安全促进委员会（Commission on Enhancing National Cybersecurity）

玛丽·博拉

奥利弗·贝特

通用汽车

营收：1 370 亿美元，市值：520 亿美元
员工：16.4 万人，分布在 23 个国家 / 地区

职业亮点

通用汽车：董事长（2016 年至今）、CEO（2014 年至今）

华特迪士尼公司、杜克大学、底特律市经济俱乐部（Detroit Economic Club）和美国商业圆桌会议（The Business Roundtable）董事会成员（包括教育和劳动力委员会主席，种族公平和正义特别董事会委员会主席）

斯坦福大学商学院顾问委员会、OneTen 和美国商业委员会（The Business Council）成员

通用汽车包容性咨询委员会主席兼创始成员

CEO 成绩

她为通用汽车设定了一个大胆的创新愿景：勇于离开利润率较低的市场，专注于未来出行及电动和自动驾驶汽车，最终将每股收益提升近 2 倍

引以为傲的事情

登上《时代》杂志 2014 年"全球最具影响力百人"榜单

2014 年以来连续跻身《福布斯》"最具权势女性"前 7 名

4 次登上《巴伦周刊》"全球最佳 CEO"榜单

3 次登上《财富》"全球 50 位最伟大领导者"榜单（两次跻身前 10 名）

2018 年荣获耶鲁大学首席执行官领导力研究所的"领导力传奇奖"

安联集团

营收：1 260 亿美元，市值：1 020 亿美元
员工：14.7 万人，分布在 70 多个国家 / 地区

职业亮点

安联：CEO（2015 年至今）

国际金融协会（Institute of International Finance）和日内瓦协会理事会成员（Geneva Association）；新加坡金融管理局（Monetary Authority of Singapore）国际顾问小组、泛欧保险论坛（Pan-European Insurance Forum）和欧洲金融服务圆桌会议（European Financial Services Roundtable）成员

CEO 成绩

他将这家德国公司打造成为全球最大和最先进的数字保险公司之一，并积极支持气候变化倡议。操作费用比率赶超同行，客户忠诚度与日俱增，并为股东提供高于行业水平 6% 的超额回报

引以为傲的事情

登上《哈佛商业评论》2019 年"全球百佳 CEO"榜单

阿兰·贝贾尼

弗兰克·布莱克

马希德·弗泰伊姆集团

营收：100 亿美元，市值：暂无数据
员工：4.3 万人，分布在 16 个国家 / 地区

职业亮点

马希德·弗泰伊姆集团：CEO（2015 年至今）
世界经济论坛（WEF）国际商业理事会和大西洋
理事会国际顾问委员会成员
世界经济论坛中东和北非管理委员会 / 区域行动
小组联席主席
世界经济论坛可持续发展影响峰会联席主席
世界经济论坛中东和北非峰会联席主席

CEO 成绩

他调整了马希德·弗泰伊姆集团的长期战略方
向，将其打造为中东、非洲和中亚地区领先并在
国际上享有盛誉的购物中心集团，为人们提供了
社交、零售和休闲服务的场所。在公司层面推动
转型，助力组织迈上了不同的增长轨迹，实现营
收增长约 40%，EBITDA 增长 30%，运营现金流增
长 50%。建立了以客户为中心和崇尚人才的企业
文化。倡导"利益相关者资本主义"的思维方式，
使马希德·弗泰伊姆集团成为中东首家致力于
"净积极影响"（Net Positive）可持续战略的公司

引以为傲的事情

被《福布斯中东》评为"最佳 CEO"之一
被《福布斯中东》评为"50 位领导当地公司的
国际 CEO"之一
被《福布斯中东》评为"50 位最具影响力外籍（阿
联酋）工作者"之一

家得宝

营收：1 100 亿美元，市值：2 380 亿美元
员工：41.6 万人，分布在 3 个国家 / 地区

职业亮点

家得宝：董事长（2007—2015 年）、CEO（2007—
2014 年）
佐治亚理工学院谢勒商学院（Georgia Tech, Scheller
College of Business）杰出执行研究员（2016 年至今）
达美航空公司（Delta Air Lines）董事长；梅西百
货（Macy's）、宝洁公司（Procter & Gamble）和
佐治亚州历史学会（Georgia Historical Society）
董事会成员

CEO 成绩

他为这家美国零售商的门店重注活力，打造了服
务型企业文化，显著提振了员工士气，改善了同
店销售额，同时剥离了非核心业务。营业利润率
提高逾 300 基点，市值提升近 60%

引以为傲的事情

获得 Turknett Leadership Group 的"领导品格终
身成就奖"和罗伯特·K. 格林里夫中心的"服务
型领导力奖"
2019 年荣获美国佐治亚州历史学会和美国佐治
亚州州长办公室颁发的"乔治亚州受托人"称号

迪克·布尔

安娜·博廷

阿霍德德尔海兹集团

营收: 740 亿美元, 市值: 270 亿美元
员工: 35.3 万人, 分布在 11 个国家 / 地区

职业亮点

阿霍德德尔海兹集团: 总裁兼 CEO(2011—2018
年), Albert Heijn CEO(2000—2011 年)
雀巢、壳牌和 SHV Holdings 董事会成员

CEO 成绩

上任第一阶段, 其"重塑零售业"战略帮助公司
实现了业内第三高的经济利润, 仅次于沃尔玛和
开市客(Costco)。2016 年推动公司与德尔海兹
合并, 使这家荷兰公司的员工人数翻了一番, 成
为全球第二大超市零售商

引以为傲的事情

因对美荷经济关系的重大贡献, 荣获 2017 年"喜
力荷兰贡献奖"

桑坦德集团

营收: 560 亿美元, 市值: 700 亿美元
员工: 18.8 万人, 分布在 10 个国家 / 地区

职业亮点

桑坦德: 执行董事长(2014 年至今), 桑坦德英
国: CEO(2010—2014 年)
班尼斯托银行(Banesto): 执行董事长(2002—
2010 年)
非政府组织 Teach for All 的西班牙分支 Empieza
por Educar Foundation 主席; 可口可乐和麻省理
工学院未来工作特别小组理事会成员

CEO 成绩

在利率持续下降的情况下, 这家全球性的西班牙
银行仍实现了盈利, 将净营业利润提升了 15%。
与此同时, 持续推进以人为本的战略, 并创立了
"简单、人性化、公平"的企业文化

引以为傲的事情

登上《财富》2018 年"全球 50 位最伟大领导者"
榜单
登上《财富》2018 年"年度商业人物"榜单
被授予大英帝国爵级大十字勋章
桑坦德银行登上《财富》2020 年"全球 25 家最
佳职场"榜单

包必达

溥瑞廷

雀巢

营收：960 亿美元，市值：3 130 亿美元

员工：29.1 万人，分布在 83 个国家 / 地区

职业亮点

雀巢：荣誉董事长（2017 年至今）、董事长（2005—2017 年）、CEO（1997—2008 年）

一级方程式集团（Formula 1 Group）：董事长（2012—2016 年）

宝黎研萃（Biologique Recherche）董事长；世界经济论坛副主席

CEO 成绩

通过聚焦成本削减、创新和决策速度，及收购宠物食品公司普瑞纳（Ralston Purina），推动这家大型瑞士食品公司不断发展壮大。每年至少更新 20% 的产品，将公司重点转移至营养、健康和养生上，市值增长了近 2 倍

引以为傲的事情

因对奥地利共和国的贡献而被授予奥地利十字勋章

被授予墨西哥阿兹特克雄鹰勋章

因在经济、政治和经济学领域的创新成就，荣获熊彼特学会（Schumpeter Society）的"熊彼特奖"

泰科国际

营收：100 亿美元，市值：140 亿美元

员工：7 万人，分布在 50 个国家 / 地区

职业亮点

杜邦：CEO（2015—2019 年和 2020 年至今）

泰科国际：董事长兼 CEO（2002—2012 年）

通用仪器：CEO（1997—2000 年）

IFF、康卡斯特（Comcast）董事会成员；新山资本（New Mountain Capital）顾问委员

CEO 成绩

通过提升公司的诚信度和问责水平，他将丑闻缠身的泰科从破产边缘挽救了回来。他精简了公司业务，最终将这家工业集团拆分为 6 家各司其职的实体，使股价上涨了 7 倍

引以为傲的事情

2018 年获美国化学学会（American Chemical Society）颁发的"企业重塑奖"

2009 年被 Ethisphere 评为"100 位最具影响力的商业道德人物"之一

格雷格·凯斯

马克·卡斯珀

怡安集团

营收：110 亿美元，市值：490 亿美元
员工：5 万人，分布在 96 个国家 / 地区

职业亮点

怡安集团：CEO（2005 年至今）
探索频道（Discover）、Ann & Robert H. Lurie 儿童医院、菲尔德自然史博物馆（Field Museum of Natural History）、CEOs Against Cancer 和圣约翰大学风险管理学院（St. John's University School of Risk Management）董事会成员

CEO 成绩

通过一系列大胆的并购交易和资产剥离举措，他调整了这家全球保险集团的投资组合，并大幅推进了文化和业务转型；在他任职期间，这家位于爱尔兰的公司实现了 EBITDA 翻倍，市值上涨了 7 倍

引以为傲的事情

因倡导包容与多元而荣获多个奖项
5 次登上《哈佛商业评论》"全球百佳 CEO"榜单
2018 年荣获美国国家经济发展委员会（Committee for Economic Development）"欧文·布雷德福·巴特勒教育卓越奖"

赛默飞世尔科技公司

营收：260 亿美元，市值：1 300 亿美元
员工：7.5 万人，分布在 50 个国家 / 地区

职业亮点

赛默飞世尔科技：董事长（2020 年至今）、总裁兼 CEO（2009 年至今）
科峻仪器（Kendro Laboratory Products）：CEO（2000—2001 年）
美国合众银行、美中贸易全国委员会（US–China Business Council）、布莱根妇女医院（Brigham and Women's Hospital，BWH）和卫斯理大学（Wesleyan University）董事会成员

CEO 成绩

卡斯珀坚持以价值催生为核心，通过梳理发展要务的优先级，率领这家总部位于美国的生命科学和诊断公司对新冠疫情进行了快速响应。在他的领导下，EBITDA 增长了 2 倍，市值增长了 6 倍以上

引以为傲的事情

登上《福布斯》2019 年"美国最具创新精神领导者"榜单
2 次登上《哈佛商业评论》"全球百佳 CEO"榜单

肯尼思·切诺尔特

托比·科斯格罗夫

美国运通

营收：440 亿美元，市值：1 020 亿美元
员工：6.4 万人，分布在 40 个国家 / 地区

职业亮点

美国运通：董事长兼 CEO（2001—2018 年）
通用催化风险投资公司（General Catalyst Part-ners）董事长；爱彼迎（Airbnb）、伯克希尔 – 哈撒韦、美国全国大学体育协会（NCAA）、哈佛公司（Harvard Corporation）和史密森尼国家非裔美国人历史和文化博物馆（Smithsonian National Museum of African American History & Culture）董事会成员

CEO 成绩

他将美国运通的核心业务拓展至差旅和娱乐支出以外，满足用户对不同支出类别的需求。在他领导下，该公司推出并建立了全球最大的客户忠诚度计划之一（会员奖励），成为客户服务领域当之无愧的领军者；与此同时，营收实现翻倍增长，净利润上涨了 5 倍以上。时至今日，美国运通仍是全球最大和最著名的信用卡公司之一

引以为傲的事情

多次登上《巴伦周刊》"全球最佳 CEO"榜单
2018 年荣获"历史缔造者"奖项，以表彰其非凡的人生和职业生涯
被 Ebony 评为非裔美国人社区 50 位"在世先驱"之一
登上《财富》2014 年首个"全球 50 位最伟大的领导者"榜单

克利夫兰医学中心

营收：110 亿美元，市值：暂无数据
员工：6.8 万人，分布在 4 个国家 / 地区

职业亮点

克利夫兰医学中心：CEO（2004—2017 年）

CEO 成绩

他力排众议，将患者放在首位，改变了这家非营利学术医学中心的运营方式，不仅提高了患者满意度，也改善了医疗成果。他将业务拓展到美国之外，实现营收的翻倍增长。克利夫兰医学中心原先位于"1 000 张以上床位医院的患者体验排行榜"最末端，在他的领导下，排名跃升至榜首

引以为傲的事情

2013 年当选美国医学科学院（Institute of Medi-cine）院士
荣获伍德罗·威尔逊中心（Woodrow Wilson Center）公共服务奖
2010—2017 年连续被《现代医疗》杂志（Modern Healthcare）评为"50 位最具影响力的医疗高管"之一

拉里·卡尔普

桑迪·卡特勒

丹纳赫集团

营收：180 亿美元，市值：1 110 亿美元
员工：6 万人，分布在 60 个国家 / 地区

职业亮点

通用电气：董事长兼 CEO（2018 年至今）
丹纳赫：CEO（2001—2014 年）
华盛顿大学（Washington College）和维克森林
大学（Wake Forest University）的董事会成员

CEO 成绩

他将精益管理的理念嵌入丹纳赫业务的方方面
面，打造高绩效文化提升效率，并释放资本收购
高增长业务，使公司营收和市值均上涨了 5 倍

引以为傲的事情

登上《哈佛商业评论》2014 年"全球百佳 CEO"
榜单
登上《巴伦周刊》2020 年"最佳 CEO"榜单

伊顿公司

营收：210 亿美元，市值：390 亿美元
员工：10.1 万人，分布在 175 个国家 / 地区

职业亮点

伊顿：董事长兼 CEO（2000—2016 年）
杜邦和科凯国际（KeyCorp）首席董事

CEO 成绩

他推动了这家美国汽车零部件制造商的多元化发
展，并打造了一种以创新和诚信为核心的影响力
文化。在他的领导下，公司依托智能动力管理业
务实现了大幅增长，营收增长了 5 倍，市值增长
了近 7 倍

引以为傲的事情

两度登上《哈佛商业评论》"全球百佳 CEO"榜单
退休后与妻儿开了一家兼顾美式料理和法式风味
的高级餐厅

阿里科·丹格特

理查德·戴维斯

丹格特集团

营收：40 亿美元，市值：暂无数据

员工：3 万人，分布在 17 个国家 / 地区

职业亮点

丹格特集团：创始人兼 CEO（1977 年至今）

丹格特基金会：董事长（1994 年至今）

非洲企业理事会会（Corporate Council on Africa）、克林顿健康倡议组织（Clinton Health Access Initiative）及 ONE campaign 董事会成员

CEO 成绩

在他的领导下，该公司从一家小型大宗商品贸易公司，发展为西非最大的企业集团，主营水泥和糖。创建了尼日利亚最大的炼油厂和石化综合设施，集团营收增长了 6 倍，进一步保障了该国的经济独立性

引以为傲的事情

被授予尼日尔大十字级国家功勋勋章

登上《时代》杂志 2014 年 "全球最具影响力的百人" 榜单

登上《财富》2019 年 "全球 50 位最伟大的领导者" 榜单

登上 CNBC 评选的 "1989 —2014 年间对商业影响最深的 25 人" 榜单

被《福布斯亚洲》评为 2014 年 "年度人物"

荣获其他众多非洲商业奖项

美国合众银行

营收：230 亿美元，市值：930 亿美元

员工：7 万人，均在美国

职业亮点

许愿基金会（Make-A-Wish Foundation）：总裁兼 CEO（2019 年至今）

美国合众银行：董事长兼 CEO（2006 —2017 年）

陶氏、万事达卡和妙佑医疗董事会成员

CEO 成绩

他制订了野心勃勃的十年计划，将客户和员工置于首位，实现了业务扩张和本地社区合作。在他的领导下，该银行净利润增长 30%，股价上涨逾 60%

引以为傲的事情

2015 年被美国总统授予 "终身成就奖"

被《美国银行家》（American Banker）评为 2010 年 "年度银行家"

杰米·戴蒙

米切尔·埃莱格贝

摩根大通

营收：1 160 亿美元，市值：4 370 亿美元
员工：25.7 万人，分布在 60 个国家 / 地区

职业亮点

摩根大通：董事长兼 CEO（2006 年至今）、总裁
（2004—2018 年）
第一银行：董事长兼 CEO（2000—2004 年）
花旗集团：总裁（1995—1998 年）
哈佛商学院、纽约大学医学院和 Catalyst 董事会
成员

CEO 成绩

戴蒙极大提升了摩根大通的韧性，使这家全美最
大的银行顽强抵挡住了 2008 年金融危机。此外，
他还巩固了美国的银行体系，以坦诚直言的性格
成为美国商界的代表人物。作为金融危机后唯一
留任的大银行 CEO，他推动摩根大通的市值增长
逾 2 倍，使之成为全球市值第一的银行

引以为傲的事情

登上《财富》2019—2020 年度 "全球最受尊敬
的 500 位 CEO" 榜单
4 次登上《时代》杂志 "全球最具影响力百人"
榜单
3 次登上《哈佛商业评论》"全球百佳 CEO" 榜单
2009 年以来持续位列《巴伦周刊》"全球最佳
CEO" 榜单

Interswitch

营收：约 10 亿美元，市值：估值 10 亿美元
员工：1000 人，分布在 5 个国家 / 地区

职业亮点

Interswitch：创始人兼 CEO（2002 年至今）
Endeavor Nigeria 董事会成员
非洲领导力研究所德斯蒙德·图图主教（Bishop
Desmond Tutu）研究员

CEO 成绩

他从零到一创建了这家尼日利亚支付服务公司，
该公司作为非洲为数不多的金融科技独角兽之
一，足迹覆盖 23 个国家 / 地区，业务已扩展至
私人和对公金融领域

引以为傲的事情

登上《非洲报告》（*Africa Report*）2020 年 "50
位颠覆者" 榜单
登上 2018 年 "非洲今日 CEO 奖" 榜单
被 CNBC 全非洲商业领袖奖评为 2012 年 "西非
年度商业领袖"
荣获 "2012 年安永（Ernst & Young）新兴企业家
奖（西非）"

罗杰·弗格森

迈克尔·菲舍尔

美国教师退休基金会

营收：410 亿美元，市值：暂无数据
员工：1.5 万人，分布在 24 个国家 / 地区

职业亮点

美国教师退休基金会：总裁兼 CEO（2008—2021 年）
任职于美国联邦储备委员会（Federal Reserve Board）（1999—2006 年）
Alphabet、康宁（Corning）、通用磨坊和（IFF）董事会成员；30 人小组（Group of 30）、史密森尼学会董事会（Smithsonian Board of Regents）、纽约州保险顾问委员会成员（New York State Insurance Advisory Board）；美国艺术与科学院（American Academy of Arts & Science）院士

CEO 成绩

弗格森意识到，这家美国金融服务集团的资本密集度较高，主要依赖投资组合获得回报。为此，他调整了投资策略，并加强了美国教师退休基金会的核心优势。在他的带领下，公司安然度过了金融危机及其余波，也成功抵挡了新冠疫情的冲击，资产管理规模增长 2 倍，达到 1.4 万亿美元

引以为傲的事情

奥巴马总统的经济顾问（2008—2011 年）
作为 9·11 事件发生时唯一身处华盛顿的美联储理事，他带领美联储初步应对了这场恐怖袭击
2019 年荣获哈佛大学文理研究生院（Harvard Graduate School of Arts & Sciences）百年奖章

辛辛那提儿童医院

营收：30 亿美元，市值：暂无数据
员工：1.6 万人，均在美国

职业亮点

辛辛那提儿童医院：总裁兼 CEO（2010 年至今）
辛辛那提商会（Cincinnati Chamber of Commerce）：CEO（2001—2005 年）
Premier Manufacturing Support Services：CEO
Children's Hospital's Solutions for Patient Safety：董事长

CEO 成绩

他显著提升了辛辛那提儿童医院作为一流医学研究中心的能力，改善了患者和家属的就医机会和体验，大幅拓展了合作伙伴关系以减轻社会因素对健康的影响。该医院捐赠资金增长约 2 倍，营收翻一番，员工的患者护理能力大幅提高

引以为傲的事情

登上《现代医疗》杂志 2017 年"医疗行业最具影响力百人"榜单
辛辛那提儿童医院连续十年登上《美国新闻与世界报道》（US News and World Report）"最佳儿童医院"榜单前三

比尔·乔治

林恩·古德

美敦力

营收：290 亿美元，市值：1 520 亿美元
员工：10.5 万人，分布在 52 个国家 / 地区

职业亮点

美敦力：董事长（1996—2002 年）、CEO(1991—2001 年)

哈佛商学院：高级研究员（2004 年至今）

2007 年与人合著畅销书《真北：125 位全球顶尖领袖的领导力告白》(*True North: Discover Your Authentic Leadership*)

CEO 成绩

他通过大胆推进并购战略，大幅拓展了这家美国医疗器械公司的业务，公司营收增长了 5 倍，市值增长了逾 12 倍。在他看来，在最短的时间内，将美敦力的产品送到最需要的客户手中才是成功。任职期间，他将平均用时从 100 秒减少到7 秒

引以为傲的事情

2014 年获得富兰克林研究所（ Franklin Institute ）颁发的鲍尔商业领导力奖

2002 年被 PBS 和沃顿商学院评为 "过去 20 年最具影响力的 25 位商界人物" 之一

2018 年获得阿瑟·佩奇中心（ Arthur W. Page Center ）颁发的 "拉里·福斯特公共沟通诚信奖"

杜克能源

营收：250 亿美元，市值：670 亿美元
员工：2.8 万人，均在美国

职业亮点

杜克能源：董事长、总裁兼 CEO（2013 年至今）波音（Boeing）、爱迪生电气协会（Edison Electric Institute）和美国商业圆桌会议董事会成员

CEO 成绩

她将服务客户和社区视为杜克的发展重点，并对公司业务进行了重组。她引领公司朝着更为清洁的方向转型，并为股东提供了高于行业水平 10%的超额回报。2005 年以来，该公司的二氧化碳排放量已经减少 39%，并计划到 2050 年实现净零排放

引以为傲的事情

连续 8 年（2013—2020 年）登上《财富》"最具影响力的商界女性" 榜单

5 次入选《福布斯》"最具影响力的女性 100 强" 榜单

高博德

赫伯特·海纳

星展银行

营收：110 亿美元，市值：480 亿美元
员工：2.8 万人，分布在 18 个市场

职业亮点

星展银行：CEO（2009 年至今）
国际金融协会副主席；新加坡人工智能和数据道德使用咨询委员会（Advisory Council on the Ethical Use of AI and Data）、麦肯锡咨询委员会、布雷顿森林委员会咨询委员会（Bretton Woods Committee）和世界商业理事会可持续发展执行委员会成员（World Business Council for Sustainable Development Executive Committee）；新加坡企业委员会（Enterprise Singapore）、新加坡国家研究基金会（National Research Foundation）和新加坡董事会多样性委员会（Council for Board Diversity）成员

CEO 成绩

他通过重振员工信心，纳入金融服务等手段，扭转了这家新加坡银行的颓势。如今，星展银行已发展成为东南亚第一大银行，营收翻了一番，股本回报率提升近 500 个基点

引以为傲的事情

2020 年被新加坡总统授予"公共服务之星"奖
2019 年登上《哈佛商业评论》"2019 年全球百佳CEO"榜单
星展银行登上《哈佛商业评论》"过去十年全球20 大转型企业"榜单，被《全球金融》（Global Finance）《欧洲货币》（EuroMoney）和《银行家》（The Banker）评为 2018、2019 和 2020 年度"全球最佳银行"

阿迪达斯

营收：270 亿美元，市值：640 亿美元
员工：5.3 万人，分布在 9 个国家 / 地区

职业亮点

阿迪达斯：董事长兼 CEO（2001—2016 年）
拜仁慕尼黑足球俱乐部（FC Bayern München）：主席（2019 年至今）
埃森哲（Accenture）和安联集团的董事会成员

CEO 成绩

他通过投资品牌和研发，扩大了这家德国运动服装公司的国际足迹，推动该组织践行"成为最佳运动品牌"的使命。公司营收增长 2 倍，市值增长了 10 倍

引以为傲的事情

3 次登上《哈佛商业评论》"全球百佳 CEO"榜单（一次进入前 5 名）
获德意志联邦共和国荣誉勋章

休伯特·乔利

瓦曼·卡马特

百思买

营收: 440 亿美元, 市值: 230 亿美元
员工: 12.5 万人, 分布在 3 个国家 / 地区

职业亮点

百思买: 董事长 (2015—2020 年)、CEO(2012—2019 年)
卡尔森公司 (Carlson): CEO (2008—2012 年)
哈佛商学院: 高级讲师 (2020 年至今)

CEO 成绩

他将这家美国消费电子和家电零售商从破产边缘拯救了出来, 通过以客户体验和员工文化为核心, 实现盈利。公司连续 5 年同店销售额实现增长, 股价翻了两番

引以为傲的事情

荣获 "法国国家荣誉军团骑士" 称号
登上《哈佛商业评论》2018 年 "全球百佳 CEO" 榜单
登上《巴伦周刊》2018 年 "全球百佳 CEO" 榜单
4 次登上 GlassDoor "美国百佳 CEO" 榜单 (一次进入前 10 名)

印度工业信贷投资银行

营收: 140 亿美元, 市值: 490 亿美元
员工: 8.5 万人, 分布在 17 个国家 / 地区

职业亮点

印度工业信贷投资银行: 董事长 (2009—2015 年)、CEO (1996—2009 年)
新 开 发 银 行 (New Development Bank): 行 长 (2015—2020 年)

CEO 成绩

通过提前布局技术投资, 重点关注人才管理, 以及持续学习, 他将一家小型印度批发贷款机构打造成为该国最大的私人银行。该银行为股东提供了高于行业水平 33 个百分点的超额回报, 营收增长了逾 20 倍

引以为傲的事情

2008 年荣获 "莲花奖"
2007 年被世界人力资源开发大会评为 "年度 CEO"
2007 年被《福布斯亚洲》评为 "年度商业人士"

盖尔·凯利

袁威

西太平洋银行

营收：140 亿美元，市值：610 亿美元
员工：3.3 万人，分布在 7 个国家 / 地区

职业亮点

西太平洋银行：CEO（2008—2015 年）
圣乔治银行（St.George Bank）：CEO（2002—2007 年）
新加坡电信（Singtel）董事会成员

CEO 成绩

在凯利的领导下，这家澳大利亚银行成为全球最受尊敬的公司之一，市值增长逾一倍。她坚持以客户为重心，帮助西太平洋银行度过了金融危机。她倡导多元与包容，极力推进并实现在级别最高的 4 000 个领导职位中女性占比达 40% 的目标

引以为傲的事情

首位担任澳大利亚大型银行 CEO 的女性
连续 7 年入选《福布斯》"全球最具权势女性"榜单（2008—2014 年）
2 次跻身《金融时报》"全球商界女性 50 强"榜单前 20 名

乐高

营收：60 亿美元，市值：暂无数据
员工：1.9 万人，分布在 37 个国家 / 地区

职业亮点

乐高集团：总裁兼 CEO（2004—2016 年）、董事会成员（2016 年至今）
乐高品牌集团：执行董事长（2016 年至今）
瑞士洛桑国际管理学院（International Institute for Management Development）和星巴克的董事会成员

CEO 成绩

在他的领导下，这家丹麦家族企业成为全球最赚钱的玩具制造商，营收增长了 5 倍，EBITDA 增长了 16 倍。他缩小了经营半径，剥离了乐高的非核心资产，采用"众包"的方式搜集创意和灵感，并针对成年人推出了一系列产品，帮助公司扭亏为盈

引以为傲的事情

荣获 2015 年"国际高等商学院协会（AACSB）影响力领导者奖"
荣获 2015 年"美国经济发展委员会全球领导力奖"

伦尼·勒敦

莫里斯·雷维

阿特拉斯·科普柯集团

营收：110 亿美元，市值：470 亿美元
员工：3.9 万人，分布在 71 个国家 / 地区

职业亮点

阿特拉斯·科普柯：总裁兼 CEO（2009—2017 年）
安百拓（Epiroc）：董事长（2017 年至今）
爱立信（Ericsson）：董事长（2018 年至今）
派亚博（Piab）：董事长（2019 年至今）
斯凯孚（SKF）董事会成员

CEO 成绩

他以极为严谨的态度进行资本分配，提升了这家瑞典工业制造商对客户需求的响应能力。EBITDA 增长 2 倍，市值增长了逾 4 倍。

引以为傲的事情

2 次登上《哈佛商业评论》"全球百佳 CEO"榜单
被《趋势》（Trends）商业杂志评为 2013 年"年度比利时最佳管理者"

阳狮集团

营收：120 亿美元，市值：110 亿美元
员工：7.7 万人，分布在 110 个国家 / 地区

职业亮点

阳狮：董事长（2017 年至今）、CEO（1987—2017 年）
Pasteur-Weizmann：总裁（2015 年至今）
艾瑞斯资本管理公司（Iris Capital Management）董事会成员

CEO 成绩

在对数字化的理解上，他兼顾全球视野和本地洞察。在他的领导下，这家法国小型广告公司一跃成为国际营销和传播巨头。随着一系列收购行为的展开，公司营收增长了逾 40 倍，市值增长了100 倍

引以为傲的事情

2 次登上《哈佛商业评论》"全球百佳 CEO"榜单
荣获法国荣誉军团司令勋章和国家大军官勋位
2008 年荣获反诽谤联盟（Anti-Defamation League）颁发的"国际领导力奖"

马蒂·列沃宁

迈克·马奥尼

耐思特油业集团

营收：160 亿美元，市值：270 亿美元
员工：4 000 人，分布在 14 个国家 / 地区

职业亮点

欧德油储（Oiltanking）：CEO（2019 年至今）
耐思特：CEO（2008—2018 年）
富腾（Fortum）：董事长（2018—2021 年）
索尔维集团（Solvay）董事会成员

CEO 成绩

列沃宁深知，可再生能源才是集团发展的未来。因此，他花了 10 年以上的时间，在耐思特大幅推进了文化和业务的转型，使之成为全球最大的生物柴油和航空燃料生产商。EBITDA 增长 3 倍，市值增长了近 7 倍

引以为傲的事情

列沃宁担任 CEO 期间，耐思特每年都入围《企业爵士》（*Corporate Knights*）"全球最佳可持续发展企业百强榜"，2018 年排名第二

波士顿科学公司

营收：110 亿美元，市值：630 亿美元
员工：3.6 万人，分布在 15 个国家 / 地区

职业亮点

波士顿科学：董事长兼 CEO（2012 年至今）
强生集团：董事长（2008—2012 年）
百特国际（Baxter International）和波士顿男孩女孩俱乐部（Boys & Girls Club of Boston）董事会成员；波士顿学院（Boston College）CEO 俱乐部和美国心脏协会（American Heart Association）CEO 圆桌会议主席

CEO 成绩

在识别出公司在文化和业务组合方面存在的问题后，他迅速更换了领导层，并调整了增长战略。在他的领导下，这家医疗器械生产商的市值增长了近 9 倍。通过推进文化转型，他帮助公司赢得了"最佳职场"的盛赞

引以为傲的事情

登上《福布斯》"2019 年美国最具创新精神的领导者"榜单
波士顿科学对多元化的投入使其在多个榜单中位居前列

南希·麦肯思基

孟轶凡

威科集团

营收：50 亿美元，市值：200 亿美元
员工：1.9 万人，分布在 40 多个国家 / 地区

职业亮点

威科：董事长兼 CEO（2003 年至今）
CCH Legal Information Services：CEO（1996—1999 年）
雅培（Abbott）、埃森哲和罗盛咨询（Russell Reynolds Associates）董事会成员；欧洲工业家圆桌会议成员（European Round Table of Industrialists）；哥伦比亚商学院监事会成员

CEO 成绩

她对这家美荷合资的专业信息和软件公司进行了全面改革，推进了聚焦于业务组合变革的数字化转型，提升了创新和盈利能力。数字化产品和服务份额增长 90%，EBITDA 翻一番，市值是原来的 4 倍

引以为傲的事情

2 次登上《哈佛商业评论》"全球百佳 CEO"榜单
9 次跻身《财富》"全球 50 位最具权势女性"前 10 名
3 次跻身《金融时报》"全球商界女性 50 强"榜单前 20 名
2 次登上《福布斯》"全球百位最具权势女性"榜单

帝亚吉欧

营收：160 亿美元，市值：990 亿美元
员工：2.8 万人，分布在 80 个国家 / 地区

职业亮点

帝亚吉欧：CEO（2013 年至今）
泰佩思琦（Tapestry）董事会成员
凯洛格管理学院（Kellogg School of Management）顾问委员会成员
苏格兰威士忌协会（Scotch Whisky Association）副主席
国际理性饮酒联盟（International Alliance for Responsible Drinking）CEO 小组成员

CEO 成绩

孟轶凡始终坚持打造高端品牌，专注于创新、包容和社会责任。在他的领导下，这家总部位于英国的烈酒公司面目一新，股价也几乎翻倍

引以为傲的事情

在 EMpower- 雅虎财经 2021 年"少数族裔榜样"榜单中被评为"最佳高管"
登上《哈佛商业评论》2019 年"全球百佳 CEO"榜单
2018 年荣获英国妇女商业理事会（Women's Business Council）颁发的"男性变革推动者奖"
帝亚吉欧被《今日管理》（Management Today）杂志评为"2018 年英国最受尊敬的公司"

约翰·莫林

詹姆斯·姆旺吉

亚萨合莱

营收：100 亿美元，市值：260 亿美元
员工：4.9 万人，分布在 70 个国家/地区

职业亮点

亚萨合莱：总裁兼 CEO（2005—2018 年）
力奇先进集团（Nilfisk-Advance）：CEO（2001—2005 年）
山特维克集团（Sandvik）：董事长（2015 年至今）

CEO 成绩

莫林很早就意识到了传统机械行业拥抱数字化技术及大举进军新兴市场的必要性。在他任职期间，这家全球锁具制造商收购了 200 余家公司，营收增长 2 倍，市值增长了逾 4 倍

引以为傲的事情

3 次登上《哈佛商业评论》"全球百佳 CEO" 榜单

Equity Group

营收：约 10 亿美元，市值：20 亿美元
员工：8000 人，分布在 6 个国家/地区

职业亮点

Equity Group：CEO（2005 年至今），Equity Group 基金会创始人兼执行董事长（2008 年至今）
梅鲁科技大学（Meru University College of Science and Technology）校监
肯尼亚《愿景 2030》（Kenya Vision 2030）项目主席（2007—2019 年）
国际金融公司（IFC）和耶鲁大学顾问委员会委员

CEO 成绩

他以支持社区繁荣为愿景，将这家肯尼亚银行发展成了东非最大的银行（就客户数量和市值而言）。该银行营收增长了 40 倍，净利润增长了逾 30 倍

引以为傲的事情

荣获三项"肯尼亚总统奖"
被《福布斯非洲》评为 2012 年"年度人物"
被安永评为 2012 年"年度世界企业家"
荣获 2020 年"奥斯陆商业促和平奖"
为表彰他对社会的贡献，他被颁发了 5 个荣誉博士学位

罗德尼·奥尼尔

弗莱明·奥恩科夫

德尔福（2017 年更名为安波福 Aptiv）

营收：140 亿美元，市值：240 亿美元
员工：14.1 万人，分布在 44 个国家 / 地区

职业亮点

德尔福：总裁兼 CEO（2007—2015 年）
德尔福、Sprint Nextel、密歇根制造商协会
（Michigan Manufacturers Association）、Inroads
和 Focus: HOPE 董事会成员
高管领导委员会成员
第 75 届汽车名人堂成员

CEO 成绩

他成功地通过"破产法"第十一章将这家美国汽车零部件和技术公司从破产中拯救了出来，并根据影响行业发展的趋势（"安全、绿色、互联"）重新调整了产品组合，拓展了客户群，打造了一种快速执行的企业文化。最终，德尔福成为全球领先的汽车供应商，从亏损走向盈利，EBITDA 超过 20 亿美元

引以为傲的事情

被汽车名人堂评为"2015 年度行业领导者"
2010 年荣获汽车名人堂颁发的"杰出服务奖"

夏尔制药集团

营收：160 亿美元，市值：550 亿美元
员工：2.3 万人，分布在 60 个国家 / 地区

职业亮点

高德美（Galderma）：CEO（2019 年至今）
夏尔：CEO（2013—2019 年）
沃特世公司（Waters）：董事长（2017 年至今）

CEO 成绩

他致力于让夏尔成为世界领先的罕见病制药公司，在他的领导下，短短 6 年内，夏尔的营收和市值增长逾两倍，业务也拓展到了 25 个新国家 / 地区

引以为傲的事情

2015 年登上 Fierce Pharma "生物制药行业 25 位最具影响力人物"榜单
获哥本哈根大学医学博士学位

亨里克·波尔森

潘彦磊

沃旭能源

营收：110 亿美元，市值：440 亿美元
员工：7 000 人，分布在 6 个国家 / 地区

职业亮点

沃旭能源：CEO（2012—2020 年）
TDC Group：CEO（2008—2012 年）
嘉士伯（Carlsberg）和 ISS 副董事长；诺和诺德
（Novo Nordisk）、沃旭能源和贝塔斯曼（Bertels-
mann）董事会成员；世界自然基金会（WWF）丹
麦主席团成员

CEO 成绩

沃旭能源前身为丹麦国有能源公司，在波尔森的
带领下，公司剥离了许多历史遗留的化石燃料业
务，并专注于海上风能业务，没过多久，公司便
成为全球最大的海上风电开发商，市值和 EBIT-
DA 增长了 2 倍。波尔森为公司注入了一种执行
文化，推动公司快速实现了战略转型，并改善了
财务业绩

引以为傲的事情

沃旭能源荣登《企业爵士》2020 年"全球最佳
可持续发展企业百强榜"榜首

道达尔

营收：1 760 亿美元，市值：1 430 亿美元
员工：10.8 万人，分布在 80 个国家 / 地区

职业亮点

道达尔：CEO（2014 年至今）、董事长（2015 年
至今）
凯捷咨询（Capgemini）董事会成员

CEO 成绩

他拓宽了这家法国石油巨头的投资范围，在其能
源结构中纳入了可再生能源。此外，他还将人、
社会责任、战略和创新置于公司发展的核心位
置，为股东提供了高于行业水平 8% 的超额回报

引以为傲的事情

被《能源情报》（*Energy Intelligence*）评为 2017
年"年度石油行业高管"
被授予法国荣誉军团骑士勋章

肯·鲍威尔

卡斯珀·罗思德

通用磨坊

营收：180 亿美元，市值：320 亿美元

员工：3.5 万人，分布在 26 个国家 / 地区

职业亮点

通用磨坊：董事长兼 CEO（2007—2017 年）；全球谷物合作伙伴 CEO（1999—2004 年）

明尼苏达大学董事会主席；美敦力和加州水务（CWT）董事会成员

CEO 成绩

面对日新月异的消费者偏好，他调整了这家美国消费食品巨头的发展重心，在生产健康产品的同时，融入了对当地文化的深入理解。在他的领导下，通用磨坊的市值几乎翻了一番，为股东提供了高于行业水平 5% 的超额回报

引以为傲的事情

2016 年获 Keystone 政策中心颁发的 "创始人奖"

2013 年荣获美国经济发展委员会颁发的 "企业公民奖"

2010 年登上 GlassDoor "美国最受欢迎的 CEO" 榜首

阿迪达斯

营收：270 亿美元，市值：640 亿美元

员工：5.3 万人，分布在 9 个国家 / 地区

职业亮点

阿迪达斯：CEO（2016 年至今）

汉高（Henkel）：CEO（2008—2016 年）

雀巢和西门子（Siemens）董事会成员

CEO 成绩

他将业绩和战略执行置于阿迪达斯的议程之首，推动营业利润率提升逾 600 个基点，市值增长 2 倍。他领导了这家消费品公司的数字化转型，提高了营收和净利润，上任以来股东回报几乎翻倍

引以为傲的事情

曾是丹麦国家青年手球队队员

登上《哈佛商业评论》2018 年 "全球百佳 CEO" 榜单

跻身《财富》2018 年 "年度商业人物" 榜前 5 名

吉尔·舍伍德

罗伯托·塞图巴尔

Check Point

营收: 20 亿美元, 市值: 170 亿美元

员工: 5 000 人, 分布在 150 多个国家 / 地区

职业亮点

Check Point: 创始人兼 CEO (1993 年至今)

特拉维夫大学青年大学理事会主席, Yeholot 协会主席

CEO 成绩

舍伍德发现, 易于上手的产品更加容易实现规模化推广。因此, 他转变了公司的商业模式, 为客户提供软硬件一体化的解决方案。在他的领导下, 这家以色列科技初创公司发展成了一家全球网络安全公司

引以为傲的事情

荣获 2018 年首届 "以色列技术奖"

被安永评为 2010 年 "年度以色列企业家"

被 Globes 评为 2014 年 "年度人物"

入围世界经济论坛 2003 年 "明日全球领袖计划" 名单

伊塔乌联合银行

营收: 290 亿美元, 市值: 840 亿美元

员工: 9.5 万人, 分布在 18 个国家 / 地区

职业亮点

伊塔乌联合银行: 联席董事长 (2017 年至今)、CEO (1994—2017 年)

纽约联邦储备银行 (Federal Reserve Bank of New York) 国际顾问委员会委员 (2002 年至今)

CEO 成绩

在他的领导下, 这家巴西银行一举成为全球十大金融机构之一。通过一系列收购活动, 他拓展了该行的地理足迹, 并进军了投资银行业务。该银行营收增长了 25 倍, 市值增长了逾 30 倍

引以为傲的事情

被《欧洲货币》杂志评为 "2011 年年度最佳银行家"

两次登上《哈佛商业评论》"全球百佳 CEO" (一次进入前 5 名)

谢白曼

布拉德·史密斯

荷兰皇家帝斯曼集团

营收：100 亿美元，市值：250 亿美元
员工：2.3 万人，分布在 50 个国家 / 地区

职业亮点

帝斯曼：名誉董事长（2020 年至今）、董事长兼
CEO（2007—2020 年）
全球气候适应中心（Global Center on Adaptation）
联席主席
飞利浦和联合利华董事会成员
世界银行（World Bank Group）的全球气候领袖
（2017 年）和碳定价机制倡导者（2019 年）

CEO 成绩

他以创新和可持续发展为使命，落实了 20 多项收
购和资产剥离举措，调整了这家荷兰公司的业务
重心，使之从大宗化学品转向营养、健康和材料
科学领域。公司市值增长逾 2 倍，股东总回报超
过 450%

引以为傲的事情

登上《哈佛商业评论》2019 年"全球百佳 CEO"
榜单，《财富》2018 年"全球 50 位最伟大的领
导者"榜单，荣获联合国纽约协会 2010 年"年
度人道主义者"奖
2012 年获得马斯特里赫特大学荣誉博士学位，
2020 年获得和格罗宁根大学荣誉博士学位
2021 年被授予奥兰治 – 拿骚司令勋章，以表彰
其对可持续发展和社会的贡献
帝斯曼连续三年入围《财富》"改变世界"榜单
（2017 年排名第二）

财捷集团

营收：70 亿美元，市值：680 亿美元
员工：9000 人，分布在 6 个国家 / 地区

职业亮点

财捷集团：董事长（2016 年至今）、CEO（2008—
2019 年）
诺德斯特龙（Nordstrom）：董事长（2018 年至今）
SurveyMonkey 董事会成员；创立 Wing 2 Wing 基
金会，重点关注落后及边远地区的教育和创业
议题

CEO 成绩

他将这家美国软件公司的产品从桌面转向云端，
并致力于在全球范围内推动实现共同繁荣。在他
的领导下，公司营收翻了一番，市值增长了近
5 倍

引以为傲的事情

2 次登上《哈佛商业评论》"全球百佳 CEO"榜单
2 次登上《财富》"年度商业人物"榜单（一次
进入前 10 名）
2014—2015 年任美国总统经济顾问委员会成员，
重点关注提升年轻人的财力

拉尔斯·雷宾·索文森

弗朗西斯科·斯塔莱斯

诺和诺德

营收：180 亿美元，市值：1 370 亿美元
员工：4.3 万人，分布在 80 个国家 / 地区

职业亮点

诺和诺德：CEO（2000—2016 年）
诺和诺德基金会和诺和控股：董事长（2018 年至今）
Axcel 顾问委员会主席，Essity、Jungbunzlauer 和赛默飞世尔科技董事会成员

CEO 成绩

通过大举投资糖尿病治疗相关药物，并重点关注商业伦理，他聚焦了这家丹麦公司的战略重心，在他的领导下，公司营业利润率提高了 20%，营收和市值增长了 5 倍

引以为傲的事情

2 次登上《哈佛商业评论》"全球百佳 CEO"榜首（2015 和 2016 年），2 次跻身前 20 名
登上《财富》2016 年"年度商业人物"榜单
荣获法国荣誉军团骑士勋章
荣获丹纳布罗格骑士十字勋章
诺和诺德荣登《企业爵士》"全球最佳可持续发展企业百强榜"榜首

意大利国家电力公司

营收：870 亿美元，市值：810 亿美元
员工：6.8 万人，分布在 32 个国家 / 地区

职业亮点

意大利国家电力公司：集团 CEO 兼总经理（2014 年至今）；
Enel Green Power：CEO（2008—2014 年）
西班牙国家电力公司（Endesa）副董事长
联合国"人人享有可持续资源倡议"主席
2021 年意大利 B20 能源和资源效率专题小组组长，2020 年世界经济论坛"净零碳城市：综合性方法"倡议联席主席，2021 年欧洲清洁氢能联盟（European Clean Hydrogen Alliance）"可再生和低碳氢气生产"圆桌会议联席主席
联合国全球契约（UN Global Compact）、米兰理工大学理事会成员

CEO 成绩

斯塔莱斯带领公司加速推进可持续转型。他大力拓展新兴市场，实现了基础设施的数字化，并拥抱开放创新。在市值增加逾一倍，新增可再生能源装机容量比例提升 4 倍后，该公司成为全球最大的可再生能源私营企业，可再生能源发电装机容量接近 50 千兆瓦

引以为傲的事情

在巴西、哥伦比亚、意大利、墨西哥、俄罗斯获得商业荣誉勋章
2019 年被加州大学伯克利分校授予"全球领导力奖"，2020 年被《机构投资者》（*Institutional Investor*）评为"最佳公用事业公司管理者"

陈立武

楷登电子

营收：20 亿美元，市值：200 亿美元
员工：8 000 人，分布在 23 个国家 / 地区

职业亮点

楷登电子：CEO（2009 年至今）
华登国际（Walden International）：创始人兼董事长（1987 年至今）
慧与科技（Hewlett Packard Enterprise）、施耐德电气（Schneider Electric）、软银（Softbank）、电子系统设计联盟（Electronic System Design Alliance）、全球半导体协会（Global Semiconductor Association）和卡内基梅隆大学董事会成员

CEO 成绩

通过大力聚焦客户（主要是半导体和芯片制造商）和拓展新市场，他扭转了这家美国电子设计公司的颓势，使公司营业利润率提高近 30%，市值增长了 20 倍

引以为傲的事情

荣获全球半导体协会 2016 年"张忠谋典范领导者"奖
楷登 6 次登上《财富》"100 家最佳职场"榜单（2015—2020 年）

约翰·蒂吉斯

比利时联合银行

营收：90 亿美元，市值：310 亿美元
员工：4.2 万人，分布在 20 个国家 / 地区

职业亮点

比利时联合银行：董事长兼 CEO（2012 年至今）
欧洲银行联合会（European Banking Federation）理事会成员

CEO 成绩

蒂吉斯任职期间，识别并克服了公司风险投资组合存在的重大问题。他帮助公司重建了与利益相关者之间的信任，启动了数字化转型，并打造了更为强大的组织文化。在他的领导下，公司净利润增长了 4 倍，市值增长了近 6 倍

引以为傲的事情

5 次登上《哈佛商业评论》"全球百佳 CEO"榜单（3 次进入前 10 名）
2016、2017、2020 年被《国际银行家》（International Banker）评为"西欧银行业最佳 CEO"
比利时联合银行荣获《欧洲货币》颁发的 2017 年"全球最佳银行转型奖"

大卫·托德利

坎·特拉库洪

澳洲电讯

营收：180 亿美元，市值：300 亿美元
员工：2.9 万人，分布在 21 个国家 / 地区

职业亮点

澳洲电讯：CEO（2009—2015 年）
Xero Limited：董事长（2020 年至今）
Tyro Payments：董事长（2019 年至今）
澳大利亚英联邦科学和工业研究组织（Commonwealth Scientific and Industrial Research Association, Australia）主席（2015 年至今）
Ramsay Healthcare 首席董事

CEO 成绩

他带领该公司完成了销售和服务的数字化转型，提升了客户的重要性，并扩大了其在亚洲的覆盖范围。最终，公司市值翻了一番，达 750 亿美元。

引以为傲的事情

登上《哈佛商业评论》2015 年 "全球百佳 CEO" 榜单
被授予澳大利亚勋章，以表彰其对企业的杰出服务和对 "伦理型领导" 概念的推广
2014 年，澳洲电讯被《澳大利亚金融评论》（Australian Financial Review）评为 "该国最受尊敬的公司"

暹罗水泥集团

营收：150 亿美元，市值：160 亿美元
员工：5.4 万人，分布在 14 个国家 / 地区

职业亮点

暹罗水泥集团：总裁兼 CEO（2006—2015 年），董事会成员（2005 年至今）
先进通讯服务公司（Advanced Info Service）：董事长（2020 年至今）
曼谷杜斯特医疗服务集团（Bangkok Dusit Medical Services）、Intouch Holdings 和泰国汇商银行（Siam Commercial Bank）董事会成员

CEO 成绩

他极大地精简了公司的业务组合，为组织上下设定了统一的使命，并为这家大宗商品生产商引入了创新文化，使之成为家喻户晓的企业。在他的领导下，公司市值翻了一番，为股东提供了高于行业水平 10% 的超额回报

引以为傲的事情

被《国家》（The Nation）评为 2011 年 "年度商业人物"
长期任职于多个国家顾问委员会

安德鲁·威尔逊

杨敏德

艺电公司

营收：60 亿美元，市值：310 亿美元
员工：1 万人，分布在 16 个国家 / 地区

职业亮点

艺电：CEO（2013 年至今）
英特尔董事会成员；北美职业冲浪协会（Association of Surfing Professionals North America）主席

CEO 成绩

面对连续 6 年下滑的业绩，他坚持提高游戏质量，并在公司内部推崇玩家至上的文化，最终，公司扭亏为盈，为股东提供了高于行业水平逾 20% 的超额回报

引以为傲的事情

2 次登上《财富》杂志"年度商业人物"榜单（一次进入前 5 名）
登上《巴伦周刊》"2018 年全球最佳 CEO"榜单
登上《福布斯》"2019 年创新领导者"榜单
2 次登上《福布斯》"美国 40 岁及以下最具权势 CEO"榜单（2015 年排名第三）

溢达集团

营收：10 亿美元，市值：暂无数据
员工：3.5 万人，分布在 5 个国家 / 地区

职业亮点

溢达：董事长（1995 年至今）、CEO（1995—2008 年，2021 年至今）
百威亚太（Budweiser APAC）、Serai 和亚洲商学院（Asia School of Business）董事会成员；首尔国际商业顾问理事会（Seoul International Business Advisory Council）主席；亚太经合组织（APEC）商业顾问理事会中国香港代表

CEO 成绩

在杨敏德的管理下，这家总部位于中国香港的家族纺织品制造商成功走向国际，拓展了高端市场。当其他公司都将生产基地转移至附近成本较低的国家 / 地区时，她并没有随波逐流，而是坚持了自己的战略。最终，溢达营收增长 2 倍，成为全球最大的机织棉衬衫制造商之一，每年生产逾一亿件衬衫

引以为傲的事情

被中国香港特区政府授予金紫荆星章
4 次登上《福布斯》"50 位最具权势女性"榜单
2012 年登上《福布斯亚洲》"48 位慈善英雄"榜单
2011 年获麻省理工学院（MIT）校友会颁发的"铜海狸奖"

本书封面上只留下了我们三人的名字，实际上，除了本书受访的 CEO 外，还有无数英雄在幕后贡献了力量。如果没有他们，这本书不可能完成。

首先，他们帮助我们完成了分析工作，整理了 1 500 多页的采访记录，搜索并整理了大量外部信息。我们研究团队的负责人是阿南德·拉克什马南（Anand Lakshmanan），没有他的支持，我们的研究不可能如此深入、高效，也不可能如此有趣。安妮·阿迪提（Annie Arditi）、米歇尔·考尔（Michelle Call）、阿恩加·查特吉（Aungar Chatterjee）、贾斯汀·哈迪（Justin Hardy）、佩克斯·何塞·帕拉（Pex Jose Parra）、詹姆斯·波托斯（James Psomas）、伊莉莎·西蒙（Elisa Simon）和乔纳森·特顿（Jonathan Turton）也参与了研究工作。乔迪·埃尔金斯（Jodi Elkins）负责协调采访流程，如果不是借助她的魔力，我们甚至不可能完成采访。莫妮卡·穆拉卡（Monica Murarka）在管理麦肯锡全球卓越 CEO 咨询业务之余，监督整个项目的运行。她不仅帮助我们组建、辅导上述团队，而且作为一名经认证的高管导师，还不吝分享了各种闪光的点子。

我们深知，要想客观呈现 CEO 扮演的角色，必须掌握大量信息，而找寻一种饶有趣味的、引人入胜的讲述方式极具挑战。因此，我们与《财富》记者、《贝佐斯经济学》（Bezonomics）一书作者布赖恩·杜梅因（Brian Dumaine）进行了合作。

布赖恩帮助我们确保内容与故事性取得最佳平衡。Scribner 出版社的编辑里克·霍根（Rick Horgan）在成书过程中提供了专业指导和建议。整个 Scribner 团队无疑是我们合作过的出版界最优秀的世界级团队。另外，我们还要感谢林恩·约翰斯顿（Lynn Johnston）在旅程之初为我们梳理思路，并为我们引荐了 Scribner；感谢麦肯锡全球出版事务负责人拉朱·纳里塞蒂（Raju Narisetti）的鼓励，他促成了我们与林恩的合作。

很多麦肯锡的同事也在支持我们，包括全球资深董事合伙人以及公司战略和企业财务咨询业务方面的专家：克里斯·布拉德利（Chris Bradley）、贺睦廷（Martin Hirt）和斯文·斯密特（Sven Smit），他们共同撰写了《突破现实的困境：趋势、禀赋与企业家的大战略》(*Strategy Beyond the Hockey Stick: People, Probabilities, and Big Moves to Beat the Odds*) 一书。他们提供了灵感、思路和坚实的研究基础。同为 CEO 咨询领域领先思考者和实践者的迈克尔·伯山（Michael Birshan）和库尔特·斯特罗文克（Kurt Strovink）也提供了巨大帮助。麦肯锡卓越 CEO 业务线合伙人则做出了集体贡献，包括：埃莉诺·本斯利（Eleanor Bensley）、布莱尔·爱泼斯坦（Blair Epstein）和桑德·史密斯（Sander Smits）。此外，我们还要感谢在此无法一一列举的合伙人，他们引荐了相熟的 CEO 接受采访，而 CEO 对他们的信赖，才让我们获得这样的采访机遇。

最重要的是，我们要感谢我们的家人，在撰写此书的数年中，在我们加班加点工作的无数个周末和夜晚，他们始终默默地支持着我们。我们在麦肯锡都有为客户提供相关服务的全职工作，写书还需兼顾本职工作，没有家人的理解和宽容，这本书不可能完成。感谢托马斯·切格尔迪（Thomas Czegledy）、菲奥娜·凯勒（Fiona Keller）和玛丽·马尔霍特拉（Mary Malhotra）无条件的支持和鼓励。

最后要感谢读者朋友，感谢您阅读本书。我们希望能持续改进，在后续的每一项工作中发挥更大影响，欢迎您提供反馈。您可以发送邮件与我们联系：carolyn.dewar@mckinsey.com，scott.keller@mckinsey.com 和 vikram.malhotra@mckinsey.com。

引言　卓越领导者思维模型的六大关键要素

1. 绩效排名前 20% 的 CEO 汇总数据来自麦肯锡专有数据库，其中包含了来自 70 个国家或地区、24 个行业的 3 500 家上市公司的 7 800 位 CEO 的数据，时间跨度长达 25 年。计算基于绩效排名前 20% 的大市值公司 CEO 的平均年度 TRS（股东总回报），大市值公司指的是入围《福布斯》"全球 1 000 强"的公司。

2. Timothy Quigley, Donald Hambrick, "Has the 'CEO Effect' Increased in Recent Decades? A New Explanation for the Great Rise in America's Attention to Corporate Leaders", *Strategic Management Journal*, May 2014.

3. 基于创新领导力中心（CCL）的一项研究，该机构对领导力发展领域进行了原创性科学研究。

4. Chris Bradley, Martin Hirt, and Sven Smit, *Strategy Beyond the Hockey Stick: People, Probabilities, and Big Moves to Beat the Odds*, Hoboken, NJ: John Wiley & Sons, 2018.

5. James Citrin, Claudius Hildebrand, Robert Stark, "The CEO Life Cycle", *Harvard Business Review*, November-December 2019.

6. Transcript of Episode 314 of the Freakonomics radio podcast on "What Does a C.E.O. Actually Do?", where Stephen Dubner interviews Nicholas Bloom, among others, on the role of the CEO.

7. Henry Mintzberg, *The Nature of Managerial Work*, New York: Harper & Row, 1973.

8. Steve Tappin's interview with CNN, "Why Being a CEO 'Should Come with a Health Warning'", March 2010.

9. Episode 314 of the Freakonomics radio podcast on "What Does a C.E.O. Actually Do?".

第一部分　要素一，设定组织方向，果敢行事

1. Bradley et al., *Strategy Beyond the Hockey Stick*.

第1章　愿景，拿出重塑赛道的魄力

1. Jeffrey M. O'Brien, interview with Netflix CEO Reed Hastings, "The Netflix Effect", *Wired*, December 1, 2002.

2. Allyson Lieberman, "Many Shoes to Fill; Ceo Latest to Hot-Foot Adidas", *New York Post*, March 3, 2000.

3. Daniel Kahneman, Paul Slovic, Amos Tversky, *Judgment Under Uncertainty: Heuristics and Biases*, Cambridge, UK: Cambridge University Press, 1982.

第2章　战略，启动登月级的大胆计划

1. Bradley et al., *Strategy Beyond the Hockey Stick*.

2. Piers Anthony, *Castle Roogna*, book 3 in the Xanth series. New York: Ballantine Books, 1987.

第 3 章　资源配置，绝不拘泥于现状

1. Yuval Atsmon, "How Nimble Resource Allocation Can Double Your Company's Value", McKinsey .com, August 2016.

2. Adam Brandenburger and Barry Nalebuff, "Inside Intel", *Harvard Business Review magazine*, November-December 1996.

3. Brian Wansink, Robert Kent, Stephen Hoch, "An anchoring and adjustment model of purchase quantity decisions", *Journal of Marketing Research*, February 1998; Daniel Kahneman in his book *Thinking, Fast and Slow*, New York: Farrar, Straus and Giroux, 2011.

4. Stephen Hall, Dan Lovallo, Reinier Musters, "How to Put Your Money Where Your Strategy Is", *McKinsey Quarterly*, March 2012.

第二部分　要素二，强化组织协调，软实力与硬实力并重

1. Scott Keller, Bill Schaninger, *Beyond Performance 2.0: A Proven Approach to Leading Large-Scale Change*, Hoboken, NJ: John Wiley & Sons, 2019.

2. Ibid.

第 4 章　文化，聚焦最有影响力的要素

1. Charles Duhigg, *The Power of Habit: Why We Do What We Do in Life and Business*, New York: Random House, February 2012.

2. Keller and Schaninger, *Beyond Performance 2.0*.

第 5 章　组织，采用刚柔并济的设计

1. Rita Gunter McGrath, "How the Growth Outliers Do It", *Harvard Business Review*, January–February 2012.

2. Scott Keller, Mary Meaney, *Leading Organizations: Ten Timeless Truths*, London: Bloomsbury Publishing, April 2017; based on Phil Rosenzweig, *The Halo Effect: How Managers Let Themselves Be Deceived*, New York: Free Press, 2007; and Dan Bilefsky, Anita Raghavan, "Once Called Europe's GE, ABB and Star CEO Tumbled", *Wall Street Journal*, January 23, 2003.

3. Tom Peters, "Beyond the Matrix Organization", *McKinsey Quarterly*, September 1979.

4. Aaron de Smet, Sarah Kleinman, Kirsten Weerda, "The Helix Organization", *McKinsey Quarterly*, October 2019.

5. Keller and Meaney, *Leading Organizations*.

6. Ibid.

第 6 章　人才，以岗定人，而非以人定岗

1. Ram Charan, Dominic Barton, Dennis Carey, *Talent Wins: The New Playbook for Putting People First*, Boston, MA: Harvard Business Press, March 2018.

2. Keller and Schaninger, *Beyond Performance 2.0*.

3. Michael Lewis, *The Blind Side: Evolution of a Game*, New York: W. W. Norton and Company, 2006.

4. 源自肯·弗雷泽和哈佛商学院教授采戴尔·尼利（Tsedal Neeley）的对话。

第三部分　要素三，动员领导团队，孵化一支全明星领导队伍

1. Fred Adair, Richard Rosen, "CEOs Misperceive Top Teams' Performance", *Harvard Business Review*, September 2007.

第 7 章　团队组建，既要雷厉风行，又要力求公平

1. Ferris Jabr, "The Social Life of Forests", *New York Times Magazine*, December 2020.

第 8 章　合作，促成行动，而非仅仅衡量行动

1. Jan Hubbard, "It's No Dream: Olympic Team Loses", *Los Angeles Times*, June 25, 1992.

2. Todd Johnson, "'Dream Team' Documentary's 5 Most Intriguing Moments", theGrio, June 13, 2012.

3. *The Dream Team Scrimmages Against Chris Webber and the 1992 Select Team*, excerpt from *The Dream Team* documentary (released June 13, 2012, directed by Zak Levitt).

4. Adair and Rosen, "CEOs Misperceive Top Teams' Performance".

5. Kenwyn Smith, David Berg, *Paradoxes of Group Life*, San Francisco: Jossey-Bass, 1987.

6. Cyril Northcote Parkinson, *Parkinson's Law, or the Pursuit of Progress*, London: John Murray, 1958.

7. Keller and Meaney, *Leading Organizations*.

8. Dan Lovallo, Olivier Sibony, "The Case for Behavioral Strategy", *McKinsey Quarterly*, March 2010.

9.　Keller and Meaney, *Leading Organizations*.

第 9 章　运营，把控好顺序与节奏

1.　Danielle Kosecki, "How Do the Tour de France Riders Train", August 2020.

2.　Sun Tzu, *The Art of War*, Harwich, MA: World Publications Group, 2007.

第四部分　要素四，经营董事会，协调董事会成员辅佐企业

1.　McKinsey Global Board Survey 2019.

2.　The PwC and The Conference Board study, "Board Effectiveness: A Survey of the C-Suite", 该研究基于对美国上市公司的 551 名高管所做的调查。

第 10 章　董事关系，信任为重，赢得行动灵活性

1.　来自富兰克林·罗斯福图书馆的资料。

2.　"本集团已根据其政策和程序采取必要措施，包括纪律性措施，并在某些情况下解雇某些工作人员，"该集团候任董事长大卫·安基尔（David Ansell）说，"职场性骚扰和性侵犯完全不可接受。Equity Group 选择公开我们的经验，并增加公众对该问题的认识。"

第 11 章　董事会治理，构建对企业最有益的能力组合

1.　Franklin Gevurtz, "The Historical and Political Origins of the Corporate Board of Directors", *Hofstra Law Review*: Vol. 33, Iss. 1, Article 3, 2004.

2. Rakesh Khurana, *Searching for a Corporate Savior: The Irrational Quest for Charismatic CEOs*, Princeton, NJ: Princeton University Press, September 2011.

3. 根据 2011 年 6 月，麦肯锡就公司治理问题对 1 597 名公司董事进行的调查。Chinta Bhagat, Martin Hirt, Conor Kehoe, "Tapping the Strategic Potential of Boards", *McKinsey Quarterly*, February 2013.

4. McKinsey Global Board Survey 2019.

5. Ibid.

6. PwC and Conference Board study, "Board Effectiveness: A Survey of the C-Suite".

7. Christian Casal, Christian Caspar, "Building a Forward-looking Board", *McKinsey Quarterly*, February 2014.

第 12 章　会议管理，引导董事将目光投向未来

1. 源自 1997 年金凯端在奥普拉·涅弗端节目上讲述的故事。

2. PwC and Conference Board study, "Board Effectiveness: A Survey of the C-Suite".

第五部分　要素五，连接利益相关者，从企业宗旨出发

1. John Browne, Robin Nuttal, Tommy Stadlen, *Connect: How Companies Succeed by Engaging Radically with Society*, New York: PublicAffairs, March 2016.

第 13 章　社会使命，深入企业运营的核心

1. Victor Frankl, *Man's Search for Meaning*, Boston, MA: Beacon Press, 2006.

2. Susie Cranston, Scott Keller, "Increasing the 'Meaning Quotient' of Work", *McKinsey Quarterly*, January 2013.

3. 2017 Cone Communications CSR study.

4. Achieve Consulting Inc, "Millennial Impact Report", June 2014.

5. 基于安永与《哈佛商业评论》共同开展的研究。

6. 基于麦肯锡 2019 年 10 月对 1 214 名美元企业管理者和一线员工进行的组织使命调查。

7. 2019 Edelman Trust Barometer Special Report, "In Brands We Trust?".

8. Jonathan Emmett, Gunner Schrah, Matt Schrimper, Alexandra Wood, "COVID-19 and the Employee Experience: How Leaders Can Seize the Moment", McKinsey.com, June 2020.

第 14 章　外部沟通，推开别人推不开的门

1. Peter Drucker, "The American CEO", *Wall Street Journal*, December 30, 2004.

2. Ibid.

第 15 章　危机管理，将危机后的公司业绩推向新的高度

1. Sanjay Kalavar, Mihir Mysore, "Are You Prepared for a Corporate Crisis?", April 2017.

2. Remarks of Senator John F. Kennedy, Convocation of the United Negro College Fund, Indianapolis, Indiana, April 12, 1959.

3. Ronald A. Heifetz, Marty Linsky, *Leadership on the Line: Staying Alive Through the Dangers of Leading*, Boston, MA: Harvard Business Press, 2002.

第六部分　要素六，管理个人成效，专注于分内之事

1. Neal H. Kissel and Patrick Foley, "The 3 Challenges Every New CEO Faces", *Harvard Business Review*, January 23, 2019.

第 16 章　时间管理，优先处理只有领导者才能解决的关键问题

1. Jim Loehr, Tony Schwartz, "The Making of a Corporate Athlete", *Harvard Business Review* magazine, January 2001.

第 17 章　行事信条，始终如一坚守核心信念

1. 圣雄甘地的励志故事。参见"Breaking the Sugar Habit"。

2. Paul Hersey, *The Situational Leader*, Cary, NC: Center for Leadership Studies, 1984; Kenneth Blanchard, Spencer Johnson, *The One Minute Manager*, New York: HarperCollins, 1982.

3. Annie McKee, Richard Boyatzis, Frances Johnston, *Becoming a Resonant Leader: Develop Your Emotional Intelligence, Renew Your Relationships, Sustain Your Effectiveness,* Boston, MA: Harvard Business Press, 2008.

第 18 章　德行配位，力保谦逊态度

1. Hermann Hesse, *Journey to the East*, New Delhi: Book Faith India, 2002.

结语　让领导者从优秀走向卓越，从卓越走向伟大

1. Bill George, "The CEO's Guide to Retirement", *Harvard Business Review* magazine,

November-December 2019.

2. Friedrich Nietzsche, *The Genealogy of Morals*, North Chelmsford, MA: Courier Corp, 2012.

3. Violina P. Rindova and William H. Starbuck, "Ancient Chinese Theories of Control", *Journal of Management Inquiry* 6 (1997), pp. 144–159.

卡罗琳·杜瓦

卡罗琳于 2000 年加入麦肯锡公司，目前为全球资深董事合伙人，常驻旧金山分公司。卡罗琳是麦肯锡卓越 CEO 中心的共同领导者，她为众多《财富》100 强公司的 CEO 提供辅导，帮助他们最大化自身效能，带领组织度过超高速增长、并购、战略转型、危机等关键时期。在投入大量精力深刻理解 CEO 所扮演的角色的基础上，卡罗琳将之创新性地加以升华，指出这一角色需要代际指导及拥抱未来的新思维。目前，她还担任麦肯锡面向客户公司现任和候补 CEO 开设的多门大师课的讲师。她还在《哈佛商业评论》、世界大型企业联合会和《麦肯锡季刊》上发表过 30 多篇文章，包括《CEO 在引领转型中的作用》（*The CEO's Role in Leading Transformation*）、《卓越 CEO 的思与行》和《CEO 时刻：新时代的领导力》（*The CEO Moment: Leadership for a New Era*）等。卡罗琳还担任多个行业和地区会议的主旨演讲者和专家组成员。

卡罗琳在加拿大出生和长大，在苏格兰圣安德鲁斯大学攻读经济学和国际关系学。这两个学科都十分重视将分析视角与对行为动力学及个人决策、行动的连锁反应的深刻理解相结合。在英国完成研究生学业后，她返回加拿大，随后搬往美国加利福尼亚州北部。

卡罗琳喜欢加州的阳光，工作之余，她喜欢去琳琅满目的农贸市场采购烹饪食材，也喜欢和年幼的孩子格雷和伊芙琳以及丈夫托马斯·采格莱迪（Thomas Czegledy）共享艺术的乐趣。

斯科特·凯勒

斯科特于 1995 年加入麦肯锡，他是全球资深董事合伙人，常驻南加州分公司。他与卡罗琳共同领导麦肯锡全球卓越 CEO 中心。作为科班出身的机械工程师，他早年的大部分咨询工作聚焦于商业战略和运营主题。然而，他的第二个孩子一出生就需要特殊照料，这彻底改变了他的生活。为了专心照顾家人，斯科特休整了一段时间。返回麦肯锡后，他对工作有了更清晰的认识，他希望将心理学和社会科学的实用知识引入职场，帮助职场人发挥潜能。

2011 年，斯科特与人合著出版了畅销书《超越绩效：组织健康比业绩更重要》（*Beyond Performance: How Great Organizations Build Ultimate Competitive Advantage*）。此后，他又撰写了 5 本关于领导力和组织效能的书，并在《哈佛商业评论》、《福布斯》、《首席执行官杂志》、世界大型企业联合会、《公司》杂志及《麦肯锡季刊》发表了 50 多篇文章。他还曾担任 CEO 圆桌会议的特邀演讲者，还是多所美欧商学院的客座讲师。

工作之余，斯科特与他人联合创立了一家社会企业——数字鸿沟数据（Digital Divide Data），该机构屡获殊荣。另外，斯科特还在 2021 年的纪录片《摇滚营》（*Rock Camp*）中饰演音乐人，他曾为电影和电视配乐演奏吉他，还是词曲作者、音乐和纪录片制作人。他还游历过世界上每一个国家，这样的人在历史上也只有几百人。而他最爱的还是加州的海豹海滩，他与妻子菲奥娜，以及三个儿子拉克兰、杰克逊和卡姆登都生活在那里。

维克拉姆·马尔霍特拉

维克拉姆是麦肯锡全球资深董事合伙人，他在麦肯锡已工作了 30 多年。在麦肯锡，他担任过多个领导职务，包括 2004—2017 年出任董事会成员，2009—2015 年任美洲区总裁和公司的运营委员会成员，2015—2020 年担任麦肯锡全球资深董事合伙人委员会主席。目前，他是公司的职业规范委员会主席。

维克拉姆于 1986 年加入麦肯锡，一直常驻纽约分公司。他的咨询服务涵盖业绩转型、公司战略、业务部门战略、增长战略、组织效率和运营改进等各个领域。目前，维克拉姆主要为客户 CEO 和董事会提供一揽子议题的咨询。

除在麦肯锡任职外，维克拉姆积极参与一些大型非营利组织的活动。他目前担任宾夕法尼亚大学沃顿商学院理事会主席。他是商业团体纽约市合作组织的信托人、亚洲协会的荣休信托人和世界大型企业联合会的前信托人。

维克拉姆于 1980 年在伦敦政治经济学院获得经济学学士学位。他曾在英国伦敦的恩斯特·惠尼（Ernst & Whinney）会计师事务所工作。之后，维克拉姆于宾夕法尼亚大学沃顿商学院获得 MBA 学位。

未来，属于终身学习者

我们正在亲历前所未有的变革——互联网改变了信息传递的方式，指数级技术快速发展并颠覆商业世界，人工智能正在侵占越来越多的人类领地。

面对这些变化，我们需要问自己：未来需要什么样的人才？

答案是，成为终身学习者。终身学习意味着具备全面的知识结构、强大的逻辑思考能力和敏锐的感知力。这是一套能够在不断变化中随时重建、更新认知体系的能力。阅读，无疑是帮助我们整合这些能力的最佳途径。

在充满不确定性的时代，答案并不总是简单地出现在书本之中。"读万卷书"不仅要亲自阅读、广泛阅读，也需要我们深入探索好书的内部世界，让知识不再局限于书本之中。

湛庐阅读 App: 与最聪明的人共同进化

我们现在推出全新的湛庐阅读 App，它将成为您在书本之外，践行终身学习的场所。

- 不用考虑"读什么"。这里汇集了湛庐所有纸质书、电子书、有声书和各种阅读服务。
- 可以学习"怎么读"。我们提供包括课程、精读班和讲书在内的全方位阅读解决方案。
- 谁来领读？您能最先了解到作者、译者、专家等大咖的前沿洞见，他们是高质量思想的源泉。
- 与谁共读？您将加入优秀的读者和终身学习者的行列，他们对阅读和学习具有持久的热情和源源不断的动力。

在湛庐阅读 App 首页，编辑为您精选了经典书目和优质音视频内容，每天早、中、晚更新，满足您不间断的阅读需求。

【特别专题】【主题书单】【人物特写】等原创专栏，提供专业、深度的解读和选书参考，回应社会议题，是您了解湛庐近千位重要作者思想的独家渠道。

在每本图书的详情页，您将通过深度导读栏目【专家视点】【深度访谈】和【书评】读懂、读透一本好书。

通过这个不设限的学习平台，您在任何时间、任何地点都能获得有价值的思想，并通过阅读实现终身学习。我们邀您共建一个与最聪明的人共同进化的社区，使其成为先进思想交汇的聚集地，这正是我们的使命和价值所在。

CHEERS

湛庐阅读 App
使用指南

读什么
- 纸质书
- 电子书
- 有声书

怎么读
- 课程
- 精读班
- 讲书
- 测一测
- 参考文献
- 图片资料

与谁共读
- 主题书单
- 特别专题
- 人物特写
- 日更专栏
- 编辑推荐

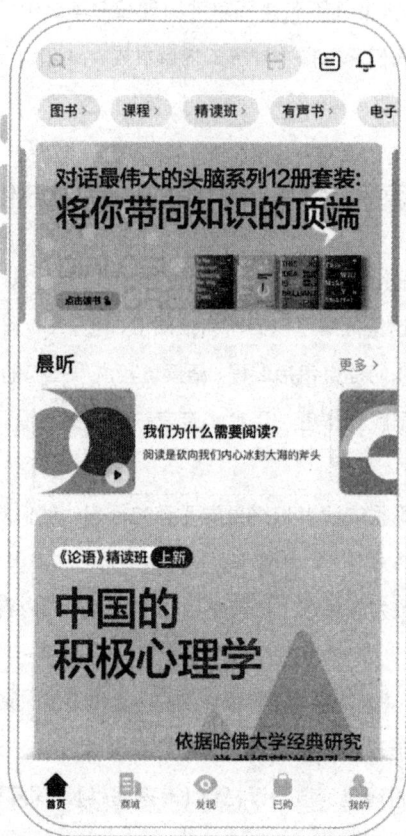

谁来领读
- 专家视点
- 深度访谈
- 书评
- 精彩视频

HERE COMES EVERYBODY

下载湛庐阅读 App
一站获取阅读服务

图书在版编目（CIP）数据

卓越领导者的思维模型 / （加）卡罗琳·杜瓦
(Carolyn Dewar)，（美）斯科特·凯勒 (Scott Keller)，
（美）维克拉姆·马尔霍特拉 (Vikram Malhotra) 著 ;
麦肯锡中国区分公司译. -- 杭州 : 浙江教育出版社,
2023.10
　　ISBN 978-7-5722-6645-4

Ⅰ. ①卓⋯ Ⅱ. ①卡⋯ ②斯⋯ ③维⋯ ④麦⋯ Ⅲ.
①企业领导学－通俗读物 Ⅳ. ①F272.91-49

中国国家版本馆CIP数据核字(2023)第177885号

浙 江 省 版 权 局
著作权合同登记号
图字:11-2023-357号

上架指导：管理 / 领导力

卓越领导者的思维模型
ZHUOYUE LINGDAOZHE DE SIWEI MOXING

［加］卡罗琳·杜瓦（Carolyn Dewar）［美］斯科特·凯勒（Scott Keller）
［美］维克拉姆·马尔霍特拉（Vikram Malhotra） 著
麦肯锡中国区分公司　译

责任编辑: 胡凯莉

美术编辑: 韩　波

责任校对: 刘姗姗

责任印务: 陈　沁

封面设计: ablackcover.com

出版发行: 浙江教育出版社（杭州市天目山路 40 号）

印　　刷: 唐山富达印务有限公司			
开　　本: 710mm ×965mm 1/16		**插　　页:** 1	
印　　张: 24		**字　　数:** 360 千字	
版　　次: 2023 年 10 月第 1 版		**印　　次:** 2023 年 10 月第 1 次印刷	
书　　号: ISBN 978-7-5722-6645-4		**定　　价:** 129.90 元	

如发现印装质量问题，影响阅读，请致电 010-56676359 联系调换。